Jürgen Ebach
Noah

T0119228

Biblische Gestalten

Herausgegeben von
Christfried Böttrich und Rüdiger Lux

Band 3

EVANGELISCHE VERLAGSANSTALT
Leipzig

Jürgen Ebach

Noah

Die Geschichte eines Überlebenden

EVANGELISCHE VERLAGSANSTALT
Leipzig

Bibliographische Information der Deutschen Nationalbibliothek
Die Deutsche Nationalbibliothek verzeichnet diese Publikation in
der Deutschen Nationalbibliographie; detaillierte bibliographische
Daten sind im Internet über http://dnb.dnb.de abrufbar.

2. Auflage 2015
© 2001 by Evangelische Verlagsanstalt GmbH · Leipzig
Printed in Germany · H 6708

Das Buch wurde auf alterungsbeständigem Papier gedruckt.

Umschlaggestaltung: behnelux gestaltung, Halle/Saale
Satz: Druckhaus Köthen GmbH & Co. KG
Druck und Binden: Hubert & Co., Göttingen

ISBN 978-3-374-01912-0
www.eva-leipzig.de

Warum muss ich überleben, wenn alle untergehen?

»Why, when all perish, why must I remain?«
George Gordon Noël Byron, Heaven and Earth (1823)

**Es scheren die Buchstaben aus,
die letzten
traumdichten Kähne**

Paul Celan, Atemwende, 1967

INHALT

A. EINFÜHRUNG

Noah gehört zu den bekanntesten biblischen Gestalten. Fragt man Menschen, wer Noah sei, so erhält man (ungeachtet kleinerer Variationen) stets dieselbe Antwort: Noah – das ist der mit der Arche. Noah ist im doppelten Sinne ein »Arche-Typ«. Noah und die Arche gehören so sehr zusammen, dass man im Deutschen nicht von der Arche Noahs spricht, sondern von der »Arche Noah«, als ob die Arche selbst so hieße. Ebenso wie Noah zur Arche gehört, gehört die Arche zu Noah. Fragt man nämlich umgekehrt, was eine Arche sei, so wird die Antwort wie selbstverständlich auf Noah und die Sintflut verweisen. Das Wort, das in 1. Mose 6–9 den Kasten bezeichnet, den Noah auf Geheiß Gottes baut und in dem er sich und die Seinen sowie fortpflanzungsfähige Repräsentantinnen und Repräsentanten der Tiergattungen rettet (weniger ein Schiff als eine Art »Hausfloß« ohne Steuer und Ruder, ohne Kommandobrücke und ohne Bug und Heck), lautet hebräisch *teva*. Dieses Wort kommt in der Bibel außer in der Noahgeschichte noch an *einer* weiteren Stelle vor. In 2. Mose 2 bezeichnet es den Kasten, in dem Mose im Nil ausgesetzt wird. Der kleine Moseknabe wird gerettet, weil mehrere Frauen (hebräische und ägyptische) sich Pharaos Tötungsbefehl widersetzen. Offenbar stellt die hebräische Bibel eine enge Verbindung zwischen der Noah- und der Mosegeschichte her, wenn sie an beiden Stellen (und nur an diesen) den bergenden und rettenden Kasten eine *teva* nennt. Mit Noah beginnt die Geschichte der Menschheit neu, mit Mose beginnt die eigentliche Geschichte des Volkes Israel. Mit Noah und mit Mose schließt Gott einen Bund, mit beiden Bundesschlüssen verbinden sich Gebote.

So üblich die Rede von der »Arche Noah« ist, so ungewöhnlich klänge im Deutschen die Rede von der »Arche Mose«. Und doch steht an beiden Stellen beziehungsvoll dasselbe Wort. Nicht erst im deutschen Sprachgebrauch ist dieser Zusammenhang zwischen Noah und Mose unkenntlich geworden, bereits die alten griechischen und lateinischen Übersetzungen der hebräischen Bibel geben das gleiche hebräische Wort an beiden Stellen unterschiedlich wieder. Der Kasten des Noah heißt in der lateinischen Bibel *arca*, der des Mose dagegen *fiscella*. Auf die lateinische Wiedergabe in 1. Mose 6–9 geht die Bezeichnung Arche zurück. *Arca* ist ein Kasten, in dem man etwas verstecken, verbergen kann. Das lateinische Wort kann einen Geldkasten (Tresor) bezeichnen, mit dem Wort hängt aber auch *arcanus* zusammen, »arkan«, »geheim«. Das Wort »Arche« ist im biblisch-christlichen Zusammenhang also mit Noah und der Noahgeschichte verbunden – direkt oder indirekt, wo immer sich mit dem Stichwort »Arche« Rettungs- und Überlebensprojekte verknüpfen, sei es in »Arche« genannten Hilfe- und Selbsthilfegruppen, in ökumenischen Gemeindehäusern, sei es auch in ökologischen »Arche-Läden«.

Doch sind vermutlich nur wenige Menschen damit vertraut, dass auch die Rede vom »Kirchen*schiff*« auf Noah und die Flutgeschichte zurückgeht. Im architektonischen Begriff verdichtet sich eine Auslegungsgeschichte von 1. Mose 6–9 in Verbindung mit der neutestamentlichen Geschichte vom »Schifflein des Petrus« und Jesu Sturmstillung (Matthäus 14,22–33 mit den Parallelen bei Markus und Johannes), die die Kirche als allein rettenden Ort inmitten der Fluten des Unheils ansieht. »Außerhalb der Kirche ist kein Heil« (*extra ecclesiam nulla salus*), allein in der Kirche gibt es

Rettung. Diesen Grundsatz kirchlicher Selbstauffassung formuliert Cyprian im 3. Jh. Zu seiner Beurteilung gehört allemale die Wahrnehmung der Situation, in der er formuliert wird. Cyprian sah die Kirche und sich selbst einer harten Bewährungsprobe in den Zeiten der Christenverfolgung ausgesetzt. Es ist etwas anderes, ob dieser Satz in einer von Verfolgungen bedrängten Kirche oder von einer selbst herrschenden Kirche gesprochen wird. Dass dieser Satz und seine Verbindung mit der Noahgeschichte zur machtvollen Drohung werden kann, illustriert ein Ausschnitt aus einem Brief, den Papst Bonifaz VIII. in den heftigsten Auseinandersetzungen um den Primat des Papstes an seinen Gegenspieler, König Philipp den Schönen von Frankreich, sandte. Der Papst erinnert den König: »Durch die Taufe bist du in die Arche des wahren Noe eingetreten, außerhalb derer niemand gerettet wird, nämlich in die katholische Kirche, diese einzige Braut Christi, in welcher der Stellvertreter Christi und Nachfolger des Petrus den Primat innehat.«[1]

Heute wird man abermals fragen müssen, was der Satz, außerhalb der Kirche (Arche) gebe es kein Heil, bedeuten könne in einer pluralistischen und weithin längst »nachkirchlichen« Gesellschaft. Die Frage nach denen »drinnen« und denen »draußen« stellt sich jeweils neu. Auf diese zwiespältige Wirkungsgeschichte der Noaherzählung werden wir zurückkommen. Sie verbindet sich mit dem Symbolcharakter des Flutbegriffs, der über die biblische Erinnerung hinaus zum politischen Kampfbegriff wurde. Man denke nur an Worte wie (in Zeiten des Antikommunismus) »rote

---

1   Zum Zitat und seinen Kontexten H. RAHNER, Antenna crucis, VII., Die Arche Noe als Schiff des Heils, ZKT 86 (1964), 137–179, hier 137 f.

Flut« oder (seit einigen Jahren) »Asylantenflut« oder an den berüchtigten Satz »Das Boot ist voll«, mit dem man nicht erst heute zu verstehen gibt, dass man keine Flüchtlinge aufnehmen *will*. Die spätere Wortgeschichte wendet sich beunruhigend zurück an die biblische Erzählung selbst. War bereits da schon das Boot voll? Gott habe hinter Noah die Tür der Arche geschlossen, erzählt 1. Mose 7,16. Viele Ausleger haben darin einen rührenden Zug göttlicher Fürsorge für die gesehen, die »im Boot« waren. Kann, muss man das nicht auch beunruhigend anders lesen? Gibt Gott nicht selbst zu verstehen: Das Boot ist voll!? Alle, die draußen sind, *sollen* der Sintflut verfallen, ja, das ist gerade das Ziel dieser Katastrophe.

Die Verwendung des Wortes »Sintflut«[2] hat ebenfalls über die biblische Geschichte hinaus ein Eigenleben entfaltet. Das zum »geflügelten Wort« gewordene »Nach uns die Sintflut« (après nous le déluge) soll zurückgehen auf die Marquise de Pompadour, die das frivol oder ahnungsvoll nach der Schlacht bei Rossbach (1757, Sieg Friedrichs des Großen über Franzosen und Rheinarmee) gesagt habe. Der wie viele andere Exildichter weithin vergessene Alexander Kuppermann schrieb unter dem Pseudonym Alexan ein 1935 im Pariser Exil erschienenes antifaschistisches Buch mit dem beziehungsvoll variierenden Titel »Mit uns die Sintflut« (der Untertitel lautet: Fibel der Zeit). Und dann gibt es mehrere literarische Werke, die noch einmal die Perspektive wechseln und formulieren: »Vor uns die Sintflut«. »Avant nous le déluge«

---

2 Zunächst bezeichnet die deutsche Vorsilbe »sint« die Flut als eine »allgemeine, dauernde« Flut. Seit dem 15. Jh. hörte und deutete man das Wort wie »Sündflut«.

ist die Überschrift eines Gedichts von Horst Bienek.[3] Die *Symbolfülle* der mit der Noahgestalt verbundenen Erzählung lässt sich auch im Blick auf Einzelheiten der Flutgeschichte verfolgen. Das Bild der Taube mit dem Ölzweig ist vor allem durch Picassos Zeichnung zum Friedenssymbol schlechthin geworden, ohne dass der Bezug zu 1. Mose 8,11 bewusst sein muss. Ganz ähnlich ist es beim Regenbogen (dem »Bogen in den Wolken« aus 1. Mose 9,12–17), der etwa bei »Greenpeace«, aber auch an vielen anderen Stellen zum Symbol des zu rettenden Lebens auf der Erde geworden ist. Die große Beliebtheit des Stoffes zeigt sich nicht zuletzt in Kinderbibeln, für die vor allem die paarweise in die Arche gehenden Tiere zum reizvollen Gestaltungsmotiv wurden und werden, in denen der Schrecken der vernichtenden Flut meist verniedlichend zugedeckt wird. Es ist kein Wunder, dass sich diese Motive in der Werbung ebenso wiederfinden wie in einer Reihe von harmlosen Witzen, die sich der Vorstellung etwa der hinter beiden Elefanten gehenden beiden Mäuse oder ähnlich rührend-komischen Asymmetrien verdanken. Solche Gestaltungen entspringen mindestens auch dem Wunsch, das Grauen der Flut zu mindern und die Zumutung abzuwehren, sich dem Gedanken einer von Gott gewollten Vernichtung der Welt aussetzen zu müssen. Die Vernichtung blieb, folgen wir 1. Mose 6–9, nicht das letzte Wort Gottes. Aber die Zusage am Ende der Flutgeschichte (in 1. Mose 8 und 9), Gott werde fortan das Leben auf der Erde erhalten, kann nur denen zur Be-

---

3 H. BIENEK, Gleiwitzer Kindheit. Gedichte aus zwanzig Jahren, München 1976, 24, dazu G. LANGENHORST, Einblick ins Logbuch der Arche, Erbe und Auftrag 70 (1994), 341–364, hier bes. 343 f. (das Gedicht selbst u. S. 230).

ruhigung werden, die den göttlichen Vernichtungsbeschluss wahr und ernst genommen haben. Leichter
ist es freilich, den »lieben Gott« für die fürsorgliche
Rettungsgeschichte und ihre anrührenden Einzelheiten in Anspruch zu nehmen und die Flut als eine Art
Naturkatastrophe aufzufassen. Die Bibel aber führt
das eine wie das andere auf Gottes Beschluss zurück,
ja verbindet das mit dem manchen Frömmigkeitsfor-
men schwer eingängigen und nicht zuletzt deshalb
theologisch unverzichtbaren Gedanken der »Reue
Gottes«. So enthält die Noahgeschichte über die Dramatik hinaus eine ganze Reihe von moralischen und
theologischen Grundproblemen. Auch von ihnen wird
noch ausführlicher die Rede sein.

Kaum eine andere biblische Erzählung hat eine solche Fülle von Symbolen aufgenommen und ihrerseits
weitergetragen und erzeugt wie die Noahgeschichte.
Einigen dieser Motive nachzugehen wird ein weiteres
Thema dieses Buches in der Reihe »Biblische Gestalten« sein. Aber eben damit verbindet sich ein Problem. Denn während die Noahfigur auf diese Weise
zum Träger von Symbolen und Motiven geworden ist,
ist die Noahgestalt selbst, der *Mensch* Noah in der
biblischen Erzählung dagegen fast blass. Es fehlt nicht
an Versuchen, ihm nachzuspüren, nach Noahs Gefühlen und Motiven zu fragen. Diese reichen von philoso-
phischen Reflexionen wie in Leszek Kolakowskis
»Himmelsschlüssel« über einfühlend-gebrochene
Nacherzählungen wie bei Elie Wiesel bis zu herrlich-
satirischen Texten etwa von Hugo Loetscher, Ephraim
Kishon und Peter Karvaš.[4] Doch all diese Versuche
sind geradezu die Kehrseite der auffälligen Kargheit
der biblischen Erzählung selbst. Nicht mit einem Wort

---

4 Weiteres dazu u. im Abschnitt C 11.

wird in der Bibel Noahs »Innenleben« geschildert. Wie fühlt sich jemand, der (zusammen mit der engsten Familie) der einzig Gerettete werden soll, weil er der einzig »Gute« sei? Ich erinnere mich noch heute mit großem Unbehagen an einen Lehrer, der Kollektivstrafen liebte. Das war schon schlimm genug; noch schlimmer aber war, dass er einige Schüler von der Kollektivstrafe auszunehmen pflegte: »Die ganze Klasse bekommt eine Strafarbeit außer ...« – und dann nannte er zwei oder drei, die verschont blieben. Am allerschlimmsten aber war es, wenn man selbst zu den Entronnenen gehörte, zu den Lieblingen dieses Erziehers. Ist Gott ein solcher »Pädagoge« und Noah »Lehrers Liebling«? Aber sollte Noah um seines Stolzes willen und um keinen Verrat zu üben, die Menschheit als ganze untergehen lassen? Was für eine furchtbare Entscheidung! Wie fühlte er sich?

Der Philosoph Kolakowski stellt das Dilemma Noahs dar – nichts darüber sagt die biblische Fluterzählung selbst. Liest man sie aufmerksam, so stößt man auf etwas noch Merkwürdigeres: Während der gesamten Sintfluterzählung sagt Noah kein einziges Wort. Gott teilt Noah mit, dass er »alles Fleisch« vernichten will – und Noah schweigt. Gott teilt Noah mit, dass er die Arche bauen und sich mit den Seinen und Paaren aller Tiere darin retten soll – und Noah schweigt. Noah schweigt gegenüber Gott *und* den Menschen. Der Bau des rettenden Kastens erfolgt, was den biblischen Bericht angeht, ohne ein Wort Noahs, und ebenso ist es bei der Einbringung der Tiere oder bei der Aussendung der Vögel beim Zurückgehen der Wasser. Während der ganzen Flut wird kein Wort Noahs mitgeteilt, auch das Opfer nach der Flut bringt er schweigend dar (ohne ein Gebet). Auf den Bund und die mit ihm verbundenen Weisungen hin (1. Mose 9,1–17) sagt er kein Wort. Die ersten und einzigen Worte Noahs, die die »Schrift« mitteilt, fallen nach der Flut. Sie gehören zu der neben der Sintfluterzählung zweiten Noahgeschichte (1. Mose 9,18–27), die von Noahs Errungenschaft des Weinbaus und deren zwiespältigen Folgen handelt. Diese Noahüberlieferung ist weit weniger bekannt als die Flutgeschichte, aber auch sie verdient Beachtung, zumal es gute Gründe für die Annahme gibt, Noahname und Noahgestalt seien zunächst mit dieser Überlieferung verbunden gewesen und erst später auf die Fluterzählung übertragen worden.

Noahs Worte in jener anderen Erzählung sind eigens zu betrachten; es sind Segens- und Fluchsprüche über seine Söhne und deren Nachkommen, die an dieser Stelle *noch* die die ganze Menschheit repräsentierenden Noahsöhne sind und *schon* die Repräsentanten unterschiedlicher Völker- und Sprachgruppen mit ihren Differenzen und Rivalitäten. Diese zweite Noaherzählung bildet eine Brücke zwischen der Urgeschichte als Menschheitsgeschichte und der Geschichte besonderer Menschen und Gruppen, die mit 1. Mose 10 beginnt und über die Erzählung vom Babylonischen Turm weiter reicht zu den Erzelternerzählungen von Sara und Abraham, Isaak und Rebekka, Lea und Rahel, Bilha, Silpa und Jakob, der den Namen Israel bekommt. Auch in dieser besonderen Geschichte, die nicht mehr mit der der Menschheit in eins fällt, steht Noah am Beginn.

In jedem Fall wird man beide Noahgeschichten (die Fluterzählung und die Weinbauerzählung) unterscheiden müssen, und so bleibt es – was die Fluterzählung angeht – dabei, dass Noah kein einziges Wort sagt. Schweigt er, weil er Gott zwar gehorcht, ihm aber die Zustimmung zu seinem Tun verweigert? Ist dieses

Schweigen ein stummer Widerstand gegen Gott? Aber Noah sagt auch zu anderen Menschen kein Wort. Er warnt sie weder noch täuscht er sie (wie es altorientalische literarische »Vorbilder« Noahs tun), und auch später macht er keine Anstalten zu ihrer Rettung. Findet er sich nicht allzu rasch mit allem ab? Findet er etwa auch, das Boot sei voll? Bereits die rabbinische Diskussion hat darin eine problematische Haltung gesehen. Hätte er, fragen die Rabbinen, nicht wenigstens Fürbitte einlegen müssen für seine Generation, wie es Abraham für die Menschen von Sodom tat, wie es Mose tat, der (2. Mose 32) gerade nicht auf Gottes »Angebot« einging, das böse Volk zu verderben und mit ihm, Mose, ein neues großes Volk beginnen zu lassen, vielmehr Gott umstimmte? (Dieser weitere Bezug zwischen Noah und Mose findet sich in einem späten Midrasch über den Tod des Mose.[5]) So oder so: Noahs Schweigen wird als »Leerstelle« der biblischen Erzählung für Leserinnen und Leser zur Last und zur Herausforderung. Kaum eine Nach- und Neudichtung des Noahstoffes hält dieses Schweigen aus.[6] Es ist allemale ein beredtes Schweigen. Aber was »besagt« es?

Nicht nur das Schweigen macht Noah zu einer ziemlich verschlossenen Gestalt. Die biblische Erzählung nennt äußere Daten einer »Biographie«: Name, Vatername, Altersangaben, Zahl und Namen von Kin-

---

5 Texte in Übersetzung bei A. WÜNSCHE, Israels Lehrhallen I, Nachdruck: Hildesheim 1967, 136–176 (Tod des Mose), hier: 141 (hebräische Ausgabe A. JELLINEK, Bet ha-Midrasch I, Nachdruck: Jerusalem ³1967, 115.129 vgl. VI 75–78); dazu auch E. WIESEL, Noah: oder Ein neuer Anfang, Freiburg i. Br. 1994, 21.

6 Eine ganze Reihe von Beispielen geradezu für den Zwang, Noah reden zu lassen, wird in diesem Buch noch zur Sprache kommen.

dern. Doch bleiben diese Angaben überwiegend im Rahmen des für den literarischen Kontext Typischen. Ein Interesse am *Menschen* Noah ist kaum zu erkennen. Es scheint, als sei Noah nichts als Träger einer Überlieferung, einer Funktion, der des Überlebenden der großen Flut. In einer Hinsicht aber wird der biographische Blick wichtiger als der universalhistorische. Denn folgt man dem biblischen Erzählrahmen in 1. Mose 6–9, so wird die große Flut geradezu zum Bestandteil der Lebensgeschichte Noahs. Richtiger als die Aussage, Noah habe in der Zeit der Sintflut gelebt, wäre also die Aussage, die große Flut habe sich im Leben Noahs ereignet. Die Lebensgeschichte umgreift die Weltgeschichte. An dieser Gewichtung der biblischen Erzählung hängt viel; auch das bedarf näherer Entfaltung.

Bei mehreren der »Biblischen Gestalten«, denen die einzelnen Bände dieser Taschenbuchreihe gewidmet sind, stellt sich die Frage nach dem Verhältnis zwischen historischer und literarischer Wirklichkeit. Viele Gestalten der Bibel sind sowohl Personen der Geschichte als auch solche der biblischen Geschichte(n). Dabei sind »Geschichte« (im Sinne von *history*) und »Geschichte« (im Sinne von *story*) zu unterscheiden. Und oft kommt viel darauf an, neben *story* und *history* (als »his-story«) auch *her-story* wahrzunehmen, nicht nur Männer-, sondern auch Frauengeschichte. Die Gestalt Davids z. B. in der Bibel geht nicht auf in dem, was von einem historischen David als wahrscheinlich anzunehmen ist. Die Frage nach dem »historischen Jesus« ist eine ganz andere als die nach dem irdischen Jesus, von dem die Evangelien erzählen, und wieder etwas anderes ist die Frage nach dem Christus, den neutestamentliche Texte bezeugen. Ob und wie weit sich etwa hinter der vielschichtigen Mosefigur der »Schrift« eine historische Mosegestalt erkennen und womöglich auch rekonstruieren lässt, ist eine durchaus offene Frage. Im Blick auf Noah stellt sich die Sachlage von vornherein klarer dar. Noah ist eine literarische Figur der »Schrift«. Er ist Träger einer kollektiven Erinnerung – sowohl in der Verbindung mit der großen Flut als auch im Zusammenhang der Tradition kultureller Errungenschaften. Einen *historischen* Noah hat es kaum je gegeben, und es wäre ebenso müßig, die Texte daraufhin zu befragen, wie es müßig ist, auf dem Ararat nach Resten der Arche zu suchen.

Der Versuch, die Wahrheit der Bibel auf diese Weise zu belegen, geht, ganz abgesehen davon, dass er misslingen wird, am Charakter und an der Intention der biblischen Geschichten selbst vorbei. Doch ein literarischer, ein biblischer Noah ist darum nicht weniger *wirklich*, als es ein historischer wäre. Nicht allein für die Arche gilt, dass sie »gedichtet« ist. Ob sie trägt, hängt an der Dichtung. Das gilt zunächst ganz real im Sinne der Abdichtung eines Bootes gegen das Eindringen des Wassers. Doch verdichtete und gedichtete Erfahrung trägt nicht allein die Arche, sondern alles, was mit ihr und Noah und all den und dem anderen in der Erzählung verbunden ist. Wir befinden uns in einem »gedichteten Raum«. Der Philosoph Peter Sloterdijk hat in seinen »Sphären«[7] unter der Überschrift »Archen, Stadtmauern, Weltgrenzen, Immunsysteme« Bemerkenswertes dazu zusammengetragen; weitere Beobachtungen zu dieser biblischen Ur-Geschichte unter dem Aspekt des Innenraums als Rettung werden das noch präzisieren. Im Blick auf die Bibel als »Schrift« kommt noch etwas hinzu. Die Arche ist

---

7 Hier Sphären II. Globen, Frankfurt a. M. 1999, 251 ff.

Raum als gedichteter Raum ja auch darin, dass sie ihre Wirklichkeit als Raum von Worten, von Buchstaben und Zeichen entfaltet. Der Text selbst wird zum Haus, die Bibel zum bergenden Raum. Das ist nicht etwa eine moderne (oder postmoderne) Spielerei. Vielmehr lädt bereits eine chassidische jüdische Legende zu dieser Lektüre ein. Sie empfiehlt, das Wort *teva* nicht in der Bedeutung »Kasten« zu lesen, sondern in der (von der kästchenartigen Form der hebräischen Quadratschrift abgeleiteten) Bedeutung »Buchstabe, Wort«.[8] Paul Celan kennt die jüdische Tradition, und so gelesen verbinden die als eines der Motti dieses Noahbuches zitierten Zeilen eines Celangedichtes beide Formen einer *gedichteten* Arche.[9] Und wenn Günter Kunert seinen »Frankfurter Poetikvorlesungen« den Titel gibt »Vor der Sintflut: das Gedicht als Arche Noah«[10], ist diese Linie auf andere Weise ebenso aufgenommen. Wir sind, was die »Wirklichkeit« der Arche angeht, auf die Wirklichkeit von Buchstaben, Worten und Texten verwiesen.

Auch deshalb werden wir die Noahgestalt in den biblischen Texten selbst aufsuchen müssen, zunächst in den alttestamentlichen Geschichten, die von ihr erzählen. Die Noaherzählungen finden sich in 1. Mose 5–9. Es handelt sich dabei offenkundig nicht um eine einlinige Erzählung, sondern um ein kunstvolles Gewebe aus mehreren unterschiedlichen Fäden. Dieser Gewebecharakter ist im überlieferten Text erkennbar

---

8   E. Wiesel, Macht Gebete aus meinen Geschichten, Freiburg i. Br. 1986, 13.

9   Für den Hinweis auf dieses Celan-Gedicht gilt Petra Gärtner mein herzlicher Dank; das gesamte Gedicht mit weiteren Hinweisen u. 238 f.

10 Erschienen in der Reihe Hanser akzente, München 1985 (dazu weiteres im Abschnitt C 11).

geblieben, ja man hat offenkundig lose Enden stehen lassen und Verknüpfungsstellen kenntlich gemacht. So erscheint der biblische Gesamttext durchaus widersprüchlich: Manche Zahlen-, Zeit- und Größenangaben passen nicht recht zusammen, die Notizen über die Anzahl der jeweiligen Tiere schwanken (bald sind es zwei, bald je sieben Tiere einer Gattung), zudem scheint auch die Motivation zur Rettung des Noah unterschiedlich begründet. Diese Widersprüche sind im Text bewusst erhalten geblieben. Wer das bestreiten wollte, müsste ja buchstäblich annehmen, dass die alten Tradenten nicht bis drei zählen konnten ... Aber warum war den Tradenten an der Mehrschichtigkeit der Überlieferung so sehr gelegen, dass sie dafür Widersprüche in Kauf nahmen? Ging es ihnen darum, dass es stets mehr als *eine* Wahrheit gibt? Ich meine, dass es so ist, und das hat dann auch Folgen für die Lektüre und Auslegung der Bibel selbst.

Die Abschnitte in 1. Mose 5–9, die von Noah handeln, werden also im Zentrum der folgenden Beobachtungen und Überlegungen zur Noahgestalt stehen. Dazu kommen aber auch alttestamentliche Texte, die Noah wie Hesekiel 14,14.20 nennen oder wie Jesaja 54,9 an seine Geschichte erinnern, sowie spätere z. T. apokryphe Texte, die von Noah zu erzählen wissen (neben Weisheit 10,4 und Sirach 44,16 ff. vor allem das Jubiläenbuch) und ebenso die neutestamentlichen Bezüge auf Noah und die Flut (Hebräer 11,7 mit großem theologischen Gewicht, aber auch Matthäus 24,37–40; Lukas 17,26 f.; 1. Petrus 3,20; 2. Petrus 2,5; 3,6 f.).[11]

---

11 Weiteres zu den innerbiblischen Rezeptionen u. im Abschnitt C 1.

Bereits in der Bibel selbst ist Noah zu einer Gestalt des kollektiven Gedächtnisses[12] geworden, mit der man Grunderfahrungen verbinden konnte. Die grundlegenden Motive der mit Noah verbundenen Geschichte(n) haben lange vor der biblischen Fassung in altorientalischen Texten Gestalt gewonnen. Die Bibel nimmt hier bekannte Stoffe auf. Aber an ganz bestimmten Stellen setzt sie unverwechselbar eigene Akzente. Wir müssen also darauf achten, wo Traditionen des alten Orients »zitiert« werden und wo gerade nicht. Als eine Gestalt des kollektiven Gedächtnisses wirkte Noah und wirkten die vielen zu Symbolen verdichteten Motive der mit ihm verbundenen Erzählung(en) weiter bis in die Gegenwart. Die Geschichte Noahs ist die Geschichte dieser verdichteten Erfahrungen. Ihr werden die folgenden Kapitel in zwei großen Hauptabschnitten nachgehen. Im zunächst folgenden sollen die biblischen Texte und Überlieferungen selbst im Vordergrund stehen, im zweiten die Wirkungsgeschichte in einzelnen Beispielen. Beide Ebenen lassen sich nicht immer sauber voneinander trennen, denn die biblischen Erzählungen und die biblischen Rückverweise auf diese Erzählungen sind selbst schon Ergebnis einer Wirkungsgeschichte. Und umgekehrt geben spätere Rezeptionen (Leseweisen,

---

12 Die Formulierung und erste Thematisierung des »kollektiven Gedächtnisses« geht zurück auf M. HALBWACHS, La mémoire collective, Paris 1950 (dt. Das kollektive Gedächtnis, Stuttgart 1967). Thema und Begrifflichkeit wurden in mehreren Arbeiten vor allem von Aleida und Jan Assmann aufgenommen und weitergeführt, vgl. u. a. J. u. A. ASSMANN/CHR. HARDMEIER (Hrsg.), Schrift und Gedächtnis, München 1983; J. ASSMANN/T. HÖLSCHER (Hrsg.), Kultur und Gedächtnis, Frankfurt a. M. 1988; J. ASSMANN, Das kulturelle Gedächtnis, München 1992; DERS., Moses der Ägypter. Entzifferung einer Gedächtnisspur, München 1998.

Interpretationen, Nach- und Neuerzählungen, Bilder) den Rahmen ab, in dem wir heute die biblischen Texte lesen. In die Bibel selbst (das kann man gerade an der Noahgestalt sehen) sind Rezeptionen (Leseweisen, Interpretationen, Nach- und Neuerzählungen) eingeflossen; die biblischen Texte ihrerseits setzten und setzen Rezeptionen (Leseweisen, Interpretationen, Nach- und Neuerzählungen, Bilder) in Gang. Noah und seine Geschichte leben in all dem weiter. Diese Geschichte vermochte und vermag viele Menschen vieler Generationen zu erschrecken und zu erstaunen. Das Erschrecken und Erstaunen – und dazu das Lachen und das Weitererzählen – bezogen und beziehen sich nicht stets auf dieselben Aspekte und Züge der Erzählungen. Es gibt nicht die *eine* »Moral« der Geschichte. Auch das gehört zum Reichtum biblischer Erzählungen und zur Lebendigkeit biblischer Gestalten – auch dann, wenn sich (wie im Falle des Noah) die Lebendigkeit hinter einem Schweigen verbergen kann.

B. DARSTELLUNG

1. »DER WIRD UNS ZUM AUFATMEN BRINGEN VON UNSERER ARBEIT«
(1. MOSE 5,29)

Noahs Familiengeschichte und Name

Noah ist nach allem, was wir wissen und vermuten können, keine historische, sondern – als Träger kollektiver Erinnerung – eine literarische Gestalt der Bibel. Was bedeutet das im Blick auf die »Wirklichkeit« des von ihm Erzählten? Für eine in ähnlicher Weise literarisch-reale Gestalt, nämlich Hiob (der in Hes 14,14.20 mit Noah und Daniel gemeinsam genannt ist), bringt Elie Wiesel diese Frage auf den Begriff, wenn er Auffassungen der jüdischen Tradition über Hiob referiert: »Die einen sagen, Hiob hat sehr wohl gelebt, nur sein Leiden ist eine rein literarische Erfindung. Dem halten andere entgegen: Hiob hat niemals gelebt, aber er hat sehr wohl gelitten.«[13] Und auch eine andere Bemerkung Wiesels über Hiob lässt sich auf Noah münzen, nämlich »daß er, der vielleicht nie geboren wurde, sich als unsterblich erweist«.[14] Noah hat nie wirklich gelebt, aber er hat wirklich die Flut überlebt, sich und die Seinen, dazu Tiere aller Arten in der Arche gerettet, mit ihm hat *wirklich* eine neue Menschheit begonnen.

Hat ein Mensch, der allein als literarische Gestalt existiert, eine Biographie? Gewiss, nämlich die, welche die Texte ihm geben. Die literarische Biographie

---

13 E. WIESEL, Adam oder das Geheimnis des Anfangs, Freiburg i. Br. 1980, 211.
14 Ebd. 208.

hat dabei ihre eigene Plausibilität. Halten wir uns deshalb an die biblischen Angaben und ihren Kontext selbst: Noah wurde geboren im Jahre 1056 nach der Erschaffung der Welt. Man könnte das umrechnen in ein Jahr 2932 v. Chr., doch eine solche Angabe wäre in doppelter Hinsicht problematisch. Sie würde Noah und die hebräische Bibel, die ihn bezeugt, sogleich in die christliche Zeit verrechnen, vor allem aber suggerierte sie ein historisches Datum. In historischer Zeitangabe müsste man dann fortsetzen: Noah lebte von 2932 bis 1982 v. Chr. Kein historisch-realer Mensch lebt fast ein Jahrtausend. Aber die Bibel weiß davon zu erzählen, dass die Menschen vor der Flut so lange lebten. Dabei ist Noah mit seinen 950 Lebensjahren nicht einmal der älteste. Sein Großvater Metuschälach (vertrauter ist uns die altkirchliche Namensform Methusalem) erreichte nach 1. Mose 5,27 das Alter von 969 Jahren.

Wie sind diese hohen Lebenszeitangaben zu verstehen? Die Bibel kennt eine so lange Lebenszeit als eine buchstäblich »vorsintflutliche«. Am Beginn der Flutgeschichte (1. Mose 6,3) wird berichtet, Gott habe von nun an die Lebenszeit des Menschen auf 120 Jahre begrenzt, damit seine Kraft nicht zu groß sei und womöglich abermals die Erde verderben werde. Dieses Maximal- bzw. Idealalter von 120 Jahren erreicht Mose. Priesterliche Tradition lässt (vermutlich in hierarchischer Absicht) seinen Bruder, den Priesterahnherrn Aaron, noch ein wenig älter werden, nämlich 123 Jahre. Von den Erzeltern sind Lebensalter überliefert, die die »vorsintflutlichen« zwar nicht erreichen, jedoch ebenfalls das historische Maß überschreiten *sollen*. So stirbt Abraham mit 175 Jahren; Sara wird 127 Jahre alt. Diese Überlieferungen sind in der Bibel selbst der realen Erfahrung eines viel kürzeren Lebens gegenübergestellt. Selbst der bekannte Satz aus dem 90. Psalm (»Unser Leben währet 70 Jahre, und wenn es hoch kommt, so sind's 80 Jahre«) nennt Obergrenzen; die statistische Lebenserwartung im alten Israel war sehr viel geringer und lag eher bei 40 bis 50 Jahren. Um so mehr stellt sich die Frage nach den ungeheuer langen Lebenszeiten, die 1. Mose 5 nennt. Adam stirbt mit 930, Methusalem mit 969 Jahren oder Noah mit 950, gegenüber denen sein Urgroßvater Henoch im geradezu jugendlichen Alter von 365 Jahren gestorben, genauer – und darin zeigt sich ein besonderer Rang Henochs – von Gott entrückt worden ist. Es fehlt nicht an Versuchen, die gewaltigen Lebensjahre auf rationale Weise in plausible zu verwandeln. *Eine* Erklärung lautet: Es handelt sich nicht um die Angabe von Jahren, sondern von Monaten. Tatsächlich käme man auf diese Weise zu durchaus plausiblen Lebensspannen: Adam z. B. wäre knapp 80 Jahre alt geworden, Methusalem im 81. Lebensjahr gestorben. Nun enthalten dieselben Texte in 1. Mose 5 aber auch Angaben über das Alter, in dem jene Patriarchen zum ersten Male Vater wurden. Nimmt man diese Daten ebenfalls als Monatsangaben, so hätte Henoch seinen Sohn Methusalem im verblüffenden Alter von 65 Monaten, d. h. mit knapp fünfeinhalb Jahren gezeugt. Ein weiterer Versuch, die Altersangaben in 1. Mose 5 gegenwärtig nachvollziehbar zu machen, führt zu einem nicht weniger absurden Ergebnis. Nimmt man nämlich an, das eine Datum sei nach Monaten, das andere nach Jahren berechnet, so hätte z. B. derselbe Henoch seinen Sohn etwa 30 Jahre nach seinem Tod gezeugt ...

Diese kaum der Komik entbehrenden Beobachtungen sollen eins ganz deutlich werden lassen: Wer versucht, Angaben der Bibel, die sich selbst nicht als historisch oder geographisch reale verstehen, als historisch oder geographisch reale zu erweisen, kommt oft nicht zu vernünftigen, sondern zu absurden Ergebnissen. Das ist beim Versuch, die Reste der Arche Noah auf dem Berg zu finden, den wir heute Ararat nennen, kaum anders als bei der genannten »rationalen« Erklärung des langen Lebens eines Methusalem, der Vorstellung, die Mauern Jerichos seien von einer Bauart gewesen, die tatsächlich durch Trompetenstöße einstürzt, oder dem Versuch, die Auferstehung Jesu als historisches oder seine Himmelfahrt als ein in empirisch zugänglichen Räumen lokalisierbares Faktum zu erweisen. In all diesen Fällen verstehen die biblischen Zeugnisse selbst das Berichtete so, dass es eben nicht historisch oder geographisch berechenbar ist. Dass ein Menschenleben nicht 950 Jahre dauert, wussten die, die die biblischen Texte schrieben, und die, die sie als erste lasen, auch. Auf diese Weise bringen sie ja gerade die kategoriale Differenz zwischen der Zeit vor und der Zeit nach der Flut zum Ausdruck, wobei die »nachsintflutliche Zeit« die reale Lebenszeit und Lebenswelt der Menschen ist. Warum aber setzt die Bibel nicht erst mit dieser »realen« Zeit und Welt ein, sondern erzählt zuvor von einem ganz anderen Leben? Das wird gerade im Zusammenhang des Noahthemas zu einer wichtigen Frage, auf die noch zurückzukommen sein wird.[15]

Diese Überlegungen rücken die Plausibilität ungewöhnlicher Beschreibungen im Blick auf die Zeit vor der Flut ein wenig näher, sie sind aber noch keine aus-

---

15 S. u. im Abschnitt B 10.

reichende Antwort auf die Funktion der hohen Lebensalter. Es kommen vermutlich Aspekte hinzu, die Israel im Kontakt mit den ägyptischen und – hier vor allem – mesopotamischen (assyrischen und babylonischen) Kulturen wichtig wurden. Einmal kennen auch die altorientalischen Überlieferungen eine Zeit vor der Flut, die viel gedehnter war. Bereits sumerische Königslisten führen die »Könige vor der Flut« auf, denen sie Regierungszeiten von vielen tausend Jahren zuschreiben. Dass »vor der Flut« alles anders war, ist also nicht erst ein israelitisch-biblisches Traditionsgut. Vielleicht spielen »Erinnerungen« eine Rolle, die kaum auf einen Kulturkreis beschränkt, jedenfalls durchaus auch gegenwärtig sind, dass nämlich »früher« – etwa »vor dem Krieg« – alles besser war, die Winter kälter, das Gras grüner, die Menschen gesünder, die Straßen sicherer.

Die Begegnung Israels mit den Hochkulturen am Nil und an Eufrat und Tigris spielt vermutlich noch in einer weiteren Hinsicht eine Rolle bei den Lebenszeitangaben in 1. Mose 5. Es sind nämlich nicht zuletzt diese hohen Lebenszeiten der (von Adam bis Noah zehn) Generationen, die einen Zeitraum von mehr als 2000 Jahren überbrücken und so die Erschaffung der Welt vor 5761 Jahren (vom Jahr 2001 n. Chr. her gesehen), d. h. im Jahre 3760 vor unserer Zeitrechnung haben stattfinden lassen. Das erste Menschenpaar erblickte also – wenn wir noch einmal mit historischen Daten rechnen dürften – im 4. vorchristlichen Jahrtausend das Licht der Welt. Bis ins 4. vorchristliche Jahrtausend reichen die historischen Überlieferungen Ägyptens und Mesopotamiens. Eben diesen Zeitraum erreicht die biblische Chronologie. Es wäre ja kaum plausibel gewesen, die Welt z. B. längere Zeit *nach* der Regierungszeit eines Cheops oder Hammurapi entstanden sein zu lassen, was die Folge eines »normalen« Lebensalters der in 1. Mose 5 genannten Patriarchen gewesen wäre. Aber warum hat man nicht – diese Rückfrage stellt sich – eine lange Lücke angedeutet, etwa irgendwo in 1. Mose 5 eine Notiz eingeschoben wie: Und danach lebten sehr viele Generationen bis zu ..., um mit einem folgenden Namen wieder einzusetzen? Offenbar wollte man eben keine Lücke entstehen lassen, keinen Bruch, keinen Abbruch der Generationenkette und ihrer Namen. Die biblische Überlieferung lässt vor den jüdischen Leserinnen und Lesern in den Genealogien einen fortlaufenden Fluss des Lebens, eine ungebrochene Kette von Familiengeschichten aufleben, beginnend mit den Genealogien in 1. Mose 5 über die weiteren in der Genesis und den folgenden Mosebüchern, weiter dann in den Stammbäumen der Chronikbücher. In die Kette dieser Familiengeschichten wissen sich je gegenwärtig lebende Jüdinnen und Juden einbegriffen. Die hebräische Bibel erzählt nicht nur die Geschichte Israels und, in sie einbegriffen, Menschheitsgeschichte, sie erzählt damit auch *ihre* Familiengeschichte. Im Neuen Testament ist (in Matthäus 1 und Lukas 3) die Familie des jüdischen Menschen Jesus in diese Genealogie einbezogen. Eine Kette von Menschen mit ihren Namen erstreckt sich von Adam und Eva an bis in die Gegenwart der ursprünglichen Adressatinnen und Adressaten der »Schrift«. Und deshalb soll es keine dunklen Jahre und keine leeren, namenlosen Zeiten geben. Auch deshalb leben Adam 930, Methusalem 969 und Noah 950 Jahre. Es sei nicht verschwiegen, dass die jeweiligen Angaben in unterschiedlichen Überlieferungen (der hebräisch-masoretischen, der samaritanischen und der griechischen) differieren. Hinter den Zahlen steht vermutlich jeweils auch eine Konzeption von Weltzeit, eine Äonenlehre.[16]

Noah also wurde im Jahre 1056 nach der Erschaffung der Welt geboren. Er war somit, folgt man den Daten von 1. Mose 5, der erste Mensch, der geboren wurde, nachdem der allererste Mensch, Adam, gestorben war. Und Noah starb im Jahre 2006 im Alter von 950 Jahren. Wenn deutlich geworden ist, wie diese Angaben zu verstehen sind – nämlich als solche einer mythisch-literarischen und nicht einer biologistisch-historischen Wirklichkeit –, ist die Voraussetzung gegeben, einige weitere »biographische« Kontexte wahrzunehmen. Am Beginn der Flutgeschichte steht das Urteil Gottes über die von menschlicher Bosheit geradezu verseuchte, verdorbene Welt und der Beschluss der Vernichtung von »allem Fleisch«. Nur Noahs Familie und die bezeichneten Tiere sollen überleben. Zu Noahs Familie gehören seine Frau, seine drei Söhne und deren Frauen. Aber was ist mit Noahs Eltern, mit den Generationen zuvor? Die biblische Überlieferung rechnet in ihren eigenen Plausibilitätsstrukturen sehr genau. Denn die Lebensalter der Generationen vor Noah sind so berechnet, dass just in dem Jahre, in dem dann die Flut kommen wird, der letzte noch Lebende, nämlich Methusalem, gestorben ist. Die Frage nach der Mutter Noahs wie die nach den Frauen überhaupt, zeigt bei den meisten biblischen Genealogien (nicht bei allen; es gibt bemerkenswerte Ausnahmen) deren geradezu wörtlich »penetrante« Männlichkeit. Das Thema wird uns noch beschäftigen.

---

16 Für Genaueres zu diesem Punkt sei auf den Kommentar von H. SEEBASS, Genesis I. Urgeschichte (1,1–11,26), Neukirchen-Vluyn 1996, 177 ff. (mit zahlreichen weiteren Literaturangaben) verwiesen.

Folgen wir den Biographien der biblischen Gestalten, so ist der Blick in die andere Richtung ebenso aufschlussreich. Als Noah starb, war Abraham bereits über, seine Frau Sara knapp unter 50. Es ist das Jahr 2006 nach der Erschaffung der Welt. Noah ist der erste der Menschen, der im 2. Jahrtausend nach der Erschaffung der Welt geboren wird, und er lebt in diesem und auch noch am Beginn eines dritten. Noah lebt in zwei Jahrtausenden, und er lebt in zwei Weltzeiten, der vor und der nach der Flut. All das ist für die ursprünglichen Adressatinnen und Adressaten der Texte ein selbstverständlicher Kontext ihrer Lektüre. Neuzeitliche und vor allem neuzeitliche christliche Leserinnen und Leser müssen sich diese Angaben mühsam zusammensuchen – wenn sie sie überhaupt als zentralen Kontext der Geschichten und ihrer Geschichte wahrzunehmen gelernt haben.

Eine kleine Zwischenbemerkung: Bis in die Neuzeit hinein folgte die Historiographie der biblischen Chronologie. Im 18. Jh. kam es zu einer Infragestellung, als bekannt wurde, dass die chinesische Chronologie bis in eine Zeit zurückging, die es nach biblisch-christlicher Zählung gar nicht hätte geben können, weil sie *vor* der Weltschöpfung lag. Die europäischen Historiker und Philosophen reagierten darauf. Begann noch Bossuets Weltgeschichte mit der Schöpfung, so nimmt Voltaire die »neue« Chronologie auf. Ihm folgt Hegel, der dann freilich den zeitlichen Vorrang der chinesischen Kultur im Rahmen seines Fortschrittsmodells mit einer sachlichen Abwertung verbindet.

Von Noahs Geburt und Herkunft berichtet der erste biblische Abschnitt über Noah in 1. Mose 5,28–32, ferner vom weiteren Leben von Noahs Vater Lamech und dann von Noahs drei Söhnen. Das alles entspricht der in diesem Kapitel üblichen Struktur. Aber es gibt in V. 29 eine nicht übliche Erweiterung, die den Namen Noah(s) zum Thema macht. Der gesamte Abschnitt lautet:

Und es lebte Lamech[17] 182 Jahre, und da bekam er[18] einen Sohn. Und er nannte seinen Namen Noah (hebr. *noach*), um damit zu sagen: Dieser wird uns zum Aufatmen bringen (hebr.: *jenachamenu*) von unserer Arbeit und der Mühsal unserer Hände vom Ackerboden, den Adonaj[19] verflucht hat. Und es lebte Lamech, nachdem er den Noah bekommen hatte, 595 Jahre, und er bekam Söhne und Töchter. Und es beliefen sich alle Lebenstage Lamechs auf 777 Jahre, und er starb. Und Noah war ein Mann von 500 Jahren, da bekam Noah den Schem, den Cham und den Jafet[20].

Die Namensgebung Noahs verklammert mehrere Abschnitte der biblischen Urgeschichte. Sie weist einerseits zurück auf die Paradieserzählung und die Verfluchung des Ackerbodens an deren Ende (1. Mose 3,17–19), dem der Mensch seinen Ertrag fortan in mühsamer Arbeit (»im Schweiß der Nase«) abringen muss. In der Namensgebung Noahs wird diese Realität menschlicher Arbeit bestätigt. Arbeit geschieht nicht mehr in paradiesischem Einklang mit der Natur, son-

---

17   Der Name des Noahvaters lautet in der hebräischen Bibel Lämäch (Lemech). Die in deutschen Bibeln übliche Namensform Lamech hängt damit zusammen, dass der Name an der ersten Stelle, an der er in der Bibel vorkommt, am Satzende steht. Die letzte betonte Silbe eines Satzes bekommt im Hebräischen einen langen Vokal. In diesem Fall wird aus Lämäch Lamech. Ganz entsprechend verhält es sich bei weiteren Namen, u. a. Jafet (hebr. Jäfät), aber auch Abel (hebr. Häwäl). Bereits die alten Übersetzungen haben die Namen auch weiterhin so wiedergegeben, wie sie beim ersten Vorkommen vokalisiert waren.

18   Das hebr. Verb *jalad*, das hier und im ganzen Kontext oft gebraucht ist, bedeutet sowohl »zeugen« wie »gebären«; die im Deutschen bei diesen Worten notwendige Entscheidung zwischen einer exklusiv männlichen und einer exklusiv weiblichen Bedeutung soll durch die Verdeutschung »er bekam« vermieden werden.

19   Zum Gottesnamen und seinem Gebrauch findet sich Weiteres im Abschnitt B 6.

20   Zur Namensform s. o. Anm. 17.

dern als Arbeit gegen eine widerständige Natur. Das wird so bleiben, aber es soll doch einen Trost geben, ein Aufatmen. Dieser Wunsch realisiert sich im Namen »Noah« (im Hebräischen aus den beiden Konsonanten *n* und *ch* bestehend), der in 1. Mose 5,29 gehört wird in einer Verbindung mit dem Verb *n-ch-m*, das in einer bestimmten Form »trösten«, wörtlich wohl: »zum Aufatmen bringen« bedeutet. Im Noahnamen drückt sich ein Trostwunsch aus; die Sehnsucht, das Leben möge nicht nur aus mühseliger Arbeit bestehen.

Namen haben in der Bibel stets eine Bedeutung, oft trägt eine Namensbedeutung eine ganze Geschichte. Ob und wie sich eine Namensbedeutung oder gar mehrere Bedeutungen erfüllen, wird dabei mehr als einmal zu einer spannenden Frage. So ist es – um nur wenige zu nennen – bei Isaak und Jakob, bei Elia und Hesekiel. So ist es auch bei Noah und dem Noahnamen. Der Wunsch des Vaters enthält eine Möglichkeit, den Namen Noah zu verstehen. In der erzählend-auslegenden Midraschliteratur wird die im Hörklang mögliche Verbindung zwischen dem Noahnamen und dem Verb *nacham* noch verstärkt, indem Noah als weiterer Name Menachem gegeben wird, welches »Tröster« bedeutet und in der jüdischen Tradition ein Name des Messias ist.[21] Eine weitere Namensdeutung bliebe bei der Verknüpfung des Noah-

21 So z. B. im Babylonischen Talmud, Sanhedrin 98 b; in Verbindung mit der hier herangezogenen Stelle in Klagelieder (Threni) 1,16 (»Denn fern von mir ist der Tröster [menachem]«) entwickelt sich als *eine* Messiaserwartung die, er komme, wenn die Not am allergrößten sei. Zu jüdischen Messiaserwartungen in ihren vielen Formen findet sich das rabbinische Material bei M. Zobel, Gottes Gesalbter, Berlin 1938; vgl. auch R. Mayer, War Jesus der Messias? Geschichte der Messiasse Israels in drei Jahrtausenden, Tübingen 1998.

namens mit dem Verb *n-ch-m* und könnte darauf sich beziehen, dass es in einer Aktionsart »trösten«, in einer anderen »etwas bereuen, sich etwas Leid tun lassen« bedeutet. In beiden Fällen geht es um heftige, emotionale Atembewegungen: Getröstet zu werden kann jemanden zum Auf*atmen* bringen, Reue kann sich in einem tiefen Auf*seufzen* ausdrücken. Von solchem Aufseufzen, solcher Reue Gottes ist in der Noahgeschichte an entscheidender Stelle die Rede: Gott bereut es, den Menschen gemacht zu haben, er ist die ganze Schöpfung »leid« (1. Mose 6,6). Sollte es zwischen dem Noahnamen und auch dieser Stelle eine vertrackte Beziehung geben?

Eine wieder andere, sprachlich noch näher als die bisher genannten liegende Erklärung kann den Namen *noach* mit dem Verb *nuach* in Beziehung setzen, welches in der Grundform »ruhen«, in anderen Formen aber auch »beruhigen« bedeutet. Zum ersten Male in der Bibel kommt dieses Wort in der Paradiesgeschichte vor. Adonaj-(JHWH)-Gott bringt den Menschen, den er erschaffen hat, zu seinem Ruhe- und Bestimmungsort im Garten in Eden, »damit er ihn bebaue und bewahre« (1. Mose 2,15). In diesem Bebauen und Bewahren ist die paradiesische Arbeit als Komplementarität von Arbeit und Ruhe (von Tun und Lassen) gekennzeichnet. Im Leben außerhalb des Gottesgartens ist die Ruhe verloren gegangen.[22] Verweist der Noahname zurück auf das Leben, wie es einmal von Gott für den Menschen gedacht war? Der Inhalt des Wunsches Lamechs in 1. Mose 5,29 klingt also gerade auch dann an, wenn man im Namen *noach*

---

22 Dazu J. EBACH, Arbeit und Ruhe, in DERS., Ursprung und Ziel. Erinnerte Zukunft und erhoffte Vergangenheit, Neukirchen-Vluyn 1986, 90–110.

das Verb *nuach* (ruhen) mit hört. In der Noahgeschichte selbst kommt es in 1. Mose 8,4 vor. Dort »ruht« die
Arche auf dem Berg Ararat. Kommt im Aufhören der
Flut der Name Noahs zu seiner Erfüllung? Auch das
ist eine Verstehensmöglichkeit. Am Ende der Flutgeschichte gibt es noch einen möglichen Bezug zum
Noahnamen. Beim Opfer, das er nach der Flut dar-
bringt, heißt es, Adonaj (Gott) habe den beruhigenden
Duft des Opfers gerochen. In der Wortverbindung *re-
ach hannichoach* (etwa: Duft der Beruhigung/Besänfti-
gung/des Wohlbehagens) kommt abermals das Verb
nuach und womöglich auch der Name *noach* zum Klingen. Erfüllt sich in der Beruhigung, Besänftigung Gottes der Noahname? Auch so kann man lesen.

Doch die nächstliegende Beziehung zwischen Noahname und Noahgeschichte(n)[23] weist über die Flutgeschichte hinaus auf die Erzählung vom Weinbauer
Noah. Lamech hatte gewünscht, sein Sohn möge Erquickung, Trost, Aufatmen von der schweren Arbeit
bringen. Indem Noah der erste sein wird, der Wein
anbaut und Wein genießt (freilich mit nicht nur er-
quicklichen Folgen, wie sich zeigen wird)[24], erfüllt
sich der Wunsch, den der Name ausdrückt. An mehreren Stellen kommt in der Bibel gerade der Wein als
Gegengewicht zur schweren Arbeit in den Blick, etwa
in Ps 104,15, wo der Wein zusammen mit dem Brot
und dem Öl genannt ist. Es geht um die Dinge, die
Gott durch die Arbeit des Menschen hervorbringen
lässt, zugleich ein biblischer Hinweis darauf, dass Ar-

---

23 Wichtige Einsichten zur Bedeutung des Noahnamens fin-
    den sich bei R. Lux, Noach und das Geheimnis seines Na-
    mens. Ein Beitrag zur Theologie der Flutgeschichte, in:
    DERS. (Hrsg.), »... und Friede auf Erden«. FS CHR. HINZ,
    Berlin 1988, 109–135.
24 S. u. im Abschnitt B 11.

beit nicht dem Broterwerb allein, sondern auch der Freude und der Schönheit dienen soll. Den Gegensatz zwischen dem Weintrinken und der Mühsal betont auch Spr 31,6 f.

Gerade in der Deutung, die Lamech dem Namen seines Sohnes gibt, spannt sich also ein großer Bogen über die gesamte Flutgeschichte hinweg bis zur Erzählung von 1. Mose 9,18 ff., zum Weinbauer Noah. Kann man sagen, dass sich der Wunsch des Vaters (in welcher seiner Verstehensmöglichkeiten auch immer) erfüllt habe? Dazwischen liegt die Vernichtung von »allem Fleisch«. Noah, der die Menschen zum Aufatmen brachte von ihrer Arbeit und Mühsal? Oder Noah, von dem am Ende erzählt wird, dass er sich nach der Flut und nachdem er Gott ein Opfer dargebracht hat, nur noch betrinken konnte? Auch die Erzählung vom Weinbauern Noah enthält mehr als eine Lektüremöglichkeit. Wenn bereits die Namensnennung in 1. Mose 5,29 ursprünglich auf diese Geschichte verweist, so ist im jetzt überlieferten Gesamttext die Fluterzählung »dazwischen gekommen«. Und doch gibt es Bezüge von den ersten Sätzen über Noah hin zu den letzten.

Die Formulierung, da sei etwas dazwischen gekommen, klingt in diesem Zusammenhang frivol. Denn da hat es ja nicht ein kleineres oder größeres Unglück gegeben, welches zunächst verhinderte, dass der Sohn das wird, was sich der Vater erhofft hatte. Es kam nicht »etwas« dazwischen, sondern die allergrößte denkbare Katastrophe. Gott unternahm es, seine Schöpfung rückgängig zu machen.

Dieser massive Einbruch des Chaos in die Schöpfung, die Möglichkeit, dass zu Grunde geht, was ist, wird in der biblischen Darstellung in aller Schärfe zum Ausdruck gebracht. Und doch enthält die Darstellung ein Gestaltungsmotiv, das noch diesen Einbruch des Chaos umgriffen sein lässt vom Fluss des Lebens. Die Flut erscheint wie ein Ereignis im Leben Noahs. Noahs Leben umgreift die Flut; die Lebenszeit erweist sich gleichsam als zählebiger denn die Weltzeit. Indem der Noahname vorausweist auf etwas, das die Flut »überlebt«, die Biographie Noahs weiter reicht und zum Beginn einer neuen Menschheit wird, enthält die biblische Darstellung selbst einen Moment des Aufatmens, des Trostes. Zuletzt so geht der in der Namensgebung Noahs steckende Wunsch in Erfüllung – sehr anders, als es sich Lamech denken mochte. Die größte Katastrophe ist eine reale Möglichkeit, aber sie *war* bereits Wirklichkeit, und sie behielt nicht das letzte Wort. So können in der »Schrift« ein Glaube und eine Hoffnung zum Ausdruck kommen, die nicht um den Preis der Blindheit gegenüber dem, was ist, erkauft sind. Für diesen Glauben und diese Hoffnung steht Noah – dafür steht seine »Biographie«, die mit seinem Namen beginnt.

2. »Und es reute Gott« (1. Mose 6,6)

Nach den »biographischen« Notizen am Ende des Kapitels 5 im ersten Mosebuch verlässt die Erzählung für einige Verse Noah und seine Familie und berichtet von einer Entwicklung der Menschheitsgeschichte, die als eine Art »Vorspann« zur Flutgeschichte zu verstehen ist. 1. Mose 6,1–4 enthält einen mythischen Text, der die Verbindung himmlischer Wesen (offenbar Figuren des himmlischen Hofstaates, Engelgestalten) mit »Menschentöchtern« zum Thema hat. Die Nähe dieses Abschnitts zu mythologischen antiken Erzählungen von sexuellen Verbindungen von Gottheiten und Menschen (Göttern und Frauen; seltener Göttinnen und Männern) ist deutlich. Wie entsprechende antike Mythen dient auch 1. Mose 6,1–4 als Erklärung der Existenz von Heroengestalten. Es ist auffällig, dass im biblischen Text eine moralische Wertung unterbleibt. Auch von einer Strafe ist nicht die Rede, wohl aber davon, dass Gott von nun an die Lebenszeit der Menschen auf 120 Jahre begrenzt (davon war bereits die Rede). Im Gesamtablauf der Urgeschichte steht dieser Abschnitt gleichwohl als markantes Beispiel dafür, dass, wie man sagen könnte, die Schöpfung aus dem Ruder gerät. Dieses Verständnis legt sich jedenfalls von der unmittelbaren Fortsetzung in 1. Mose 6,5 her nahe. Der folgende Abschnitt (V. 5–8), die Einleitung zur Flutgeschichte im engeren Sinne, lautet:

Da sah Adonaj: Ja, groß war die Bosheit des Menschen auf der Erde, und jedes Gebilde der Gedanken seines Herzens war nur böse den ganzen Tag! Da gereute es Adonaj (da seufzte er tief auf[25]): Er hatte ja gemacht den Menschen auf der Erde – und es schmerzte ihn, ging ihm zu Herzen. Und es sprach Adonaj: Ich will wegwischen den Menschen, den ich geschaffen habe, weg vom Antlitz des Ackerbodens – vom Menschen bis zum Vieh, bis zum Gewürm und zum Fluggetier des Himmels. Ja, es gereut mich: Ich habe sie ja gemacht! Noah aber fand Wohlwollen in den Augen Adonajs. (6,5–8)

---

25 Das hebräische Verb n-ch-m (s. o. S. 38) bedeutet in der hier gebrauchten Aktionsart (Nif'al) »sich etwas gereuen lassen«, »etwas bereuen«, im emotionalen und durchaus wörtlich im leiblichen Sinne »tief aufseufzen«. In der Verdeutschung von Buber/Rosenzweig heißt es an dieser Stelle: »es leidete ihn«; hier kommt gut zum Ausdruck, dass Gott die Schöpfung verleidet ist, dass er sie leid ist. Ob es ihm auch um sie leid ist, ob Gott Mitleid mit den und dem Vernichteten hat? Ob er selbst mitleidet? Kann man hier mehr sagen, als die Frage zu stellen?

Gott seufzt tief auf, Gott gereut es, dass er den Menschen gemacht hat, Gott ist ihn leid. Und so beschließt er, nicht nur die Menschen, sondern auch die Tiere wegzuwischen vom Ackerboden. Die Erzählung bleibt bei aller emotionalen Wucht dieser Sätze genau, denn bei den genannten Tierarten, welche die der Schöpfungsgeschichte (1. Mose 1) wiederholen, fehlt eine: die Fische. Tatsächlich kommen diese ja nicht in der Flut um und deshalb sind sie hier unter den »Untergangskandidaten« nicht genannt. Die eigentliche Zumutung des Textes liegt in der Rede von Gottes Reue selbst. Wie verträgt sich die Aussage, Gott sei seine Schöpfung leid, mit der Vorstellung von einem allmächtigen, vor allem einem allwissenden Gott? Hätte er nicht vorhersehen müssen, wie sich alles entwickelt? Kann ihm, dem Schöpfer und Walter von allem, etwas aus dem Ruder laufen? Und ist der Gedanke der Reue Gottes vereinbar mit dem Bekenntnis zu einem »allmächtigen« Gott? Dazu kommt eine weitere Frage: Ist die in diesen Versen erklingende Rede von Gottes Leiblichkeit – sein Herz wird genannt, seine Reue wird als ein Aufseufzen gefasst – nicht eine menschliche, allzu menschliche Weise, von Gott zu reden? Haben wir es bei solchen Aussagen mit einer noch unausgebildeten, geradezu kindlichen »Theologie« zu tun? Diese Auskunft wäre zumindest überheblich. Tatsächlich rührt die Rede von Gottes Reue und ebenso die von Gottes Leiblichkeit an einen Kern biblischer Theologie. Hier ist eine grundsätzliche Überlegung erforderlich.

Kann Gott sich etwas gereuen lassen, kann er Reue empfinden, kann er – das nämlich bedeutet in der Bibel »Reue« – für sich selbst ein falsches Tun einräumen und sich in seinem folgenden Tun ändern wollen? Ist das eine menschliche oder eine zu mensch-

liche Vorstellung von Gott? Es steht viel auf dem Prüf-
stand, denn antwortete man eindeutig mit »ja« oder
mit »nein«, so wäre Gott entweder unzuverlässig oder
er wäre gnadenlos.

Und deshalb kann es da keine eindeutige, einlinige
Antwort, vielmehr muss es mehrere, durchaus auch
widersprüchliche Antworten geben. In 4. Mose 23,19
lesen wir:

Gott ist kein Mensch, dass er lüge, und kein Menschenkind,
dass er sich etwas gereuen ließe. Sollte er etwas sagen und
es nicht tun, etwas (ver)sprechen und es nicht zustande bringen?

Hier liegt das Gewicht auf der Zuverlässigkeit der
Worte Gottes. Gottes Wort ist unverbrüchlich – wie
anders sollten Menschen diesem Gott ihr Leben an-
vertrauen? Derselbe Satz findet sich in 1. Sam 15,29,
dort steht er überraschend in einer Geschichte (es geht
um Sauls Verwerfung), in der zuvor (in V. 11) und danach (in V. 35) davon die Rede ist, dass es Gott gereut
habe, Saul zum König gemacht zu haben. Offenbar
kann auch die Bibel über Gottes Reue nur widersprüchlich reden und denken. In Jer 4,28 spricht Gott
selbst:

… ich habe gesprochen, was ich beschlossen habe, ich habe es
nicht bereut, und ich will nicht davon ablassen.

Der Satz lässt die prinzipielle Möglichkeit durchaus
zu, dass Gott von etwas ablassen könne, das er einmal
beschlossen hat. Er schließt diese Möglichkeit für den
bezeichneten Fall jedoch ausdrücklich aus. Im selben
Jeremiabuch (18,8) finden sich immerhin auch die folgenden Gottesworte:

… wenn sich aber dieses Volk abkehrt von seinem Bösen, das
ich ihm entgegengehalten habe, dann will ich mich gereuen lassen wegen des Bösen, das ich vorhatte, ihm zu tun.

Gott wird also darauf verzichten können, eine einmal ausgesprochene Drohung wahr zu machen – nicht weil er unzuverlässig und wankelmütig wäre, sondern weil seine Souveränität so groß ist, dass er nicht um sein Gesicht fürchten muss, wenn er nicht wahr macht, was er androht. In eben diesem Zusammenhang behält die Rede von der Allmacht Gottes ein Recht. Sinnvoll und biblischer Rede von der Macht Gottes angemessen ist sie weder als logische Kategorie[26] noch als »Omnipotenz« eines »Hyper-Superman«. Eben das ist Gott nicht, und deshalb steht in Hos 11,9 ein Satz, der zu dem oben zitierten aus 4. Mose 23 im Widerspruch steht, keinem logischen Widerspruch, sondern einem, in dem je auch das andere stark gemacht wird. In Hos 11 geht es um einen Gegensatz in Gott, um einen Widerstreit zwischen seinem Zorn über das untreue Volk und seiner Liebe zu diesem Volk. Gott hat die Vernichtung angesagt, doch fällt er sich selbst ins Wort, ins Herz:

Ganz umgestülpt ist gegen mich mein Herz, in einem entbrannt ist meine Reue.
Ich will (ich kann) nicht vollziehen die Glut meines Wutschnaubens,
ich will (ich kann) nicht noch einmal Efraim vernichten ...

---

26 Um die Unsinnigkeit der Rede von der Allmacht Gottes als logische Kategorie sinnfällig zu machen, bedarf es nur einer bekannten Frage. Sie lautet: Kann Gott einen Stein machen, den er selbst nicht heben kann? Wie immer die Antwort ausfällt – die Kategorie der Allmacht wäre auf der Ebene mathematischer Logik ausgehebelt. Auf der physikalischen Ebene wäre eine Kraft, der keine Kraft entgegenstrebt, keine unermesslich große, sondern eine leere Kraft. Es geht darum, die Rede von Gottes Allmacht als eine Grenzaussage zu verstehen. Sie hält fest, dass Gottes Macht nicht nach den Regeln und Kategorien von Macht zu verrechnen ist.

Wie begründet Gott seinen Sinneswandel, wie erklärt er, dass er die Vernichtung nicht wahr machen will, sich sein Herz gegen ihn richtet, Reue ihn bezwingt? Die Begründung lautet:

Ja, Gott bin ich und kein Mann[27],
in deiner Mitte der Heilige, und ich will nicht kommen in Zornesglut.

Gottes Macht zeigt sich in seiner Fähigkeit zur Schwäche – zu Gefühlen, zum Mitleiden und zur Reue. Das ist Ausdruck der unvergleichlichen Macht Gottes, die darin ihre Besonderheit hat, dass sie Macht noch über die Macht ist. Gott muss nicht den Regeln der Macht gehorchen – das ist seine »Allmacht«. Und diese Allmacht steht zur Vorstellung von Gottes Reue nicht nur nicht im Widerspruch, sie ist eine ganz entscheidende Weise, in der sich Gottes Macht von anderer Macht unterscheidet. Es ist freilich nicht erstaunlich, dass diese Souveränität Gottes noch gegenüber dem eigenen Wort gerade solchen Menschen zum Problem wird, für die die Zuverlässigkeit des Gotteswortes die Basis des eigenen Lebens ist. Dafür gibt es bereits biblische Beispiele. Das bekannteste ist das des Propheten Jona. Jona bekommt von Gott den Auftrag, der bösen Stadt Ninive anzusagen, dass sie in 40 Tagen katastrophisch umgestürzt sei. Jona will sich diesem Auftrag entziehen. Nun kommt die berühmteste Stelle

---

27 Im hebräischen Text steht hier das Wort *isch*, welches »Mann«, und nicht das Wort *adam*, welches »Mensch« bedeutet. Gewiss ist hier nicht gemeint, dass Gott kein Mann, sondern eher eine Frau sei. Es geht um die Differenz zum Menschen. Aber dabei darf nicht unsichtbar gemacht werden, dass an dieser Stelle die Differenz zum Menschen gerade in der Differenz zum *Mann* betont wird.

des Jonabuches, die Sache mit dem großen Fisch[28]. Der Fisch verschlingt Jona und speit ihn am Gestade auf dem Weg nach Ninive wieder aus. Nun führt Jona seinen Auftrag aus und sagt Ninive den Untergang an. Das Wort Gottes im Munde des Propheten lässt weder Zweifel noch Ausweg: Ninive wird untergehen. Dennoch oder deshalb geschieht das Unerwartete. Die Niniviten – die kleinen und großen, Menschen und Tiere, ja selbst der König – kehren um von ihrer Bosheit. Und daraufhin kehrt auch Gott um:

Und es sah die Gottheit[29] ihr Tun, sie waren ja umgekehrt von ihrem bösen Wege, da ließ sich die Gottheit gereuen des Bösen, das sie gesprochen hatte, ihnen anzutun.

Auf die Umkehr der Menschen hin kehrt auch Gott um und vollzieht nicht, was er ge- und versprochen hatte. Jona hat damit größte Probleme. Er will kein Prophet eines Gottes sein, der nicht wahr macht, was er sagt, und der ihn so zum falschen Propheten macht. Gott aber will seine Wahrheit nicht auf Leichenbergen errichten, das Leben der Geschöpfe ist ihm wichtiger als Recht zu behalten.[30]

---

28 Wenn schon die Fische nicht in die Arche kamen, konnte doch einmal ein Fisch einem Menschen zur »Arche« werden.

29 Das hebräische Wort für Gott (*elohim*), das mit dem Eigennamen des Gottes Israels nicht zu verwechseln ist (dazu und zur Bedeutung für das Verstehen des jeweiligen Sprachgebrauchs u. in Abschnitt B 6), ist hier mit dem Artikel versehen. Diese Rede von Gott drückt eine größere Distanz aus. Sie kommt in der Übersetzung »die Gottheit« zum Ausdruck. Dass diese Rede von Gott im Deutschen eine grammatisch feminine Fortsetzung erfordert, ist überdies eine nützliche Erinnerung daran, dass Gott in der Bibel keineswegs auf ein Mann-Sein reduziert ist.

30 Zum Jonathema in dieser Hinsicht J. EBACH, Kassandra und Jona. Gegen die Macht des Schicksals, Frankfurt a. M. 1987.

Gott will Leib und Leben der Menschen retten, er hat (so Hesekiel 18) keinen Gefallen am Tod der Bösen. Das ist der Gott Israels, wie er »leibt und lebt«. Diese Formulierung soll hier ganz wörtlich verstanden werden. Freilich ist die Vorstellung von Gottes Leiblichkeit vielen Menschen fremd, und auch in der Theologie erklärt man biblische Aussagen, nach denen Gott ein Herz hat, Mund und Nase, Hand und Fuß hat, ein Antlitz, einen Leib, ja, einen Mutterleib hat, für Ausdrucksweisen einer noch unausgebildeten Religiosität. Aber was bedeutete die für die biblische Anthropologie (die Auffassung vom Menschen) grundlegende Aussage, der Mensch – männlich und weiblich – sei erschaffen als »Bild Gottes« (1. Mose 1,27), wenn sie nur etwas über das Abbild und nicht auch etwas über das Vor-Bild sagt? Wir können nicht anders als in Bildern, in menschlichen Bildern von Gott zu reden. Folgen wir der Bibel, so sollen wir auch nicht anders von ihm, von ihr reden. Das Entscheidende aber bleibt, dass Gott in keinem möglichen Bild aufgeht, mit keinem identifiziert werden darf, so dass man in einem Bild seiner, ihrer habhaft würde. Eben das ist die Intention des »Bilderverbots« als eines der »Zehn Gebote«.

Die biblische Rede von der Reue Gottes ist eine Grenzaussage, das Bild eines aufseufzenden und darin zutiefst leiblichen und lebendigen Gottes. Dieses Bild ist notwendig, soll nicht Gott zum gnadenlosen Prinzip unverbrüchlicher und darin auch tödlicher Wahrheit werden. Ebenso notwendig aber sind die genannten Gegenbilder, soll nicht Gott zu einer willkürlichen und wankelmütigen Figur werden, auf die Menschen nicht bauen können. Allein die Mehrdeutigkeit (man könnte auch schreiben: Mehr*deutlich*keit) der Bilder und Aussagen entspräche – soweit menschliche Rede Gott entsprechen *kann* – Gott, wie er, wie sie »leibt und lebt«.

Nun wäre es leichter, die Widersprüchlichkeit in der Rede von Gottes Reue anzunehmen, wenn sich zeigte, dass Gottes Leben zusagendes Wort stets wahr und unverbrüchlich bleibt, seine Todesdrohungen jedoch nicht das letzte Wort behalten. Wäre es so, so gälte die Reue nur der Vernichtung. Das Ergebnis der Reue wäre die Umkehr von der im Zorn angesagten Lebensvernichtung zur wirklich gewollten Lebenserhaltung. Es gibt viele biblische Zeugnisse, die sich diesem Bild einfügen. Unsere Ausgangsstelle in 1. Mose 6 macht es uns da allerdings schwer. Denn hier gilt die Reue, das Aufseufzen und der Beschluss, das bisherige Tun nicht fortzusetzen, der Schöpfung. Gott ist seine eigene Schöpfung leid. Er bereut, dass er sie gemacht hat. Und deshalb will er seine eigenen Geschöpfe auslöschen – nicht *ihnen* eins auswischen, sondern *sie* auswischen, wie man eine Schrift mit einem nassen Schwamm von einer Tafel wegwischt.

Das Vernichtungsmotiv begegnet bereits – wenngleich mit anderer Begründung[31] – in den altorientalischen Flutüberlieferungen. Auch dort wird einer gerettet. Aber es gibt einen entscheidenden, einen im engsten Sinne *theo*logischen Unterschied. In den altorientalischen Fluttraditionen sind die Gottheiten, die die Vernichtung der Menschen planen, und die, die das Rettungsunternehmen in Gang setzen, nicht die gleichen. Der Konflikt ist also einer der Götter untereinander. Was aber, wenn es nur *einen* Gott gibt und auf diese *eine* Gottheit die ganze Wirklichkeit zurückgeführt werden muss? Wenn man nicht doch in dualistische und faktisch polytheistische Modelle aus-

---

31   Weiteres dazu u. im Abschnitt B 8.

weicht, wie die Annahme des Teufels, der für das Böse zuständig sein soll, damit Gott der »liebe Gott«
bleibt, gibt es im Grunde nur zwei Möglichkeiten: Entweder man blendet einen Teil der Wirklichkeit aus,
damit man am guten, am »lieben Gott« festhalten
kann, oder man muss einen Zwiespalt in Gott selbst
denken und glauben können. Eben dies tut die Noahgeschichte, indem sie den Gott, der seine eigene
Schöpfung auslöschen, und den, der mit Noah die
Menschheit retten und neu begründen will, ein und
denselben sein lässt.[32] Und wieder kommt der Zwiespalt so in den Blick, dass er sich in Gottes Leiblichkeit
ausdrückt. Es schmerzte ihn (hier wird das Wortfeld
aufgenommen, mit dem in 1. Mose 3,16 und 17 die
Geburtsschmerzen einer Frau und die Mühsal bei der
Bearbeitung des Erdbodens bezeichnet werden) – und
nun heißt es im hebräischen Text nicht (wie es die
meisten Übersetzungen wiedergeben): »in seinem
Herzen«, sondern wörtlich: »zu seinem Herzen hin«.
Es geht ihm also »zu Herzen«, dass die Schöpfung
nicht so ist, wie sie hatte sein sollen. Aber nun zeigt
sich die überaus harte Folge einer tiefen Enttäuschung: Was nicht so ist, wie es sein soll, soll überhaupt nicht sein. Die Folge des Idealismus kann der
Vernichtungswille sein. Gottes Vernichtungswille wird
nicht das letzte Wort behalten, sein – wenn man das so
sagen darf – »Idealismus« wird nicht ohne Korrektur
bleiben. Die Alternative zwischen dem, was ist, und
dem, was sein soll, wird eine entscheidende Verän-

---

32 Der Zwiespalt in Gott selbst wird an mehreren Stellen dieses Noahbuches zum Thema werden; zu weiteren Aspekten
verweise ich auf meine Ausführungen in »Tags in einer
Wolkensäule – nachts in einer Feuersäule«. Gott wahr-nehmen, in: Merkur 53 Heft 9/10 (1999), 784–794.

derung erfahren. Aber so weit sind wir noch lange nicht. Es wird noch dauern, bis Gott die Reue gereuen wird. Denn zunächst hat Gottes Reue über die Schöpfung deren Vernichtung zur Folge. Aber nur fast die ganze Schöpfung soll weggewischt werden. Denn am Ende des Abschnitts kommt Noah wieder in den Blick.

3. »Noah fand Gnade« – »Noah war gerecht« (1. Mose 6,8.9)

»Konfessionelle Verwirrungen« in der Noahgeschichte

Noah aber fand Wohlwollen in den Augen Adonajs.

So lesen wir in 1. Mose 6,8. In den meisten Übersetzungen heißt es an dieser Stelle: »Aber Noah fand Gnade …« Das hebräische Wort *chen* hat eine Bedeutungsbreite, die annähernd mit Worten wie Gnade, Gunst, Zuneigung, Freundlichkeit, Beliebtheit wiedergegeben werden, aber auch so etwas wie Anmut und Charme bezeichnen kann. Die bei »unserer« Stelle übliche Übersetzung »Gnade« ist vielleicht nicht falsch, aber sie hat zwei unübersehbare Mängel. Der eine Mangel ist die enorme theologische Wucht, die – namentlich in protestantischer Theologie – der Begriff »Gnade« hat. Die Formulierung »allein aus Gnade« (*sola gratia*) kann ja fast als eine Art Kurzfassung lutherischer Theologie gelten. Ihr Gegenbild ist eine (nicht ohne böse Zerrbilder bei Katholiken und Juden unterstellte) »Werkgerechtigkeit«.

So wäre der Satz in 1. Mose 6,8 geradezu ein biblischer Beleg für protestantische Theologie: Nicht durch Leistung, nicht durch Frömmigkeit, nicht durch herausragende Moralität hat es sich Noah erworben, dass er von der kollektiven Vernichtung ausgeschlossen und zum Beginn einer neuen Menschheit ausersehen ist, sondern allein aus Gnade ist ihm dies widerfahren. So kann man die biblische Erzählung freilich nur lesen, wenn man an dieser Stelle abbricht. Denn im nächsten Vers steht all das, was bei solcher Lektüre von V. 8 doch ausgeschlossen wäre. Da lesen wir:

Noah war ein gerechter, untadeliger Mann in seinen Generationen.

Auch hier werden wir die einzelnen Worte noch genauer ansehen. Auf den ersten Blick scheint es so, als enthielte die Noahgeschichte an dieser Stelle ein passendes Angebot für jede (christliche) Konfession. Tatsächlich spricht vieles dafür, dass hier mehrere Stimmen zu einer Geschichte vereinigt, mehrere Erzählfäden zu einem Text, einem Gewebe (lateinisch *textus*) verbunden sind.[33] Sollte die eine Erzählschicht eher die Gnade Gottes gegenüber Noah betonen und die andere eher die guten Werke Noahs? Gibt es – zugespitzt und verfremdend anachronistisch gesagt – einen lutherischen Noah (mit 6,8 und dann auch 7,1) und (mit 6,9) einen katholischen Noah? Oder wäre eine allzu kontroverse Lektüre beider Verse verfehlt?

Damit sind wir wieder beim hebräischen Wort *chen*, seiner üblichen Wiedergabe als Gnade und beim zweiten gewichtigen Mangel, den diese Wiedergabe hat. »Gnade« vollzieht sich (jedenfalls nach üblichem Verständnis des Wortes im Deutschen) in *einer* Richtung, sie wird gewährt von oben nach unten. Dagegen bezeichnet das biblisch-hebräische Wort *chen* ein wechselweises, ein reziprokes Geschehen. Zunächst

---

33 Zur »Quellenfrage« s. u. im Abschnitt B 6.

ist *chen* etwas, das in den Bereich der Ästhetik gehört; *chen* bezeichnet so etwas wie Anmut und Charme, etwas, das andere Menschen (oder auch Gott) für jemanden einnimmt. Dem korrespondiert die andere Bewegungsrichtung, die ebenfalls mit dem Wort *chen* bezeichnet wird: Wohlwollen, Gunst, Freundschaftsbezeugung und dann auch Gnade im Sinne einer über einen Rechtsanspruch hinausgehenden Wohltat. In beiden Richtungen ist *chen* etwas, das man »findet« (dieses Verb steht auch in 1. Mose 6,8), und etwas, das mit den Augen zu tun hat (auch das an unserer Stelle). Es geht ganz grundsätzlich um ein wechselseitiges Geschehen, um etwas, das sich nur in einer *Beziehung* ereignet – zwischen Menschen, wie etwa in der Begegnung zwischen Ruth und Boas (Ruth 2), zwischen einem Menschen und Gott, wie im Falle Noahs. Man kann sich beiderlei Weisen von *chen* also nicht verdienen, sie ereignen sich auf »charmante« Weise (*charis* ist eine griechische Wiedergabe von *chen*); man kann nicht darauf rechnen, es gibt sie »umsonst«, »gratis« (*gratia* ist eine lateinische Wiedergabe von *chen*).

Zwischen einem »sola gratia« lutherischer Prägung und der Aussage in 1. Mose 6,8, Noah habe Wohlwollen gefunden in den Augen Adonajs, gibt es mithin deutliche Unterschiede. Damit bildet der auf den ersten Blick unüberbrückbare Gegensatz zwischen diesem 8. Vers und dem folgenden, welcher von Noahs guten Werken und seiner Moralität spricht, nicht mehr einen gar zu garstigen Graben. Eine durchaus unterschiedliche Akzentuierung bleibt jedoch bestehen. Die jüdische synagogale Tradition der Schriftlesung bringt das dadurch zum Ausdruck, dass sie zwischen den beiden Versen 8 und 9 in 1. Mose 6 einen großen Einschnitt setzt. Bis zu V. 8 reicht die erste Parascha (der erste Leseabschnitt[34]) der Tora, der mit 1. Mose 1,1 beginnt (die Parascha »Bereschit«, »Beim Beginn«). Mit 6,9 beginnt die Parascha »Noach«, die bis zu Kap. 11,32 reicht. Man soll also zwischen den Versen 8 und 9 die Lektüre unterbrechen, nicht zu rasch weiterlesen, einen neuen Anlauf nehmen. Auf diese Weise kommt im Gegenüber der beiden Verse der Perspektivenwechsel in den Blick. Mit 6,8 endete ein Abschnitt, in dem Gottes Sicht in den Blick kam. Gott will vernichten, was er erschaffen hat. Alles? Da fällt sein Blick auf Noah, und Noah findet Wohlwollen in den Augen Gottes. Der Blick der Augen Gottes bringt Noah in Erinnerung und lässt die Erzählung nun nach diesem Noah fragen. Was ist das für ein Mann? Was ist geworden aus dem, von dem wir am Ende von Kapitel 5 bereits gehört hatten, welch ein Wunsch sich mit seinem Namen verbunden hatte? Im folgenden Abschnitt geht es also um Noah.

4. »NOAH WAR EIN GERECHTER UND UNTADELIGER MANN« (1. MOSE 6,9–13)

Im Abschnitt 6,9–13 wird der eine Noah der Totalität der Welt gegenübergestellt. Dabei bedarf die Rede

---

34 In der jüdisch-synagogalen Tradition ist die Tora (Mosebücher, Pentateuch) in 54 Abschnitte eingeteilt, die die Bezeichnung *Parascha* oder *Wochenabschnitt* haben. Sie werden im Gottesdienst gelesen, so dass in einjährigem Zyklus die ganze Tora zur Sprache kommt. Den einzelnen Paraschen ist je ein Abschnitt aus den Prophetenbüchern (Haftara) zugeordnet. Zur Noahfigur in der frühen jüdischen Überlieferung vgl. G. OBERHÄNSLI-WIDMER, Biblische Figuren in der rabbinischen Literatur, Gleichnisse und Bilder zu Adam, Noah und Abraham im Midrasch Bereschit Rabba, Judaica et Christiana 17, Bern 1998, zu Noah 201–258.

von dem *einen* Noah sogleich der Korrektur. Denn er kommt nicht als Individuum in den Blick, sondern so, dass die »Familiengeschichte« (Genealogie, hebr. *toledot*) von Kap. 5 wieder aufgenommen wird und Noah auch in anderer Hinsicht in Beziehungen vorgestellt wird. Der Abschnitt lässt sich etwa so verdeutschen:

Dies ist die Familiengeschichte Noahs: Noah war zu einem gerechten (solidarischen, loyalen) Mann geworden, verlässlich (untadelig, rechtschaffen) in seinen Generationen. Mit der Gottheit[35] ging Noah seinen Lebensweg. Und Noah bekam drei Söhne, den Schem, den Cham und den Jafet. Und es verdarb die Erde vor dem Antlitz der Gottheit, und die Erde war voll von Gewalt. Und es sah Gott die Erde: Siehe, sie war verdorben, alles Fleisch hatte ja seinen Lebensweg verdorben auf der Erde. Da sprach Gott zu Noah: Das Ende allen Fleisches kommt vor mein Antlitz, die Erde ist ja ihretwegen voll von Gewalt, so will ich sie verderben (siehe, ich bin ihr Verderber) zusammen mit der Erde. (6,9–13)

Noah kommt in den Blick, und sein Lebenswandel wird dem allen anderen »Fleisches« gegenübergestellt. Wie wird Noah gekennzeichnet? Auf der Ebene des gesamten Textes gibt die Charakterisierung Noahs eine Erläuterung zum letzten Satz des vorangehenden Abschnitts: Noah hatte Wohlwollen in Gottes Augen gefunden, weil Gott Noah so ansah, wie er in seinen Augen war. Gottes »Gnade« ist weder ein Willkürakt noch eine berechenbare Reaktion auf Noahs Tugend. Die Aussagen über Gott und über Noah sind Beziehungsaussagen. Das zeigt sich nun auch in den Worten, die Noahs Lebensweg kennzeichnen. Er wird zunächst beschrieben als *zaddiq*. Meist übersetzt man

---

35 S. o. Anm. 29.

»gerecht«. Das ist wieder nicht falsch, bringt aber abermals nicht in ausreichendem Maße zur Geltung, dass es sich um eine Beziehungskategorie handelt, *zaddiq* ist, wer sich gemeinschaftsgemäß verhält, seinen Mitmenschen Solidarität erweist und deshalb auch Anspruch auf Solidarität, Gemeinschaftstreue hat. Biblische Gerechtigkeit ist weniger eine Norm als eine Praxis, und zwar vor allem die Praxis des parteilichen Eintretens für die, denen zum Recht verholfen werden muss. Das hat Noah offenbar nicht nur einmal getan, so war er geworden, das zeichnete seinen Lebensweg aus, darin war er *tamim*, verlässlich, untadelig – in eben diesem Sinne »fromm«. Eine Näherbestimmung dieser Aussage erscheint zunächst etwas rätselhaft. Es heißt, so sei er gewesen »in seinen Generationen«. Warum der Plural? Gehört nicht ein Mensch nur einer, seiner Generation an?

Wieder gibt es mehr als eine Lesemöglichkeit, auf die der eigentümliche Plural »Generationen« aufmerksam machen kann. Womöglich ist er Ausdruck der Tatsache, dass ein Mensch im Zusammenhang mehrerer Generationen lebt, oft noch Großeltern und Eltern und vielleicht später eigene Kinder und Enkel kennt. Und auch da, wo es nicht eigene Kinder und Enkel sind, gibt es doch womöglich ein Leben im Kontakt mehrerer Generationen. Dieses generationsübergreifende Leben kennzeichnet jedenfalls alttestamentliche Familienstrukturen. Eben deshalb wäre es kaum eine Begründung für die im Falle Noahs durchaus ungewöhnliche Formulierung »in seinen Generationen«. In der rabbinischen Auslegungstradition gibt es den Hinweis auf eine andere Relation. Man versteht die Aussage dann so, dass Noah *im Maßstab seiner Generationen* ein vortrefflicher Mensch gewesen sei. Dabei gibt es dann wieder eine doppelte Verstehensmöglichkeit.[36] Entweder der Text wolle sagen, im Vergleich zu den zu seinen Zeiten lebenden Menschen mehrerer Generationen sei Noah immerhin ein herausragend guter Mensch gewesen, in anderen Zeiten (denen eines Abraham oder Mose z. B.) hätte seine Tugend jedoch keineswegs so hervorgeragt. So gelesen enthält der Text eine deutliche Einschränkung und erlaubt Kritik an Noah, vor allem daran, dass er sich so wenig für die anderen Menschen eingesetzt habe. Andere wenden dagegen ein, man müsse das umgekehrt lesen, nämlich als ein noch größeres Lob des Noah. In seinen Generationen, d. h. in einer durch und durch bösen Welt sei er einen Lebensweg gegangen, der von Gerechtigkeit und Frömmigkeit geprägt war. In anderen Zeiten wäre das leichter gewesen, doch Noah schaffte es sogar in diesen!

Welche dieser Lesemöglichkeiten ist die richtige? Eben das ist die falsche Frage. Denn es kommt in einer solchen rabbinischen Diskussion nicht darauf an, *die* richtige Lösung zu finden, sondern sich vom Bibeltext auf viele Verstehensmöglichkeiten aufmerksam machen zu lassen. Die Diskussion etwa darüber, ob es leichter ist, in einer bösen Umgebung ein vorbildliches Leben zu führen, oder ob das in einer guten Umgebung leichter ist, wird zu interessanten Beobachtungen und beziehungsreichen Überlegungen führen. Der Text gibt wichtige Anregungen für je gegenwärtige Debatten. Insofern ist er ein zwar gedichteter, doch prinzipiell auch offener Text. Das unterscheidet den Text als Raum von der Arche als Raum.

---

36 Die Debatten finden sich im Midrasch Bereschit rabba zu dieser Bibelstelle, ferner im Midrasch Tanchuma sowie im Traktat Sanhedrin des Babylonischen Talmud auf dem Blatt 108 a.

Im Blick auf den interessanten Plural »in seinen Generationen« gibt es weitere bemerkenswerte Lese- und Interpretationsmöglichkeiten, die ihrerseits auf weitere Aspekte der Noahgestalt hinweisen. So lebt Noah in zwei Jahrtausenden, vor allem aber lebt er in zwei Äonen, der Zeit vor und der Zeit nach der Flut. Er ist der einzige Vater einer Familie, für den das gilt. Das betont besonders Benno Jacob, dessen großartiger Genesiskommentar im Jahre 1933 vollendet wurde und 1934 bei Salman Schocken in Berlin erschien – bemerkenswerte Jahre für einen jüdischen Kommentar, Jahre, in dem sich neue Dimensionen einer Katastrophengeschichte abzeichneten. Darüber hinaus weist Jacob darauf hin, dass die Unterteilung des Lebens des Noah in eine Zeit vor und eine Zeit nach der Flut, wie sie in 1. Mose 9,28 ausdrücklich erfolgt, bei Noah den Platz einnimmt, der bei den anderen »Vätern« durch die Unterscheidung der Jahre vor der Erzeugung ihres ersten Sohnes und der Zeit danach markiert ist.[37] Für das Leben Noahs aber wird nicht das Vater-Werden als entscheidende Markierung eines »davor« und eines »danach« genannt, sondern die Flut. Noah also lebt in zwei Weltzeiten, in dieser Hinsicht in zwei Generationen. Wir werden noch sehen, dass diese Dualität eine Rolle in der politisch-dynastischen Wirkungsgeschichte der Noahgestalt spielen wird.[38] Erkennt man diese doppelte Zeit des Noah, so wird (mit B. Jacob) die übergreifende Text- und Erzählstruktur in einer wichtigen Hinsicht klar. Wenn man nämlich aus eben diesen Gründen Noah sowohl den Vätern vor

---

37 Man vergleiche 1. Mose 5,4.7.10.13.16.19.22.26.30 mit der
    Noahstelle 1. Mose 9,28; dazu B. JACOB, Das erste Buch der
    Tora, Berlin 1934, 184 und vor allem 267 f.
38 S. u. im Abschnitt C 5.

der Flut als auch den Vätern nach der Flut zurechnen muss, so zeigt sich eine Generationssymmetrie beider Zeiten. Den 10 Vätern (von Adam bis Noah) in Kap. 5 stehen dann ebenso 10 Väter (von Noah bis Terach) in Kap. 11 gegenüber.

Solche Hinweise sollen an dieser Stelle vergleichsweise ausführlichen Raum bekommen, weil sie in der Tradition christlicher Bibellektüre und -auslegung selten beachtet werden. Sie zeigen aber auf schöne Weise, wie der Bibeltext seine Leserinnen und Leser auf etwas aufmerksam machen kann, wie sie das dann auf Weiteres in den biblischen Texten aufmerksam macht – wie die Texte mit uns als Lesenden ins Gespräch kommen, wie sie eben dadurch mit anderen Bibeltexten ins Gespräch kommen und wie offen und vielschichtig die Wahrnehmungen und Diskussionen gerade dann werden, wenn sie möglichst wörtlich beim Text bleiben, d. h. ihn möglichst genau anschauen.[39]

Das Leben Noahs, wie es in den kleinen Hinweisen des biblischen Textes, des Erzählgewebes aufleuchtet, wird reicher, aber auch zwiespältiger, kurz: Noah beginnt in den Texten wirklich zu *leben*.

Diesem Noah wird die verdorbene Welt gegenübergestellt. Auch hier kommt es darauf an, die Worte und

---

39 Es ist eben dieses Verhältnis zwischen dem geschlossenen Text und der offenen Auslegung, das rabbinische Auslegung kennzeichnet und ihr in der Treue zur Tradition zugleich eine große Freiheit des je neuen Verstehens erlaubt; zur rabbinischen Auslegungsmethodik s. G. STEMBERGER, Hermeneutik der Jüdischen Bibel, in: CHR. DOHMEN/DERS., Hermeneutik der Jüdischen Bibel und des Alten Testaments, Stuttgart 1996, 23–132; ST. EDGETON, Der Text der Inkarnation, München 1996; J. EBACH, Gott im Wort. Drei Studien zur biblischen Exegese und Hermeneutik, Neukirchen-Vluyn 1997 (darin bes. der Zitat-Aufsatz); A. R. E. AGUS, Heilige Texte, München 1999.

ihre Querverbindungen genau anzusehen. Das Wort »verderben« nämlich (so soll hier annähernd das hebräische Verb *schachat* wiedergegeben werden, welches sich in den Versen 11–13 viermal findet) stellt ein Leitwort des Abschnitts dar.[40] Dabei erscheint es in präzise unterschiedenen grammatischen Formen, die eine innere Beziehung markieren zwischen der verdorbenen Erde und dem Verderben, das Gott über sie bringt. Zunächst erscheint das Wort in einer reflexiven Form: Die Erde *hat sich* verderbt. Die Verdorbenheit realisiert sich darin, dass die ganze Erde von Gewalt erfüllt ist. Im folgenden Vers wird der so gewordene Zustand in einem ebenso reflexiven Partizip gekennzeichnet. Gott sieht: Die Erde *ist* verdorben. Unmittelbar danach erscheint dasselbe Verb in einer grammatischen Form, die ein aktives Tun, ein Bewirken bezeichnet: Das Verdorben-Sein der Erde realisiert sich darin, dass alle Lebewesen (alles Fleisch) ihren Weg, ihr Leben verdorben haben. Die Gewalt ist epidemisch geworden, alles ist von Gewalt angesteckt. Das ist der Grund, warum auch die Tiere vernichtet werden, nicht weil sie in einem zurechnungsfähigen Maße schuldig wären, sondern weil sie wie die Menschen und durch die Menschen von Gewalt angesteckt sind. Zur Schöpfung in 1. Mose 1 gehört ja, dass Menschen und Tiere einander nicht töten,

---

40 Das hat insbesondere herausgearbeitet R. OBERFORCHER, Die Flutprologe als Kompositionsschlüssel der biblischen Urgeschichte, Innsbruck 1981, 416–436; aufgenommen u. a. bei E. ZENGER, Gottes Bogen in den Wolken, Stuttgart 1983, bes. 109; EBACH, Ursprung, bes. 42, SEEBASS, Genesis I, 210 f. Genannt sei darüber hinaus die für die gesamte Noaherzählung wichtige Arbeit von N. C. BAUMGART, Die Umkehr des Schöpfergottes. Zu Komposition und religionsgeschichtlichem Hintergrund von Gen 5–9, Freiburg i. Br. 1999.

weil Menschen und Tiere vegetarisch leben. Menschen und Tiere kämen – wäre es beim Zustand von 1. Mose 1 geblieben – einander im Kampf um die Nahrung nicht in die Quere, ist ihnen doch in V. 29 f. unterschiedliche Nahrung zugewiesen. Sie bewohnen gleichsam getrennte Räume im Haus der Schöpfung. Die Gewalt aber hat die Trennwände eingerissen, nun ist die ganze Erde von Gewalt verseucht, und deshalb soll alles weggewischt, ausgelöscht werden.

Es ist, wie wenn ein verdorbenes Nahrungsmittel alle anderen in seiner Nähe gelagerten mit infiziert hätte. Dann muss man alles wegwerfen. Mit der Flut bringt Gott die Konsequenz des Zustands zum Ausdruck, der bereits herrscht. Das ist sprachlich dadurch bezeichnet, dass im letzten Vers des Abschnitts Gott selbst sich »Verderber« nennt, und zwar in einem Partizip der zuvor schon gebrauchten kausativen, bewirkenden Aktionsart des Verbs *schachat*.[41] Gott verdirbt, was schon verdorben ist. Er wischt (so könnte man sich das im Bild vorstellen) von der Tafel der Welt eine Schrift weg, die so fehlerhaft geworden ist, dass sie unkorrigierbar erscheint. Aber wer hat diese »Fehler« bewirkt? Stimmte da von Anfang an etwas nicht und hat ein kleiner Fehler immer weitere nach sich gezogen, bis am Ende das ganze falsch wurde? Ist der Grund in dem in 1. Mose 6,1–4 beschriebenen Tun der »Götterwesen« zu suchen? Die biblische Geschichte in ihrem Gesamtzusammenhang könnte mehr als eine Antwort ermöglichen. Im engeren Kontext jedoch ist die Antwort deutlich: Der Grund der Verdorben-

---

41 In 2. Mose 12,23 taucht dieselbe sprachliche Wurzel auf in der Bezeichnung des Verderbers (*maschchit*), der die ägyptische Erstgeburt erschlägt. Auch hier verbindet sich das Motiv der Rettung auf dramatische Weise mit dem der Vernichtung – und beides mit Gott.

heit, der Verseuchung ist nach 1. Mose 6,5 ff. die Bosheit all dessen, was der Mensch hervorbringt. Weil der Mensch so ist, wie er ist, soll »alles Fleisch« vernichtet, die ganze Erde ausgelöscht werden.

Und es verdarb die Erde vor dem Antlitz der Gottheit, und die Erde war voll von Gewalt. Und es sah Gott die Erde: Siehe, sie war verdorben, alles Fleisch hatte ja seinen Lebensweg verdorben auf der Erde.

Nur Noah ist die Ausnahme, mit ihm soll alles neu beginnen und alles anders werden. Wird alles anders werden? Wird der Mensch anders werden? Oder wird Gott die eigene Würde der Erde und ihrer nichtmenschlichen Geschöpfe wahrnehmen und sie nicht noch einmal schlagen, weil der Mensch ist, wie er ist? An der Stelle dieser Entscheidung ist die Erzählung noch lange nicht angekommen; an dieser Stelle ist Gott noch nicht angekommen. Zunächst geht es darum, dass die eine Gottheit beides in und mit sich vereinbaren muss, die Vernichtung *und* die Rettung.

5. »MACHE DIR EINEN KASTEN AUS GOPÄRHOLZ« (1. MOSE 6,14)

Die Arche

Der Vers 1. Mose 6,13 beschließt die Begründung für die von Gott geplante Vernichtung von »allem Fleisch«, indem das Leitwort »verderben« bis zu dem Punkt geführt ist, an dem Gott selbst der »Verderber« sein will. Andererseits hat mit demselben Vers ein neuer Abschnitt begonnen, eine Gottesrede an Noah. Setzen wir noch einmal bei V. 13 ein:

Da sprach Gott zu Noah: Das Ende allen Fleisches kommt vor mein Antlitz, die Erde ist ja ihretwegen voll von Gewalt, so will ich sie verderben (siehe, ich bin ihr Verderber) zusammen mit der Erde. Mache dir einen Kasten aus Gopärholz, in Zellen sollst du den Kasten machen, und du sollst ihn abdichten von drinnen und draußen mit Pech (Asphalt). Und das ist's, wie du ihn machen sollst: 300 Ellen die Länge des Kastens, 50 Ellen seine Breite und 30 Ellen seine Höhe. Einen Rücken sollst du für den Kasten machen, und auf eine Elle hin sollst du ihn vollenden nach oben hin. Und die Tür des Kastens sollst du an seine Seite setzen. Unten, auf einer zweiten Ebene und einer dritten (dreistöckig) sollst du ihn machen. Ich aber, ich bringe die Flut – Wasser – auf die Erde, um zu verderben alles Fleisch, in welchem Lebensatem ist, unter dem Himmel: Alles, was auf der Erde ist, soll verscheiden.

»Das Ende allen Fleisches kommt vor mein Antlitz« – der Satz, der das Urteil konstatiert, hat einen deutlichen Bezug zu Am 8,2 (und weiter zu Hes 7,6), und wie bei Am 8,2 ist nicht eindeutig zu erkennen, ob es sich bei der Verbform *ba* um ein Perfekt handelt (dann müsste man übersetzen: »das Ende ist gekommen«) oder um ein Partizip (dann wäre es »im Kommen«, »kommt es«). In beiden Fällen ist die Unausweichlichkeit mitgesetzt. Die Noaherzählung stellt durch die Wort- und Motivverbindungen eine Relation zwischen der Fluterzählung und der prophetischen Gerichtspredigt her. Auch bei den Propheten geht es darum, dass Untergang und Rettung zugleich zu denken, zu fürchten, zu hoffen sind.

Auf die Begründung, die darauf verweist, dass die Gewalt alle Lebewesen und die ganze Erde zum Verderben gebracht hat, folgt unmittelbar die Anweisung an Noah, die Arche, den Kasten zu bauen. Im Gesamttext verweist, wie erwähnt, die Nichteinbeziehung der Fische in die in V. 8 genannten Lebewesen subtil darauf, dass es sich um eine Vernichtungsaktion handeln wird, die die Fische unbetroffen lässt. Könnten sehr aufmerksame Leserinnen und Leser von da aus bereits auf eine Überflutung schließen, so kann es Noah nach dem Ablauf der Erzählung jetzt noch nicht. Die Rede Gottes an ihn teilt ihm zunächst mit, was er zu tun, zu bauen habe. Erst später (in V. 17) erklärt Gott ihm, dass er eine Flut über die Erde bringen werde. Noah erhält also zunächst einen Auftrag, der ihm überaus merkwürdig vorkommen muss: Er soll ein überdimensionales Hausfloß auf dem Trockenen bauen. Diese Eigentümlichkeit geht kaum auf eine ungeschickte Erzähltechnik zurück. Vielmehr soll offenbar der Auftrag *vor* seiner Begründung erfolgen, und Noah soll ihn als einen Auftrag wahrnehmen und erfüllen wollen, bevor er eine Begründung erhält. Es dürfte dieser Erzählzug sein, der Noah zur Vorbildfigur des Glaubenden hat werden lassen, als der er in Hebr 11,7 genannt ist. Noah glaubte, bevor er sah.

Noah soll einen Kasten (*teva*[42]) bauen, dessen Maße nebst weiteren genauen Bauanweisungen ihm mitgeteilt werden. In der Einleitung war bereits davon die Rede, dass das Wort für jenen Kasten außer in der Noahgeschichte allein in 2. Mose 2 vorkommt. Die »Arche Noah« und das »Körbchen«, in dem Mose gerettet wird, haben in der hebräischen Bibel die gleiche Bezeichnung. Damit ist eine Verknüpfung der Noah- und der Mosegeschichte hergestellt, die für die Wahrnehmung beider grundlegenden Rettungserzählungen eine Reihe von weiteren Beobachtungen anregt. Im Blick auf das Bauwerk der »Arche« selbst ist eine andere Querverbindung in der Tora, den Mosebüchern, ebenso grundlegend. Es gibt da nämlich nur zwei Bauwerke, die beschrieben werden, die »Arche

---

42 Zum Wort *teva* s. den Wörterbuchartikel im ThWAT VIII, Stuttgart 1995, 541–543 (H.-J. ZOBEL); ferner W. H. SCHMIDT, Exodus, BK II/1, Neukirchen-Vluyn 1974, 68 f. (zu 2. Mose 2).

Noahs« und die »Stiftshütte«, das Zelt der Begegnung zwischen Gott und den Menschen Israels (2. Mose 25–31; 35–40).

Diese Querverbindung macht die Arche zu einem besonderen, geradezu sakralen Bauwerk. Die Nachgeschichte der Arche, in der sie zum Vorbild von Tempel und Kirche werden konnte, hat darin einen Haftpunkt.[43] Aber ebenso wichtig ist die umgekehrte Blickrichtung in der Verbindung von Arche und Zeltheiligtum. Das Begegnungszelt, die »Stiftshütte« erscheint im Lichte dieser Verknüpfung wie der geschützte und schützende Lebensraum einer »Arche« und bildet eine, so hat es Erich Zenger genannt: »ökologische Metapher«.[44]

Noch eine weitere Beziehung beider Bauwerke soll in den Blick kommen. Wie Noah Erbauer der Arche ist, so gibt es auch für die Stiftshütte einen Baumeister, nämlich den in 2. Mose 31,2 und anderen Stellen genannten Bezalel. Ihm habe Gott die Maße des Bauwerks mitgeteilt. In beiden Fällen handelt es sich nach mystischer Auslegungstradition um einen »Bauplan der Welt«. Wie die Arche in der mittelalterlichen christlichen Theologie als »*mappa mundi*« (Plan der Welt) verstanden werden konnte, so war nach jüdischer Tradition das Begegnungszelt nicht nur Vor-Bild des Tempels, sondern damit ebenfalls Urbild und Modell der Welt. Dem Baumeister Bezalel musste also der Bauplan der Welt, die »Weltformel«, offenbart werden, ohne die er sein Bauwerk nicht hätte errichten können. Damit aber werden diese »Architekten« zu Gottes Mit-Schöpfern. Gibt es eine Grenze *ihrer* Schöpfung? Wann kommt sie der Schöpfung Gottes in die Quere?

---

43   S. u. im Abschnitt C 4.
44   Bogen, 181 ff.

Diese Fragen, die sich heute etwa mit den Stichworten »Gentechnologie« und »Entschlüsselung des genetischen Codes« verbinden, sind nicht neu. In der jüdischen Überlieferung verbinden sie sich mit einem anderen »Bezalel«, dem Rabbi Jehuda Löw ben Bezalel, dem Hohen Rabbi Löw, der zum Schutze seiner bedrängten Prager Gemeinde in der Zeit um 1600 einen künstlichen Menschen, den Golem, erschaffen habe. Dieser Golem war mit riesigen Kräften ausgestattet und konnte so der Gemeinde immer wieder helfen. Doch eines Tages – die Legende weist an dieser Stelle mehrere Fassungen auf – wuchs der Golem seinem »Meister« buchstäblich über den Kopf und das Geschöpf zerstört seinen Schöpfer. Mit der Golemsage verbindet sich also das Motiv des »Zauberlehrlings«. Stets ist die Gefahr, dass etwas, das zur wohltätigen Hilfe erdacht und hergestellt wurde, ins Gegenteil umschlägt und zur tödlichen Bedrohung wird.[45] Der Rabbi Löw erschafft seinen Golem mit Hilfe von Buchstaben und Buchstabenkombinationen. Grundlegende Informationen sind in Zeichen und Zeichenfolgen auszudrücken, sei es in Buchstaben, Zahlen, Noten oder DNA-Informationen. Wer sich in diese Informationen vertieft, wer sie entschlüsselt und zu gebrauchen weiß, kann eine Welt erschaffen. Aber darf man das? Bis zu welcher Grenze darf man das? Die Frage ist überaus aktuell, aber sie wird nicht erst heute gestellt. Eine alte jüdische Antwort, die der mittelalterlichen deutschen gelehrten Chassidim, lau-

---

45 Diese Problemzusammenhänge zeigte bereits G. SCHOLEM in einer Rede, mit der er am 17. 6. 1965 den ersten Großrechner Israels einweihte, der auf seine Anregung hin den Namen »Golem« bekam: Der Golem von Prag und der Golem von Rehovot, in: DERS., Judaica II, Frankfurt a. M. 1970, 77–86.

tet: Um des Verstehens willen alles wissen wollen und alles denken sollen, aber nicht alles tun dürfen! Aber reicht diese Unterscheidung von – modern ausgedrückt – Grundlagenforschung und angewandter Forschung noch aus? Solche Fragen scheinen uns sehr weit zu entfernen von Noah und seiner Geschichte. Und doch gibt es mehr als eine Querverbindung. Was etwa die Buchstaben, die Zeichen angeht, aus denen Worte, Zahlen, Musik und Erbinformationen zusammengesetzt sind, so sind wir damit z. B. wieder angekommen bei einem Grundmotiv der »Arche«, indem man jene *teva* als »Kasten« lesen kann, aber eben auch als *teva* = Buchstabe, Wort. So hätte sich Noah in eine neue Innenwelt gerettet, eine neue Schöpfung aus Zeichen und Informationen? Es ist verblüffend, in welchem Maße sich bei solchen Überlegungen alte mystische und kabbalistische Spekulationen mit neuesten wissenschaftstheoretischen und naturwissenschaftlichen Modellen verbinden.[46]

All das macht die Frage noch interessanter, wie die Arche denn nun aussah, welcher Bauplan, welche »Formel« ihr zu Grunde liegt? Die Neugier wird leider in einem ziemlich hohen Maß enttäuscht – sei es, dass wir heute den Text nicht mehr zu entziffern wissen, sei es, dass der Text aus gutem Grund unklar bleiben soll. So oder so: Die in 1. Mose 6 gegebenen Bauanweisungen für jenen Kasten lassen zu vieles im Dunkeln, als dass sie zu einer gelingenden gedanklichen oder gar faktischen Rekonstruktion ausreichend wären. Denn zumindest bisher ungeklärt sind

---

46 Bemerkenswerte literarische Bearbeitungen dieser Frage sind die Romane von U. Eco, Das Foucaultsche Pendel, (ital. Originalausgabe Mailand 1988), dt. München 1989 (dtv-Tb. 1996), sowie von H. Mulisch, Die Prozedur, (Amsterdam 1998) München 1999.

viele Worte und Wortverbindungen, die auffälligerweise nur an dieser Stelle vorkommen oder fast nur an dieser Stelle wie das Wort *teva* – Kasten, Arche – selbst. So ist auch die oben versuchte Verdeutschung fraglicher, als sie scheint. Versuchen wir dennoch, einige Merkmale der Arche zu sichten.

Die Maße des Kastens bezeichnen einen Kubus von $300 \times 50 \times 30$ Ellen. Die Länge einer Elle ist im Alten Testament nicht immer eindeutig, mehrere Maße konkurrieren. Nimmt man die gewöhnliche ägyptische Elle von ca 45 cm, so ergäbe sich eine Länge von ca. 135 m, eine Breite von ca 23 m und eine Höhe von ca. 13 m. Diese Angaben werden weniger abstrakt, wenn man wahrnimmt, dass die Arche damit im Vergleich zum Salomonischen Tempel (vgl. 1. Kön 6,2) sechsmal so lang, zweieinhalb mal so breit und genau so hoch, mithin ein riesiges Bauwerk gewesen wäre. Berechnungen ergeben mehr als 50 000 Kubikmeter. (Um eine Vorstellung zu ermöglichen: Die »Arche« wäre damit etwa eineinhalbmal so lang und doppelt so breit wie die »Gorch Fock«, das große deutsche Segelschulschiff.) Weitere Angaben zum Bau des Kastens sind immerhin verständlich, so dass er dreistöckig sein, aus mehreren Zellen bestehen und an der Seite die Tür haben soll. Ungeklärt dagegen ist die Angabe über das Holz, aus dem die Arche bestehen soll. Die Holzbezeichnung *gopär* kommt nur hier vor. Eine gewisse sprachliche Ähnlichkeit der Konsonanten des hebräischen *gopär* und des griechischen *kyparissos* lässt *Zypressen*holz möglich erscheinen, doch bleibt das weithin Spekulation wie auch jeder andere Versuch, das Material der Arche zu entschlüsseln. Auffällig ist die sprachliche Nähe zwischen der Materialbezeichnung *gopär* und der *kopär* genannten Bezeichnung für die Dichtungsmasse. Zwar kommt auch das Wort *ko-*

pär in dieser Bedeutung nur hier vor; es hat aber sein unmittelbares Pendant in der akkadischen Bezeichnung *kupru* der Fluterzählung im Gilgamesch-Epos. Von hier aus kann die Wiedergabe mit »Pech« bzw. »Asphalt« als ziemlich sicher gelten. Diesen und anderen Verbindungen mit der altorientalischen Flutüberlieferung werden wir in einem der folgenden Abschnitte nachgehen.[47]

Besonders undeutlich sind die Anweisungen im Blick auf den »Rücken« des Kastens. Ist oben das Dach gemeint oder umgekehrt ein unterer Schwimmkörper, auf dem der ansonsten womöglich gar nicht schwimmfähige Kasten aufruhen soll?[48] Ebenso schwer verständlich ist die unmittelbar folgende Bestimmung, die offenbar die Form eines oberen Verschlusses betrifft, welcher womöglich zum Ableiten des Wassers dienen soll. An dieser Stelle sollen weitere Versuche unterbleiben, die genaue Form der Arche zu rekonstruieren. Weder in der Kunstgeschichte noch in Bilderbibeln fehlt es an Darstellungen der »Arche Noah«, und zuweilen kann man in Ausstellungen sogar rekonstruierte Modelle dieses Kastens bewundern. Bereits im Jahre 1609 wurde in den Niederlanden eine von dem Mennoniten Peter Jansen im verkleinerten Maßstab erbaute und offenbar sehr tragfähige »Arche« zu Wasser gelassen.[49] Solche Rekonstruktionen und Bilder mögen der Anschaulichkeit der biblischen Erzählung dienen, die Frage ist nur, ob das, was man da anschauen kann, auch das ist, was die Texte enthalten. Die Arche Noah existiert nur in

---

47 S. u. im Abschnitt B 8.
48 Näheres dazu bei SEEBASS, Genesis I, 211 f., aber auch B. JACOB, Tora, 187–194.
49 Mit Berufung auf MICHAELIS mitgeteilt bei JACOB, ebd. 189.

Texten, der Kasten (*teva*) nur im Buchstaben (*teva*). Das ist durchaus kein Mangel. Es ist so wie bei den meisten Verfilmungen von Büchern, nicht nur des »Buchs der Bücher«. Letztlich sind es die Bücher, die mehr an Phantasie freisetzen und deshalb eben doch anschaulicher sind. Gerade weil die Noaherzählung so vieles offen lässt, mehr als eine Auslegung erlaubt, mehr als einen Sinn enthält, bleibt sie lebendig.

Erkennbar bleibt, dass es sich bei jenem Kasten um ein mit Asphalt abgedichtetes kubisches Behältnis handeln soll. Die Arche ist kein Schiff, sie hat weder Bug noch Heck, weder Segel noch Ruder, sie soll nicht in der Lage sein, einen Weg auf einem Fluss oder einem Meer zurückzulegen, ein Wasser zu überqueren oder ein Ziel anzusteuern, sie soll lediglich und immerhin in der Lage sein, als geschützter Innenraum gegenüber dem äußeren Verderben zu dienen. Peter Sloterdijks Rede von der Arche als »autopoietische(m)«, »selbstabdichtende(m) Schwimmkörper«[50] ist in mehr als einer Dimension zutreffend und macht in einer ihrer Lesarten ihrerseits auf einen in der Theologie selten betonten Aspekt der Noahgeschichte aufmerksam, nämlich den der Arbeit und Technik. Noahs technisches Bauwerk ermöglicht das Überleben gegenüber einer Natur, die schlechterdings tödlich wird. Ist Noah also ein Bezwinger von Naturgewalten? Ist er – nicht erst bei der Errungenschaft des Weinbaus, sondern bereits beim Bau der Arche – ein Erfinder, ein Kulturheros? Auch dieses Thema bedarf noch weiterer Ausführungen, jedoch zunächst weiterer Beobachtungen an den Texten und ihrer Auslegungsgeschichte.

---

50 »Archen sind autopoietische, etwas frei übersetzt, selbstabdichtende Schwimmkörper …«, Sphären II, 256.

Noah soll die Arche bauen. Gott stellt sie ihm nicht etwa zur Verfügung, so wie er den Menschen, deren Lebensraum nicht mehr der begrenzte und geschützte Garten in Eden sein konnte, nachdem sie sich ihre Lebensregeln selbst bestimmen wollten,[51] die Fellkleidung zur Verfügung gestellt hatte. Offenbar liegt viel daran, dass Noah die *teva* selbst errichtet. Aber war ein einzelner Noah (allenfalls mit der Hilfe der sieben weiteren Menschen, die in die Arche gehen werden) überhaupt in der Lage, ein so gewaltiges Hausfloß zu errichten? Ein »historischer Noah« wäre es gewiss nicht gewesen, der biblische Noah war es – und er baute den Kasten, wie abschließend in V. 22 konstatiert wird. Zunächst aber taucht in V. 17 – man ist versucht zu sagen: endlich – das Wort auf, das der gesamten Erzählung ihren üblichen Namen gegeben hat, das Wort »Flut«. Bevor wir uns jedoch der Frage zuwenden, welche Vorstellung von der Flut mit dem hier gebrauchten Wort *mabbul* und mit weiteren Worten und Bildern zu Grunde liegt und inwieweit hier altorientalische Vorlagen durchscheinen, empfiehlt sich ein Blick auf die »Quellenfrage«, die unterschiedlichen Erzählfäden in der Noahgeschichte selbst.

6. »VON ALLEM FLEISCH JE ZWEI« (1. MOSE 6,19)

Verschiedene Tiere und verschiedene Erzählfäden

Seit langem ist beobachtet worden, dass die Noahgeschichte keine einlinige Erzählung darstellt, son-

---

51 Das ist das Thema der so genannten Sündenfallgeschichte in 1. Mose 3, in der weder das Wort »Sünde« noch das Wort »Fall« vorkommt.

dern aus mehr als einem Faden gewebt ist. Das teilt sie mit anderen biblischen Textzusammenhängen, insbesondere mit weiteren Texten und Stoffen der biblischen Urgeschichte. Gleich am Beginn der »Schrift« stehen zwei Textkomplexe, die von der Erschaffung der Welt und des Menschen mit unterschiedlichen Akzenten berichten, die Schöpfungsgeschichte, die in 1. Mose 1,1 beginnt und bis in den 4. Vers von Kap. 2 reicht, und die darauf folgende so genannte Paradieserzählung in 1. Mose 2,4–3,24. Beide Komplexe sind gleichwohl zu einem großen Textzusammenhang verbunden, in dem der jüngere Bericht der älteren Erzählung vorangestellt ist, so dass letztere verstehbar wird als eine noch einmal anders akzentuierende Entfaltung dessen, was zuvor allgemeiner berichtet wurde. Die beiden Fassungen folgen aufeinander, wobei beide in sich geschlossen sind. Es gibt wenige Ausnahmen in einzelnen Versteilen, zu denen der Beginn von 2,4 als Verbindungselement gehört, indem er sowohl als abschließender Rahmensatz zum vorangehenden als auch als einführender Auftakt zum folgenden Text gehört. Auch in weiteren Teilen der Urgeschichte stehen beide Erzählfäden je für sich nebeneinander. So finden sich sowohl in 1. Mose 4 wie im darauf folgenden 5. Kapitel Genealogien (mit z. T. gleichen oder ähnlichen Namen). Die Abstammungsreihe der Kainiten in 1. Mose 4 gehört wie die zuvor in diesem Kapitel stehende Geschichte von Kain und Abel und die Erzählung vom Babylonischen Turm (11,1–9) der älteren Schicht an, die Genealogie von Adam über Seth bis zu Noah in Kap. 5 gehört dagegen zur jüngeren Schicht, auf die auch die Schöpfungsgeschichte am Beginn der Bibel zurückgeht.

Bereits im 18. Jh. begann die analytische Aufteilung der Texte der Mosebücher auf mehrere literarische

Schichten, die man als »Urkunden« oder »Quellen« bezeichnete. Neben anderen sind hier als bahnbrechende Forscher der Göttinger Pfarrer Bernhard Witter sowie Jean Astruc, der Leibarzt Ludwig XV., und dann für das 19. Jh. vor allem Julius Wellhausen zu nennen. Als ein wichtiges (wenn auch nicht allein ausschlaggebendes) Indiz der »Quellenscheidung« konnte man auf den unterschiedlichen Gebrauch des Gottesnamens verweisen. Während die eine Schicht von Beginn an den Eigennamen des Israelgottes verwendet, der mit den Konsonanten *j-h-w-h* geschrieben wird,[52] verwenden eine oder mehrere andere Schichten bis zur Offenbarung des Eigennamens Gottes an Mose in 2. Mose 3 und 6 die Gottesbezeichnung *Elohim* (Gott). Eine Eigentümlichkeit der Paradieserzählung in 1. Mose 2 f. ist die Verbindung beider zum Gottesnamen JHWH-*Elohim*. Weil jene ältere Quelle von Anfang an den Gottesnamen JHWH gebraucht, bürgerte sich für sie die (unschöne) Bezeichnung »Jahwist« (J) ein, die jüngere Erzählschicht in der biblischen Urgeschichte nannte man wegen ihres besonderen Interesses an kultischen Fragen bald »Priesterschrift«. Die »Priesterschrift« (P) gebraucht bis zu 2. Mose 6 den JHWH-Namen nicht, sondern verwendet neben einem anderen Gottesnamen (näm-

---

52 Wir wissen nicht, wie der Eigenname Gottes ausgesprochen wurde. Die oft in der Wissenschaft gebrauchte Aussprache Jahwe beruht auf einer Reihe von möglichen, doch nicht zwingenden Rekonstruktionsversuchen. Bereits in biblischer Zeit wurde er (von einer ganz bestimmten Ausnahme abgesehen) nicht ausgesprochen, sondern durch die allein Gott vorbehaltene Anrede *Adonaj* oder durch *ha-Schem* (der Name) ersetzt. In diesem Buch wird der Gottesnamen deshalb allein mit den Konsonanten JHWH geschrieben bzw. durch die Aussprachemöglichkeit *Adonaj* wiedergegeben.

lich dem Namen *Schaddaj*, der in den Bibelübersetzungen meist als »der Allmächtige« wiedergegeben wird)[53] die Gottesbezeichnung *Elohim*. Das verbindet sie mit einer weiteren Quelle, deren Existenz allerdings umstritten ist und die in der Urgeschichte nicht vorkommt. Sie nannte man wegen ihres Gebrauchs der Gottesbezeichnung »Elohist«, eine vierte der in der Forschungsgeschichte »klassischen« Urkunden oder Quellen der Tora, des Pentateuch (der fünf Bücher Mose) bildet das Deuteronomium (das 5. Buch Mose).

Galt die Existenz dieser vier Pentateuchquellen lange als sicheres Ergebnis der Forschung, so ist das Bild in den letzten Jahrzehnten viel offener und auch kontroverser geworden. Zur Zeit konkurrieren ganz unterschiedliche »Modelle« miteinander. Dabei gibt es Forscherinnen und Forscher, die an der klassischen Quellenhypothese festhalten, sie jedoch erheblich verfeinert und differenziert vertreten. Dagegen lösen sich andere von der Vorstellung, in den Mosebüchern seien mehrere selbständige Quellenschriften redaktionell verknüpft worden, und gehen eher von verschiedenen thematischen Überlieferungsblöcken aus, die zu Gesamtkompositionen verbunden wurden. Dabei ist es eine besondere Frage, ob die »Priesterschrift« als eine selbständige »Quellenschrift« existiert hat, die dann in einem noch späteren redaktionellen Vorgang mit »vorpriesterlichen« Schichten verbunden wurde, oder ob sie von vornherein als eine ergänzen-

---

53 Über die damit verbundenen Folgen für die Rede von Gott hinaus, die mit der lateinischen Fassung zum Bekenntnis eines omnipotenten Gottes wird, bleibt vor allem die in jedem Fall unangemessene *Übersetzung* eines *Namens* im hebräischen Text durch eine *Eigenschaft* im lateinischen und so dann auch z. B. im apostolischen Glaubensbekenntnis.

de, neu akzentuierende, zuweilen korrigierende Erweiterung älterer Schichten konzipiert wurde. Umstritten ist auch die Datierung der einzelnen Quellen bzw. Schichten. Einigermaßen sicher scheint nur, dass die jüngere Erzählschicht der biblischen Urgeschichte (und so auch der Noahgeschichte) aus der Zeit nach dem »Babylonischen Exil« stammt, also etwa ins 5. Jh. v. Chr. zu datieren ist, während die ältere Schicht vorexilisch sein dürfte, wobei manche Textelemente und gewiss deren mündliche Traditionen sehr viel älter sein werden. All diese »Modelle« lassen sich lediglich als mehr oder weniger gut begründete Hypothesen bezeichnen; diese Einschränkung teilt die Bibelwissenschaft mit jeder anderen Wissenschaft, soweit sie sich ihrer notwendigen Begrenztheit bewusst ist.

Die angedeutete und gegenwärtig komplizierte Diskussionslage kann hier nicht entfaltet werden,[54] aber es lassen sich einige Punkte festhalten, in denen die Forscherinnen und Forscher weithin übereinstimmen. Tatsächlich lässt sich der Textzusammenhang der biblischen Urgeschichte (nur ihr soll jetzt das Augenmerk gelten) kaum als eine einheitliche, gar von einem Verfasser so konzipierte Erzählung verstehen. Dazu sind die unterschiedlichen Sprachformen, die verschiedene Akzentuierung bis hin zu widersprüchlichen Aussagen zu offenkundig. Wir werden dem im Blick auf die Noahgeschichte(n) gleich noch genauer nachgehen. Andererseits ist in den letzten Jahrzehnten das Interesse an der Endgestalt der über-

---

54 Einen Überblick über die Forschungslage und unterschiedliche Modelle bietet E. ZENGER u. a., Einleitung in das Alte Testament, Stuttgart 1995, bes. 46–75 (mit weiteren Literaturhinweisen).

lieferten Texte deutlich gewachsen. Man begnügt sich nicht mehr damit, verschiedene Erzählschichten analytisch zu scheiden und je für sich zu interpretieren, sondern fragt zunehmend danach, was diese unterschiedlichen Erzählfäden zu einem Gewebe, zu *einem* Text macht. Es kommt darauf an, beide Perspektiven – die auf analytisch rekonstruierbare Vorstufen und die auf den Endtext blickende – miteinander zu verbinden. Das fordert, den Endtext als einen so gewordenen wahrzunehmen und umgekehrt den so gewordenen Text als den jetzt vorliegenden und in dieser Gesamtkomposition überlieferten anzunehmen und auszulegen.

Diese allgemeinen Beobachtungen und Überlegungen beziehen sich nun auch auf die Noahgeschichte. Für sie aber gelten noch einmal besondere Gesichtspunkte. Denn während, wie angedeutet, in der biblischen Urgeschichte sonst die verschiedenen Erzählschichten erkennbar getrennt, nämlich neben- und nacheinander zu stehen kommen, sind sie in der Noahgeschichte in einer bemerkenswerten Form zu einem Mischtext zusammengebunden, in dem gleichwohl die beiden Fäden als je eigene und z. T. auch gegeneinander laufende erkennbar bleiben. Welche Differenzen in der Flutgeschichte im engeren Sinne, d. h. in 1. Mose 6,5–9,17 sind da vor allem zu nennen?

Der vorliegende Text weist in seiner jetzigen Gestalt einige Erzählbrüche auf. Zwischen den Noahs Rettung begründenden Versen 6,8 und 6,9 gibt es z. B. einen solchen Bruch. Mit 7,1 setzt ein neues Erzählstück ein, das nach dem vorhergehenden Abschnitt merkwürdig wiederholend wirkt und in dem dazu noch im Blick auf die Zahl der mitzunehmenden Tiere ein Widerspruch zum Vorhergehenden aufscheint.

In 7,2 ist nämlich von je sieben reinen Tieren und einem Paar nicht reiner die Rede; der übrige Text dagegen spricht durchweg von einem Paar bei allen Tieren. Dabei ist sogleich erkennbar, dass die Mitnahme von je zwei Tieren aller Arten die in 8,20 ff. berichtete Opferung von Tieren unmöglich gemacht hätte, sollte man sich nicht vorstellen, dass die geopferten Tierarten somit ausgestorben wären. Da Noah nach 8,20 von *allen* reinen Tieren und Vögeln opfert, dürfte es nach diesem Opfer überhaupt keine reinen Tiere und reinen Vögel mehr geben. Da das eine unmögliche Konsequenz wäre (in weiteren Bibeltexten spielt die bleibende Unterscheidung von reinen und unreinen Tieren eine ganz zentrale Rolle), ergibt sich zwangsläufig, dass die Erzählschicht, die in 8,20 ff. Noah opfern lässt, die Rede von nur je zwei Tieren nicht teilen kann. Unterschiedlich beschrieben ist ferner die Art der Flut (dazu der folgende Abschnitt). Ferner gibt es Unstimmigkeiten in den Zeitangaben im Blick auf die Dauer der Flut.[55] Schließlich: Wie in anderen Abschnitten der Urgeschichte ist auch in der Noahgeschichte ein spezifisch wechselnder Gebrauch von Gottesnamen und Gottesbezeichnungen erkennbar.

In der Zuteilung der einzelnen Abschnitte gibt es in der Forschung ziemliche Einmütigkeit, die Feinstgliederung im Blick auf einzelne Verse und Versteile namentlich in den Kapiteln 7 und 8 ist jedoch Gegenstand weiterer Diskussionen. Für den Gesamtkomplex der Noahgeschichten ergibt sich danach ein einigermaßen deutliches Bild:

Die rahmenden genealogischen Notizen in 1. Mose 5 und in 9,28 f. gehören der priesterlichen Schicht zu. Zu ihr gehören

---

55   Zu den verschiedenen Zeitangaben vgl. Seebass, Genesis I, bes. 214 f., aber auch Jacob, Tora, 203–211 und 960–963.

auch der Abschnitt 6,9–22, ferner in Kap. 7 die Verse 6.11–13–16a.17a.18–21.24, in Kap. 8 die Verse 1.2a.3b–5.14–19 sowie Kap. 9,1–17. Dagegen gehören zur vorpriesterlichen Überlieferung die Abschnitte 6,1–4; 6,5–8; 7,1–5; 8,6–13.20–22 sowie die Erzählung vom Weinbauer Noah in 9,18–27. Einzelsätze und -satzteile der älteren Schicht finden sich auch in Kap. 7 und in weiteren Fragmenten in Kap. 8; hier ist die Feinanalyse, wie erwähnt, sehr diffizil.[56]

Dieses Ergebnis einer stilistischen literarischen Analyse lässt es als plausibel erscheinen, dass in der Noahgeschichte unterschiedliche Erzählfäden kunstvoll miteinander verknüpft wurden, und zwar absichtsvoll so, dass die jeweiligen Eigenarten erkennbar blieben. Wie bereits in der Einführung dieses Buches betont, kann man ja kaum annehmen, dass den Tradenten jene Widersprüche verborgen geblieben wären. So muss man annehmen, dass sie ein zuweilen asymmetrisches Gewebe einem glatten Text vorzogen, mehr als *eine* Perspektive darstellen und weitergeben *wollten*. Vermutlich erschienen ihnen zudem jene Differenzen, Brüche und Gegenakzente nicht so sehr als »logische« Widersprüche denn als verschiedene Perspektiven, die einander ergänzen, korrigieren, modifizieren. Auf diese Weise ist ein Text entstanden, der sich von einem glatten und einlinigen so unterscheidet wie ein »echter« Teppich von einem maschinell hergestellten, nämlich gerade durch seine Unregelmäßigkeiten und unverwechselbaren Asymmetrien. Um zu erkennen, ob und wie etwas »echt« war oder ist, bedarf es mehr als einer Perspektive, mehr als einer »Wahrheit«. Die methodischen Fragen sollen nun noch einen Schritt weiter geführt werden.

---

56 Sorgfältige Analysen finden sich bei ZENGER, Bogen; SEEBASS, Genesis I, 228–231; BAUMGART, Umkehr.

Wenngleich anzunehmen ist, dass Spannungen, Unausgeglichenheiten, ja kontroverse Akzentuierungen unterschiedlicher Erzählfäden auf diese Weise zu einem Text verbunden wurden, so bedarf es im Blick auf den so entstandenen Endtext einer Auslegung, die solche Spannungen erkennt, sie aber nun produktiv als Merkmale des so gewordenen gesamten Textes wahrnimmt und für dessen Auslegung fruchtbar macht. Es reicht dann nicht, dass sich Differenzen wie unterschiedliche Gottesnamen, unterschiedliche Motivationen zur Rettung Noahs, unterschiedliche Angaben über die Tierzahl und die Flutdauer auf die Zusammenfügung zweier literarischer Schichten zurückführen lassen, es ist vielmehr zu fragen, was jenes spannungsvolle Miteinander beider Erzählfäden für die Wahrnehmung und Auslegung des so überlieferten Endtextes bedeutet. Die Scheidung literarischer Schichten mag das Zustandekommen des Textes erklären, sie ersetzt jedoch nicht die Auslegung des so zustande gekommenen Textes. Die Rekonstruktion des *Ent*stehens eines Textes ist nicht mit seinem *Ver*stehen zu verwechseln. Was bedeutet es, die Spannungen des Textes, seine Redundanzen und Kontroversen für die Auslegung fruchtbar zu machen? Am Beispiel des Neben-, Gegen- und zuletzt Miteinanders der Begründungen für Noahs Rettung ist davon etwas deutlich geworden (s. o. Abschnitt 3 und 4). Im Blick auf den spezifischen Gebrauch des Gottesnamens sollen an dieser Stelle einige Beobachtungen erfolgen. Danach soll es am Beispiel der unterschiedlichen Tierzahl abermals um die Frage gehen, wie der jetzt vorliegende Text als ein gewordener zu *erklären*, wie der gewordene als der jetzt so vorliegende zu *verstehen* ist.

Setzen wir noch einmal ein beim Nacheinander der beiden Aussagen über Noah am Beginn der Flutgeschichte:

6,8: Noah aber fand Wohlwollen in den Augen Adonajs (*JHWHs*).
6,9: Noah war ein gerechter, untadeliger Mann in seinen Generationen. Mit der Gottheit (*ha-Elohim*) ging Noah seinen Lebensweg.

Neben anderen Unterschieden differieren diese beiden Perspektiven auf die Beziehung zwischen Gott und Noah auch im unterschiedlichen Gottesnamen. Während in V. 8 der Eigenname des Israelgottes Adonaj (*JHWH*) genannt ist, lautet in V. 9 die Gottesbezeichnung *ha-Elohim*, hier sogar mit dem Artikel versehen – um den Unterschied zu *Elohim* (Gott) zu kennzeichnen (hier mit »die Gottheit« wiedergegeben). Auf der analytischen Ebene der Unterscheidung verschiedener literarischer Schichten lautet die Erklärung der Differenz, V. 8 gehöre zur vorpriesterlichen Überlieferung, V. 9 zur priesterlichen. Nun sahen wir, dass die jüdische synagogale Lesetradition ebenfalls einen Einschnitt zwischen den Versen 8 und 9 macht, indem sie mit V. 8 die Parascha »Beim Beginn« enden, mit V. 9 die Parascha »Noah« beginnen lässt.[57] Die traditionelle jüdische Lektüre und Auslegung sieht die Mosebücher als Einheit, als die eine dem Mose übergebene und von Mose weiter vermittelte Weisung (Tora), wobei zum aufgeschriebenen Text (schriftliche Tora) die Summe aller Auslegungen (mündliche Tora) gehört. Die Annahme unterschiedlicher literarischer Schichten oder Quellen hat in die-

---

57 S. o. S. 49 f.

sem Lektüremodell keinen Ort.[58] Gleichwohl aber beobachtet und beachtet die rabbinische und die spätere jüdische Auslegung sprachliche Differenzen sehr genau und macht sie für die Auslegung fruchtbar. Im Blick auf den Gottesnamen führte das zu der folgenden Differenzierung:

Der Eigenname Gottes, das Tetragramm (die *vier Konsonantenbuchstaben*) JHWH (Adonaj) verweist auf Gottes Barmherzigkeit, die Gottesbezeichnung *Elohim* (Gott) verweist auf Gott als Richter. Die für die alttestamentliche Theologie zentrale Spannung in Gott selbst, nämlich die zwischen Liebe und Gerechtigkeit, wird auf diese Weise mit unterschiedlichen Gottesnamen verknüpft. Im überlieferten Gesamttext also macht die Differenz der Gottesbezeichnungen (unabhängig von der Frage, ob sie im Entstehungsprozess der Texte so zustande gekommen ist) aufmerksam auf jene fundamentaltheologische Dialektik in dem einen, einzigen Gott selbst.

Diese Beobachtung der unterschiedlichen Bedeutung der Gottesnamen hat Folgen für die Auslegung vieler biblischer Texte. Auch deshalb ist es wichtig, die unterschiedlichen Gottesnamen und -bezeichnungen in deutschen Übersetzungen nicht dadurch unkenntlich zu machen, dass man etwa stets »Gott«

---

58 So bietet JACOB, Tora, eine Auslegung, die die inhaltlichen Spannungen sehr wohl wahrnimmt und als solche interpretiert, sie aber nicht durch die Annahme verschiedener »Quellen« erklärt. JACOB fügt seinem Kommentar einen »Anhang« mit einer durchaus bissig-polemischen Kritik der Quellenscheidung an (949–1049, zur Noahgeschichte 954–962). Ich versuche in meiner Auslegung die durchaus plausible Annahme eines in mehreren Stufen entstandenen und deshalb vielstimmigen Textes mit der Interpretation des so entstandenen *einen* und in dieser Einheit *vielstimmigen* Textes zu verbinden.

verdeutscht. Denn die biblischen Texte selbst unterscheiden zwischen *JHWH* (Adonaj) und *Elohim* sowie anderen Gottesnamen.

Einige Beispiele sollen das verdeutlichen: In der Erzählung von der so genannten »Opferung Isaaks« (1. Mose 22 – Isaak wird gerade nicht geopfert!) ist es *ha-Elohim* (die Gottheit), die von Abraham das Opfer fordert. Abraham ist bereit, dem Herrn allen Lebens seinen Sohn nicht zu verweigern. An der entscheidenden Stelle der Erzählung aber wird deutlich, dass Gott dieses Opfer – und überhaupt Menschenopfer – nicht will. Deshalb fällt dem zum Gehorsam bereiten Abraham der Engel Adonajs (*JHWH*s) in den Arm. In dem Moment also, in dem deutlich wird, dass Gott das Opfer nicht will, wird Gott in seinem Eigennamen Adonaj (JHWH) erkennbar.[59] Ein zweites Beispiel: Am Beginn der Bibel wird Gott der Schöpfer *Elohim* genannt. In der darauf folgenden »Paradiesgeschichte« heißt er JHWH-*Elohim*. Die rabbinische Auslegung erklärt das so: Zunächst wollte Gott die Welt in seiner Eigenschaft als Richter erschaffen und regieren. Als er dann aber sah, dass sich die Welt schuldig machen und vor dem alleinigen Auge eines Richters keinen Bestand haben werde, stellte er seinen Eigennamen JHWH, d. h. seine Eigenschaft der Barmherzigkeit, seinem Richternamen *Elohim* voran, so dass die Welt erhalten bleiben konnte.[60]

Auf welche Verstehensmöglichkeiten macht der unterschiedliche Gebrauch der Gottesnamen in der Noahgeschichte aufmerksam, wenn man ihn nicht allein als Indiz unterschiedlicher literarischer Schichten erklärt, sondern auch als eine Dimension des jetzt vorliegenden Endtextes wahrnimmt? Blicken wir noch einmal auf die Spannung zwischen den Versen 8 und 9 in 1. Mose 6. Wir sahen, dass in V. 8 Noah Wohlwollen (Gnade) in den Augen Adonajs (JHWHs) findet. In V. 9 wird Noah vorgestellt als ein Mensch, der »ge-

---

59 Ausführlicher in meinem Aufsatz »*Theo*dizee. Fragen gegen die Antworten«, in: J. EBACH, Gott im Wort, 1–27.

60 So im Midrasch Bereschit rabba Par. 13 zu 1. Mose 2,4 (in der Ausgabe von A. WÜNSCHE, Bibliotheca Rabbinica Bd. 1, Leipzig 1881 [Nachdruck Hildesheim 1967], 57).

recht, solidarisch, gemeinschaftstreu« (*zaddiq*) und »untadelig, fromm« ist und seinen Lebensweg mit der Gottheit (*ha-Elohim*) geht. Auch hier hilft die rabbinische Unterscheidung: Die Barmherzigkeit Adonajs (*JHWHs*) kommt Noah zu, ohne dass zuvor seine besondere moralische Qualität zum Ausdruck kommen muss. Wohl aber kommt im Erweis von Wohlwollen (*chen*) eine Beziehung zwischen Gott und diesem Menschen zum Ausdruck. Wo die Gottheit (*ha-Elohim*) aber als Richterin waltet, muss Noahs Lebenswandel in den Blick kommen. In 7,1 findet sich eine bemerkenswerte Verknüpfung beider Perspektiven. Dort spricht Adonaj (*JHWH*):

... ja, dich habe ich als gerecht (solidarisch, gemeinschaftstreu«, *zaddiq*) ersehen angesichts dieser Generation.

Hier wird das Prädikat *zaddiq* aus 6,9 aufgenommen und mit dem Gottesnamen JHWH verbunden. Das Gewicht liegt aber nicht darauf, dass Noah jene Eigenschaft gleichsam objektiv besitzt, vielmehr hat Adonaj diese Eigenschaft in ihm ersehen, d. h. ihn – in der Relation zu seiner Generation – als einen gerechten Menschen ausersehen, anerkannt. In dieser Aussage ist der Ist-Zustand mit einer Verheißung verbunden; der Vers weist damit über seinen engsten Kontext hinaus. Durch Gottes Anerkennung nämlich *wird* Noah zu dem, der er für die spätere biblische Überlieferung (etwa im Neuen Testament in Hebr 11,7) *ist*. So kommen beide Perspektiven, die von Noahs Lebenspraxis her gesehene und die von Gottes Güte her gesehene, im Endtext zusammen.

In diese Linie fügt sich, dass die unbedingte Zusage der Erhaltung der Erde ohne explizite Forderung an Menschen in 8,20–22 mit der Rede von JHWH verbunden ist, während die *Elohim*passage in 9,1–17 den Bund mit Noah und seinen Nachkommen mit einer Gebotsreihe verbindet. Hinzugefügt sei eine Beobachtung Benno Jacobs, der darauf hinweist, dass der Eigenname JHWH sich in der Noahgeschichte an den Stellen finde, an denen es allein um den Menschen zu tun ist, wo dagegen die Tiere mit einbezogen seien, finde sich die Gottesbezeichnung *Elohim*.[61] Die Beispiele zeigen, in welchem Maße die Wahrnehmung und interpretatorische Auswertung der unterschiedlichen Gottesnamen den überlieferten Gesamttext im Blick auf eine Tiefenstruktur erschließt. Gerade in dieser Hinsicht kann sich die gegenwärtige »christliche« Exegese von der rabbinischen und späteren jüdischen Lektüre auf viele kleine Einzelheiten und gerade so auf grundsätzliche Textprofile aufmerksam machen lassen.

Nach diesen grundsätzlichen Überlegungen zur Lektüre der aus unterschiedlichen Erzählfäden zusammengesetzten Noahgeschichte können wir nun die in der beschriebenen Weise unterschiedlich akzentuierten Angaben über die Tiere in der Arche betrachten. Nachdem Gott (6,18) erklärt, mit Noah seinen Bund aufzurichten,[62] und ihn anweist, dass er, seine Söhne, seine Frau und die Frauen seiner Söhne in den Kasten gehen sollen, folgt in V. 19 f. eine Anweisung über die mitzunehmenden Tiere:

Und von allem Lebendigen, von allem Fleisch, zwei von allen sollst du in den Kasten bringen, auf daß sie am Leben bleiben mit dir; männlich und weiblich sollen sie sein. Von dem Fluggetier nach seiner Art, vom Vieh nach seiner Art und von allem Kriechgetier des Erdbodens nach seiner Art: zwei von allen sollen zu dir kommen, auf daß sie am Leben bleiben.

---

61   Jacob, Tora, 197.
62   Weiteres u. im Abschnitt B 10.

Je zwei von allen Tierarten also sollen als Erstlinge einer neuen Lebenskette in der Arche Rettung finden, und zwar – wie doppelt betont ist – *mit* Noah. So wie die Gewalt der Menschen alles Leben angesteckt und verdorben hatte, so soll nun im Schutzbereich Noahs das Leben neu beginnen. Das Wort *Leben* ist ebenso doppelt betont. Noch bevor die Vernichtung wirklich wird, hat das Leben und Überleben das Hauptgewicht. In der Sprache des Abschnitts sind Anklänge an die Schöpfungsgeschichte deutlich markiert. Sie finden sich sowohl in der Bezeichnung »männlich und weiblich«, die die Formulierung des einzigen in der Schöpfung grundgelegten Unterschieds zwischen Menschen aus 1. Mose 1,27 wörtlich aufnimmt, wie auch in der wiederholten Rede von den »Arten«, die ebenfalls für 1. Mose 1 kennzeichnend ist. Das Lesesignal ist unüberhörbar: Gegen den Beschluss Gottes, alles Leben auszulöschen, wegzuwischen, greift sein eigenes Bewahrungshandeln über die Katastrophe hinaus. Das nimmt der Katastrophe nichts von ihrem Grauen, aber lässt ihr nicht das letzte Wort.

In der Fortsetzung ist von der Nahrung die Rede, die Noah mitnehmen soll, um das Überleben in der Arche zu sichern. Auch hier muss man die Wirklichkeit von 1. Mose 1 voraussetzen, nach der (V. 29 f.) Menschen und Tiere vegetarisch leben. Erst nach der Flut, in 1. Mose 9, wird das Essen von Fleisch und die damit verbundene Tötung von Tieren erlaubt.[63] Zumindest in der Arche leben also Menschen und Tiere nach der Nahrungsanweisung von 1. Mose 1. Weil danach weder die Menschen Fleisch essen noch die großen Tiere die kleinen töten, sichert ein weib-

---

63 ... und sogleich wieder begrenzt, dazu u. im Abschnitt B 10.

lich-männliches Paar jeder Gattung deren Überleben.

Es bedarf vielleicht noch einmal der Erinnerung daran, dass Fragen von der Art, wie jene Tiere alle zu Noah kamen, wie er sie alle habe versorgen können, ob der Kasten wirklich Platz für alle Arten bot, die Höhe der Stockwerke für Giraffen ausreichte, ob die Eintagsfliegen lange genug überleben konnten, die Löwen »wirklich« Heu fraßen, die Wirklichkeit der Erzählung verfehlen. Dass solche Fragen durchaus geeignet sein können, eine gegenwärtige Lektüre der Noahgeschichte zu erweitern, ihr etwas womöglich Wichtiges hinzuzufügen und neue Perspektiven in der alten Geschichte zu eröffnen, das alles ist richtig und steht auf einem anderen Blatt. Wir werden bei späteren Blicken auf theologische und literarische Noahrezeptionen darauf zurückkommen. Dann können wir uns z. B. vom Kirchenvater Origenes belehren lassen, dass die ganz reale Frage, was in der Arche mit dem vielen Kot geschehen sei, der spirituellen Bedeutung des Textes unangemessen gewesen und *deshalb* von Mose nicht eigens verhandelt worden wäre. Origenes und andere Kirchenväter begründen auf solche Weise, dass (1.) der Bibeltext historisch wahr sei, die Arche z. B. also wirklich so und so lang war, und dass (2.) derselbe Bibeltext eine über diese Wirklichkeitsebene hinausreichende weitere Bedeutung habe. Mit Julian Barnes – um eine ganz andere Weise zu nennen, die alte Noahgeschichte in der eigenen Zeit zu lesen – können wir fragen, ob wohl Holzwürmer in der Arche waren und was das für spätere Wirklichkeiten bedeute.[64] All diese Lektüren haben ihre eigene Logik und müssen sie haben, wenn die biblische Geschichte in je

---

64 Weiteres u. im Abschnitt C 11.

neuen Zeiten weiterleben soll. Wir sollten uns jedoch davor hüten, die jeweilige Logik der jeweiligen Bibellektüre mit der Logik der Bibel selbst in eins zu setzen. Um nämlich die biblische Erzählung selbst zu verstehen, müssen wir uns zunächst auf ihre Logik einlassen. Und diese Logik rechnet weder mit Holzwürmern noch fragt sie nach dem Geschick der Saurier. Auf einer anderen Ebene liegt die Frage, wie sich die unterschiedlichen und z. T. gegeneinander sperrigen Angaben innerhalb der Erzählung zueinander fügen. Was das betrifft, stehen nebeneinander die Angaben über je zwei Tiere (d. h. ein Paar jeder Gattung) in 1. Mose 6,19 f. und die Anweisung in 7,2 f.:

Von allem reinen Vieh sollst du dir je sieben (wörtlich: sieben, sieben) nehmen, Männchen und Weibchen (wörtlich: einen Mann und seine Frau). Und von dem Vieh, das nicht rein ist, davon sollst du dir zwei nehmen, Männchen und Weibchen (wörtlich: einen Mann und seine Frau). Auch vom Fluggetier des Himmels je sieben (sieben, sieben), männlich und weiblich, um am Leben zu erhalten Nachkommen (Samen) auf dem Antlitz des Erdbodens.

Kann man diese unterschiedlichen Angaben in Einklang bringen? Offenbar soll Noah (nach dem Erzählfaden der älteren Schicht, die im jetzt vorliegenden Text *ein* Erzählfaden ist) von den reinen Tieren mehr mitnehmen als von den unreinen. Dabei ist schwer zu entscheiden, ob es sich um je sieben bei den reinen oder um je 7 *Paare* (also insgesamt je 14) handeln soll. Das Nebeneinander der Zahlen »2« und »7« spricht für ersteres. Je sieben (»sieben, sieben«) hieße dann: sieben von allen Arten. Das ergäbe eine Parallele zu den auf der Arche geretteten Menschen insofern, als Noah dann sieben Menschen und sieben Tiere je einer (reinen) Gattung mitnähme. Noah wäre somit noch einmal als der gekennzeichnet, bei und mit dem die

Kreatur Schutz findet. Die auch bei den reinen Tieren angewiesene Zuordnung von weiblichen und männlichen Tieren spricht eher für eine gerade Zahl. Je sieben (»sieben, sieben«) hieße dann: sieben männliche und sieben weibliche von jeder Art, so dass von den reinen Tieren 14 jeder Art, von den nicht reinen zwei jeder Art bezeichnet wären. Oder erklärt sich die Zahl sieben so, dass es sich um drei Paare und ein Tier für das Opfer nach der Flut handeln soll, so dass in dieser Zahlenangabe sowohl dem Opfer Rechnung getragen wäre als auch dem Bestreben, die Anzahl der reinen Tiere gegenüber den nicht reinen zu erhöhen?[65]

Über Spekulationen kommen wir hier kaum hinaus. Das ist leider nicht die einzige offene Frage an den Textzusammenhang und seine einzelnen Aussagen. Auch die Bemerkungen über die Vögel wirken teilweise unangepasst, um nicht zu sagen »ungereimt«. Liest man den Text, wie er da steht, legte sich nahe, dass es nur »reine« Vögel gebe. Das ist aber nach den sonstigen biblischen Bestimmungen keineswegs so. Legt man die einschlägigen Regelungen in 3. Mose 11 zugrunde, so sind z. B. alle Rabenarten (V. 15) »unrein«.

Der Rabe spielt in der Noahgeschichte noch eine große Rolle. Ihm kommt (wie danach der Taube) eine wichtige Funktion bei der Erkundung des Wasserstands am Ende der Flut zu. Das mag zum Anlass werden für eine knappe grundsätzliche Ausführung zu den Kategorien »rein« und »unrein« in der hebräischen Bibel. Ob ein Tier »rein« oder »unrein« ist (in der Noahgeschichte wird übrigens der – an anderen Stellen durchaus vorhandene und wichtige – Begriff »unrein« vermieden; es heißt lediglich »nicht rein«), beinhaltet keineswegs eine Unterscheidung zwischen nützlichen und schädlichen Tieren und

---

65 Jacob, Tora, 199, sieht in den sieben die für das Opfer vorgesehenen Tiere, die im Gesamttext zusätzlich zu den je zwei aller Arten genannt sind.

vor allem keine quasi moralische Differenz. Es handelt sich um Qualifikationen, die ein Tier opferfähig machen, ferner um die Unterscheidung von Tieren, die man essen und die man nicht essen darf. Es gibt Tiere wie etwa das Kamel, die in diesem Sinne »unrein«, jedoch durchaus als wertvoll erachtet sind. Hinter der Unterscheidung stehen gewisse Ordnungskategorien. Es gibt Ordnungen, an die man sich halten muss, obwohl ebenso andere Ordnungen denkbar wären. Dass wir z. B. bei »grün« gehen und bei »rot« stehen, folgt keinem Naturgesetz, es hat auch mit den Farben an sich nichts zu tun; es ist eine reine Konvention, die auch anders hätte getroffen werden können. Ist sie einmal getroffen, ist es überaus nützlich, sich an sie zu halten. Die Kategorisierungen von reinen und unreinen Tieren in 3. Mose 11 und anderen Stellen legen bestimmte Tiere als »normgebend« fest. Ein in diesem Sinne »normales« Vieh ist die Kuh. Sie käut wieder und hat gespaltene Klauen. Nun gibt es vergleichbare Landtiere, die zwar über das eine, nicht aber das andere Merkmal verfügen. In diesem Sinne (keinem moralischen) fallen sie aus der Ordnung heraus, sind »unordentlich« – »unrein«. Ein »ordentlicher« Fisch hat Schuppen. In diesem Sinne ist ein schuppenloser Aal z. B. ein »unordentlicher« und daher unreiner Fisch usw. Alles hängt daran, die Reinheitskategorien als Ordnungskategorien und nicht als moralische Qualitäten zu sehen.

Warum erfolgt in 1. Mose 7 eine besondere Bestimmung für die reinen Tiere? Es gibt dafür mindestens zwei Antworten. Die eine lautet: Es geht darum, die Voraussetzung dafür zu schaffen, dass Noah nach dem Ende der Flut ein Opfer, ein Tieropfer darbringen kann. Die andere lautet: Es geht darum, dass im Gegensatz zur »vorsintflutlichen« Zeit fortan die »reinen« Tiere gegenüber den »nicht reinen« an Gewicht gewinnen sollen. Vermutlich sind beide Antworten richtig; auch hier gibt es mehr als eine Wahrheit. So haben wir es mit einem Endtext zu tun, in dem unterschiedliche Erzählfäden so verknüpft wurden, dass die losen Enden und »Gegenschüsse« sichtbar blieben. Eben in seiner Asymmetrie ist dieser »Teppich« echt.

In der erzählenden jüdischen Auslegung (im Midrasch) gibt es mehrere Ausführungen zu einzelnen Tieren in Noahs Arche, die es wert sind, mitgeteilt zu werden. Da gibt es die Überlieferung von dem Löwen, der einmal unversorgt, Noah ins Bein biss. Fortan hinkte Noah (wie sein Nachfahre Jakob). Da gibt es den Vogel »Phönix«, der angesichts der vielen Aufgaben Noahs darauf verzichtet habe, versorgt zu werden, und der deshalb die Vergünstigung erhielt, sich nach seinem Tode jeweils zu neuem Leben zu erheben (»Phönix aus der Asche«, eine biblisch-jüdische Aneignung der griechischen Phönixsage). Da gibt es den Raben, der noch eine Bedeutung haben wird in der Noahgeschichte und der viel später eben der Rabe sein wird, der einst den Elia am Bache Krit versorgen wird (1. Kön 17,3.6). All diese Einzelmotive der Geschichte und Nachgeschichte zeigen vor allem eins: Es ist darum zu tun, dass das Leben die Katastrophe überwindet.

Die Katastrophe aber ist die Flut. Wie kommt sie zustande? Das ist das Thema des folgenden Abschnitts.

7. »Ich bringe den Himmelsozean, Wasser, auf die Erde« (1. Mose 6,17)

Gab es eine »historische« Sintflut?

Erst nach der Anweisung zum Bau der »Arche« gibt Gott Noah Auskunft über die Art der kommenden Vernichtung. Nun fällt das Wort, das in der Noahgeschichte selbst die »Flut« bezeichnet und das in späteren Rückverweisen geradezu zum Begriff für die Noahflut, die »Sintflut« geworden ist – das Wort *mabbul.* Während im anderen Erzählfaden die Flut als Regen bezeichnet wird (7,12) oder lediglich vom Wasser die Rede ist (7,18 ff. u. ö.), dürfte *mabbul* etwas Spezifisches bedeuten, etwas, das bei der ersten Erwähnung in 6,17 und dann auch in 7,6.7.10.17 durch die erläuternde Hinzufügung des Wortes »Wasser« erklärt wird. Was man sich unter jenem *mabbul* vorzustellen hat, geht am ehesten aus der einzigen biblischen Stelle hervor, die in keinem unmittelbaren Zusammenhang mit der Noahgeschichte steht. In Ps 29,10 heißt es, Gott sitze, throne über dem *mabbul.* *Mabbul* ist offenbar der »Himmelsozean«, die – folgen wir der biblischen Schöpfungsgeschichte in 1. Mose 1 – Ansammlung der Wasser oberhalb des Firmaments, die Gott in einem frühen Schöpfungsakt von den Wassern unterhalb des Firmaments trennt. In einem weiteren Trennungsakt zwischen den unteren Wassermassen und dem Trockenen schafft Gott die Erde und das Meer. Die oberen Wasser bilden einen himmlischen Ozean. Die Vorstellung himmlischer Wassermassen dürfte mit zwei elementaren Beobachtungen zusammenhängen, einmal mit dem Blau des Himmels, das dem Blau des Meeres gleicht, zum anderen mit der schlichten Beobachtung, dass Regen vom Himmel fällt.

In 1. Mose 7,11 ist das Bild entfaltet: Die Flut entsteht zunächst dadurch, dass die Luken des Himmels geöffnet werden, so dass sich die himmlischen Wassermassen mit einem Mal auf die Erde ergießen. In eben diesem Vers kommt eine zweite Quelle der Flut in den Blick. Denn ebenso wie die himmlischen Wasser auf die Erde herniederfallen, tun sich auf der Erde die »Quellen der großen Urflut auf«. Auch hier bildet die Schöpfungsgeschichte den Vorstellungsrahmen. Die »Urflut« (*tehom*) nämlich gehört in 1. Mose 1,2 zum Zustand der Welt »vor der Schöpfung«; es ist der Wasserabgrund, der einst die Totalität der Welt darstellte und den Gott in mehreren Akten des Machens, Trennens und Benennens in den Griff nahm und auf das Meer als gleichsam gebändigten Rest jenes Urzustandes begrenzte. In der Flut, die nun die Erde und das Leben auf ihr auslöschen, wegwischen soll, kehrt etwas vom Zustand der Welt vor der Schöpfung wieder. Kaum deutlicher kann in Wort und Bild kommen, dass die Flut die Schöpfung rückgängig machen soll. Einzig, dass *vor* dieser Flutankündigung das Motiv der Rettung durch die »Arche« aufscheint, lässt erkennen, dass die Auslöschung der Schöpfung nur das eine, die gleichzeitige Bewahrung und durch sie hindurch Neuschöpfung jedoch das durchtragende andere sein wird. Das Bild der Flut aber ist auf denkbar totale Weise vor Augen gestellt. Die Erde wird verschwinden in den Wassermassen, die sich als himmlischer Ozean (*mabbul*) von oben auf sie ergießen und als chaotische Urflut (*tehom*) von unten über sie heraufwälzen werden. So ist es in den verschiedenen und gerade an den die Kennzeichnung der Flut betreffenden Versen aufs Engste miteinander verwobenen Erzählfäden gerade die Vielfalt der Worte und Bilder für die Flut, die sie im jetzt vorliegenden Text so total erscheinen lässt: Wasser, andauernder Regen, ein Himmelsozean von oben und die alte Urflut von unten – all das kommt im Text der Noahgeschichte und so in der Vorstellung von der Flut zusammen und wird zu der einen Sintflut, für die das Wort *mabbul* in der Flutgeschichte selbst (6,17; 7,6.7.10.17), in der weiteren Noahgeschichte und ihrer direkten Fortsetzung im 1. Mosebuch (9,11.15.28; 10,1.32; 11,10) und dann in späterem Bezug auf sie (Sir 44,17) zum Begriff geworden ist.

Die Vorstellung von einer solchen universalen Flut ist, wie man seit langem erkannte, nicht auf die biblische Noahgeschichte beschränkt. Bereits am Ende des 19. Jh.s fand man im Zweistromland Keilschrifttafeln, die in einer der biblischen Fassung z. T. verblüffend ähnlichen Weise von einer solchen Flut berichteten. Inzwischen liegen aus dem mesopotamischen Raum mehrere Fassungen des Themas vor, eine (freilich recht fragmentarisch erhaltene) sumerische Flutgeschichte, die Fassung des altbabylonischen Atramchasis-Epos und – als bekannteste Fassung – die 11. Tafel des Gilgamesch-Epos. Unter dem Eindruck der vor allem babylonischen Texte entstand zu Beginn des 20. Jh.s die Vorstellung, die Bibel sei in wesentlichen Teilen ein Abklatsch viel älterer und, wie viele meinten, literarisch und kulturell höher stehender Texte des alten Orients, eine Auffassung, die in dem seinerzeit viel beachteten »Bibel-Babel-Streit« ihren Ausdruck fand.[66] Darüber hinaus bildete sich geradezu eine Bewegung, die nahezu alle wesentlichen Stoffe der Bibel und der weiteren Weltliteratur auf babylonische Ursprünge zurückführen wollte (der so genannte »Panbabylonismus«[67]). Die engeren und weiteren Verbindungen zwischen der biblischen Noahgeschichte und den älteren mesopotamischen Überlieferungen sind unabweisbar; auf einzelne Parallelen, aber auch kennzeichnende Unterschiede werden wir bald zurückkommen. Inzwischen zeigte sich

---

66 Über diese Auseinandersetzung, die zu Beginn des 20. Jh.s die Öffentlichkeit sehr bewegte, informieren umfassend K. JOHANNING, Der Bibel-Babel-Streit, Frankfurt a. M. 1988; R. G. LEHMANN, Friedrich Delitzsch und der Babel-Bibel-Streit, Freiburg/Schweiz 1994.

67 Dazu J. EBACH, Artikel: Panbabylonismus, in: Handb. rel.wiss. Grundbegriffe Bd. IV, Stuttgart 1998, 302–304.

jedoch, dass auch in den mythischen Überlieferungen vieler anderer Völker – auf allen Erdteilen – entsprechende Flutüberlieferungen bezeugt sind. Daher stellte und stellt sich immer wieder die Frage, ob womöglich all diese Überlieferungen auf eine real stattgefundene »Sintflut« zurückgehen.

Es fehlt nicht an alten und neuen Verifikationsversuchen der *einen* Flut, der Noahflut. Der Archäologe L. Woolley stieß 1929/30 in den Ausgrabungen bei der alten sumerischen Metropole Ur auf eine sehr ausgedehnte Lehmschicht mit maritimen Zeugnissen, unterhalb derer eine frühere Besiedlungsschicht freigelegt werden konnte. Der Befund spricht für eine Überflutung des Ortes etwa um 4000 v. Chr. So schien »die Sintflut« geradezu ausgegraben und somit historisch erwiesen. Andere Archäologen, darunter Max Mallowan (der Ehemann der berühmten Agatha Christie, die ihn auf mehreren Grabungen begleitete und wunderbare Kriminalromane aus der Welt der Archäologie verfasste), wollten ebenfalls die »Sintflut« archäologisch erwiesen haben.[68] Auf entsprechende »Flutschichten« stieß man auch bei anderen Grabungen, allein, sie gehörten offenbar zu unterschiedlichen Zeiten, so dass sie gerade nicht als Belege der einen, der noachitischen Flut taugten. Ähnliches gilt, bei Lichte besehen, für mehrere Versuche aus anderen Wissenschaftsbereichen, die »Sintflut« als historisches Datum zu erweisen.

Eine alte und immer wieder erneuerte Theorie verbindet die »Sintflut« mit dem Abschmelzen des Polkappeneises nach der letzten Eiszeit. Die gewaltigen Schmelzwassermassen hätten den Meeresspiegel an-

---

68 Vgl. A. Parrot, Sintflut und Arche Noahs, Zollikon-Zürich 1955.

steigen lassen und u. a. bewirkt, dass sich das Schwarze Meer durch den so erzeugten Dardanellen-Durchbruch von einem Binnenmeer mit Süßwasser in ein Salzwassermeer verwandelt habe und dabei erheblich gewachsen sei. Die dadurch aufgetretene Überflutung habe eine Katastrophe verursacht und eine Kultur vernichtet. Überlebende dieser Flut hätten sich in die weiter südlichen Gebiete des Zweistromlandes geflüchtet und die Kunde der großen Flut weitergetragen. Neben dieser von einigen Meereskundlern und Meeresarchäologen vertretenen These[69] steuern andere Wissenschaften weitere Erklärungsmodelle bei. Eine These verbindet die weltweiten Flutüberlieferungen mit der Annahme eines gewaltigen Meteoriteneinschlags, bei dem Teile des Himmelskörpers ins Meer gestürzt seien und gewaltige Flutwellen verursacht hätten. Wenngleich es geologische Indizien für solche Meteoriteneinschläge gibt, sind die Geologen in der Mehrheit der Auffassung, dass sie in eine so frühe Zeit zu datieren sind, dass es dafür keine Überlieferung von Menschen geben kann. Aus der Perspektive meteorologisch-historischer Forschung hat man auf die so genannten El-Niño-Phänomene aufmerksam gemacht, d. h. die gerade in den letzten Jahren beobachteten Flutwellen in Folge heftiger Stürme als eine mögliche Ursache der »Sintflut« ins Ge-

---

69 Eine in der Mischung von weithin zutreffenden Informationen und reißerischer Aufmachung kennzeichnende Titelgeschichte im Nachrichtenmagazin DER SPIEGEL (»Tauchfahrt in die Sintflut«, Heft 50/2000), die vor allem auf diesen Thesen basiert, führt über die beim Versuch der historischen Beweise der »Wahrheit der Bibel« üblichen methodischen Kurzschlüsse nicht hinaus. Dass sich für bestimmte Orte und Zeiten Überflutungen nachweisen oder wahrscheinlich machen lassen, beweist keineswegs, dass es sich dabei um *die* Sintflut handelte.

spräch gebracht. Aber gerade diese Theorie verweist kaum auf die eine weltweite »Sintflut«, sondern – wie die altorientalischen Grabungsbefunde mit ihren zeitlich verschieden anzusetzenden »Flutschichten« – eher darauf, dass die bedrohliche Erfahrung solcher Fluten unabhängig voneinander zur Ausprägung von Flutmythen in unterschiedlichen Weltteilen führte. Hinter diesen Mythen, die sich im alten Orient ebenso finden wie bei afrikanischen und indianischen Völkern und ebenso bei den australischen Aborigines, steht also die kollektive Erinnerung an eine Flut als zwar je lokal begrenzte, für die jeweiligen Erinnerungsträger jedoch als total erfahrene Katastrophe. Die Nähe mesopotamischer und biblischer Fluterzählungen ist daher nicht als Erweis der einen »Sintflut« zu werten, vielmehr im Zusammenhang literarischer Überlieferungsgeschichte zu erklären. Nicht die »historische« Flut verbindet »Bibel und Babel«, sondern die Überlieferung von Flutgeschichten. Darüber ist im folgenden Abschnitt dieses Buches zu berichten. In den jetzt zu besprechenden Zusammenhang gehört aber noch ein kurzer Blick auf die immer wieder – vor allem von »bibeltreuen« Kreisen – propagierten Versuche, die Historizität der Noahgeschichte dadurch zu erweisen, dass man auf dem Ararat Reste der »Arche Noah« auffinden will.

Auf dem Berg, den man heute als Ararat bezeichnet, befindet sich eine Gesteins- und Geröllformation, in der man bei einiger Phantasie die Form eines Schiffes erkennen könnte. Liegt hier Noahs Arche? Zunächst ist festzuhalten, dass es über die Form jener geologischen Formation hinaus dafür kein Anzeichen gibt. Angeblich konnte man mit bestimmten Suchgeräten Eisenreste im Boden feststellen, die sogar einen Hinweis auf die einzelnen Zellen der Arche erlaubten.

Nun müsste, wer hier Noahs Arche sehen will, immerhin erklären, wie der biblische Noah bereits mit Eisennägeln habe arbeiten können. Die »Eisenzeit« ist von der eines biblischen Noah – gesetzt, es handelte sich um eine »historische« Gestalt – um Jahrhunderte entfernt.

Daneben kursieren immer wieder noch abenteuerlichere Berichte, nach denen sich beim Schmelzen des Gletschereises auf dem Ararat von Zeit zu Zeit ein gewaltiger Schiffsbug aus dem Eis schäle. Im Ersten Weltkrieg ließ der russische Zar Nikolaus II. einen Suchtrupp starten, der das Schiff nicht nur gesehen, sondern auch fotografiert habe. Aber leider seien die Beweise in den Wirren der Oktoberrevolution verloren gegangen. (Einigermaßen sarkastisch mag man kommentieren: So wären also auch an dieser Verdunklung der Wahrheit der Bibel die Kommunisten schuld!) Die »Logik« entsprechender »Beweise« zeigt sich sehr schön in einem kleinen Abschnitt aus W. Kellers viel gelesenem Buch »Und die Bibel hat doch recht«.[70] Dort ist die Rede von einem eifrigen »Historiker und Missionar« namens Dr. Aaron Smith. Der habe zur Arche Noah eine riesige Bibliographie mit 80 000 Titeln zusammengetragen, »von denen 70 000 das sagenhafte Schiffswrack erwähnen.« Und nun ein weiteres Zitat aus Kellers Buch: »1951 sucht Dr. Smith zwölf Tage lang mit vierzig Begleitern vergeblich an der Eiskappe des Ararat. ›Wenn wir auch keine Spur der Arche Noah fanden‹, erklärte er später, ›so ist mein Vertrauen zur biblischen Darstellung der Sintflut nur bestärkt worden.‹« So kann man noch einen Misserfolg zur Bestätigung der vorgefassten Theorie adeln – mit Wissenschaft hat das jedenfalls nichts zu tun. Inzwischen sind weitere in die Fußstapfen der Archensucher getreten, darunter ein berühmter amerikanischer Astronaut. Gefunden haben sie alle nichts.

Neben vielen weiteren grundsätzlichen Einwänden gegen diese Weise, die Wahrheit der Bibel zu erweisen, kommen übrigens in diesem Fall ganz immanent biblische Rückfragen hinzu. Sucht man eigentlich an

---

70 Erste Ausgabe Düsseldorf 1955, hier zitiert nach der Rowohlt-Tb.-Ausgabe 1964 – die folgenden Zitate ebd. 54.

der richtigen Stelle? Tatsächlich berichtet 1. Mose 8,4, die »Arche« habe sich auf den Bergen von »Ararat« niedergelassen. Die sprachliche und grammatische Struktur weist »Ararat« als eine Landschaft aus, das Gebiet von Urartu – im heutigen türkisch-iranisch-armenischen Grenzgebiet. Hier wusste die Antike besonders hohe Berge. Es gibt keinen Beleg dafür, dass mit den Bergen von Ararat einer der beiden heute mit dem Namen Ararat benannten Berge gemeint ist, vorzugsweise der (die Angaben schwanken etwas) ca. 5 150 m hohe »Große Ararat« (Büyük Ağrı Dağı). Dass dieser Berg in persischer Überlieferung den Namen »Noahberg« trägt, geht auf biblische Traditionen zurück und ist keineswegs als historischer Beleg zu werten. Es ist kaum anzunehmen, dass die biblische Überlieferung einen ganz bestimmten Berg als Ruheort der »Arche« bezeichnen will; ihr liegt daran, dass sich die Arche auf dem damals als höchsten bekannten Berge niederließ. Folgte man der »Logik« der Noahgeschichte, so müsste man die Reste der »Arche« auf dem Mt. Everest auszugraben versuchen! Wer nämlich mit der Auffindung der »Arche« auf dem Ararat die »Wahrheit der Bibel« erweisen wollte, würde ja gerade erweisen, dass die Bibel nicht »wahr« ist, denn der »große Ararat« ist, wie wir heute wissen, keineswegs der höchste aller Berge. Kurz: Beim Versuch, die Noahgeschichte als historisch wahr zu erweisen, verfehlt man die biblische Wahrheit.

Nach allem, was wir wissen können, gab es ebenso wenig einen »historischen Noah« wie eine »historische Sintflut«, sehr wohl aber die Erfahrung, dass in einer furchtbaren Flutkatastrophe Menschen und Tiere, ganze Kulturen untergehen konnten. Antike Wirklichkeitsauffassung konnte das nicht als ein reines »Naturphänomen« deuten; biblische Wirklichkeitsauffassung konnte es nicht anders verstehen denn als eine Vernichtung, die von Gott selbst ausgeht. Aber kann Gott vernichten wollen, was er selbst erschaffen hat? Wie kann der Gott, der solches tut, derselbe sein wie der, der Leben retten will? Das sind die Fragen der Flutgeschichte – es sind Fragen an jede Theologie, die die Rede von dem einen Gott für wahr hält. Das sind die Fragen, die sich mit der Noahgeschichte verbinden, nicht die, ob jener Noah mit seiner Arche »wirklich« auf diesem oder jenem Berg gelandet sei.

8. »UND ADONAJ ROCH DEN BESÄNFTIGENDEN DUFT« (1. MOSE 8,21)

Biblische Flutgeschichte und altorientalische Mythologie

Es kann, wie im vorangehenden Kapitel ausgeführt, als gesichert gelten, dass sich in den in vielen Erdteilen und Kulturen bezeugten Flutmythen nicht die eine »historische« Sintflut widerspiegelt, sondern die in je eigenen Traditionen entfaltete kollektive Erinnerung an die Bedrohung des Lebens durch Flutkatastrophen. Eine literarische Beziehung all dieser Mythen und Stoffe untereinander ist angesichts der Verbreitung des Motivs sehr unwahrscheinlich. Anders stellt sich die Frage dar im Blick auf die Beziehung zwischen mesopotamischen Flutmythen und dem biblischen Noahstoff. Hier ist nicht nur für die Gesamtstruktur des Stoffes, sondern auch bezogen auf einzelne Motive eine literarische Abhängigkeit zu vermuten, wobei die Priorität bei den sumerischen bzw. babylonischen Überlieferungen liegen wird. Dafür spricht

das höhere Alter der einschlägigen Fluttexte des Zweistromlandes, deren Beeinflussung durch eventuelle
mündliche Vorstufen der biblischen Texte wenig
wahrscheinlich wäre. Dafür spricht auch, dass der Gil-
gamesch-Stoff im Israelland selbst bekannt war, wie
der Fund eines Fragments der 7. Tafel des Gilgamesch-Epos in Megiddo belegt. Teile dieses im alten
Orient berühmten und geradezu kanonisierten Epos
wurden auch in ugaritischen und hethitischen Biblio-
theken gefunden. Man kann davon ausgehen, dass
das vermutlich um 1250 v. Chr. in seiner gültigen
Form entstandene Epos im letzten Teil des 2. vorchristlichen Jahrtausend im gesamten Vorderen Orient
im Zusammenhang internationaler kultureller Beziehungen bekannt war und rezipiert wurde.

Die Fluterzählung, die die 11. Tafel des 12 Tafeln
umfassenden Epos ausmacht, stellt jedoch nicht sein
Hauptthema dar, sondern bildet eine Art Exkurs. Ein
zentrales Thema des Gilgamesch-Epos ist die Frage,
warum es für Menschen kein ewiges Leben gibt. Gilgamesch und sein Gefährte Enkidu sind auf der Suche
nach dem ewigen Leben, müssen aber feststellen, dass
es sich die Götter selbst vorbehalten haben. Einzig
Utnapischtim, der »Flutheld« bekam das ewige Leben
verliehen, deshalb wird seine Geschichte in das Epos
»eingespielt«. Eine literarische Untersuchung der
11. Tafel des Gilgamesch-Epos macht sehr wahrscheinlich, dass es sich dabei selbst bereits um eine
Eintragung aus einem älteren Literaturwerk handeln
dürfte. Damit hängt es zusammen, dass manche Themen fehlen, die sich mit der Flut verbinden, vor allem
ihre Begründung, aber auch die mit dem Überlebenden neu begründete Menschheit.

Das Flutmotiv wurde bereits vor der Abfassung des
Gilgamesch-Epos in der altorientalischen Literatur

verarbeitet. Zu nennen sind Fragmente eines sumerischen Flutmythos und vor allem die Fassung des Stoffes im altbabylonischen Atramchasis-Mythos, aber auch eine viel spätere Fassung des spätbabylonischen Autors Berossus aus dem 3. Jh. v. Chr. Werfen wir einen knappen Blick auf die wichtigsten Zeugnisse der altorientalischen Fluttradition, um danach zu fragen, was sich in der biblischen Noahgeschichte ebenso oder ähnlich findet und wo es deutliche Differenzen gibt.

Die sumerische Fluterzählung liegt bisher nur fragmentarisch vor.[71] Zu erkennen ist immerhin, dass ein König mit Namen Ziusudra vom Gott Enki in geheimnisvoller Weise (mit Hilfe einer Wand, zu bzw. hinter der die Gottheit redet) vor einer kommenden Sturmflut gewarnt wird, die »den Samen der Menschheit zerstören« werde. Dies sei ein endgültiger Götterbeschluss. Ziusudra baut auf Geheiß des Gottes ein großes Schiff, mit dem er die Zerstörung überlebt. Am Ende bringt der Flutheld offenbar Opfer dar und wird unter die Götter aufgenommen.

Sehr viel ausführlicher liegt der Flutstoff in der Fassung des altbabylonischen Atramchasis-Epos vor.[72] Zunächst aber wird die Erschaffung des Menschen ausführlich behandelt. Wie in den anderen mesopotamischen Zeugnissen ist die Menschenschöpfung das Resultat eines Konflikts der Götter untereinander. Nachdem sich die unteren Götter beklagten, dass die

---

71 Die Fragmente sind in Übersetzung dargeboten in der Reihe TUAT (Texte aus der Umwelt des Alten Testaments) III,3, Gütersloh 1993, 448 ff. (W. H. PH. RÖMER); dieser und die wichtigsten weiteren Texte auch in W. BEYERLIN (Hrsg.), Religionsgeschichtliches Textbuch zum AT, Göttingen ²1985, 114 ff.
72 TUAT III,4, 612 ff. (W. VON SODEN).

oberen Götter sie durch die Auferlegung von Arbeit drangsalierten, beschließen die Götter, den Menschen zu machen, damit er den Göttern fortan die Arbeit abnehmen solle, die die Götter zuvor selbst tun mussten. Die zu diesem Zweck und zur damit verbundenen Versorgung der Götter durch Opfer erschaffenen Menschen aber erheben sich und stören durch ihren Lärm den Gott Enlil beim Schlaf. Enlil reagiert darauf zunächst mit begrenzten Plagen, die die Menschen schädigen und dezimieren, jedoch nicht gänzlich vernichten sollen. Dabei kommt es zu einem abermaligen Konflikt der Götter untereinander. Der Gott Ea (babylonisches Äquivalent des sumerischen Enki) steht auf Seiten der Menschen, insbesondere des weisen Atramchasis, den er mit Rat und Tat unterstützt. Das tut er auch, nachdem Enlil beschließt, die Menschheit durch eine Flut zu vernichten, und die anderen Götter zum Schweigen verpflichtet. Wieder taucht das bereits aus der sumerischen Fassung bekannte Motiv auf: Ea spricht zu einer oder durch eine Wand, und so wird der Beschluss Atramchasis bekannt, der daraufhin ein Schiff baut, es mit Menschen und Tieren füllt und die Flut überlebt. Auch Atramchasis bringt nach der Rettung ein Opfer dar.[73] Als das Überleben von Menschen erkannt ist, kommt es erneut zum Götterkonflikt, der in einer Art »Kompromiss« endet: Fortan sollen nur noch Schuldige bestraft werden.

Die zentrale Bedeutung der Götterkonflikte wird auch in der Fassung des Gilgamesch-Epos im Zusammenhang des Flutgeschehens deutlich, das unter

---

73 Das ist ein Motiv, das die Noahgeschichte mit allen altorientalischen Parallelen teilt; auf einen spezifischen Unterschied ist gleich noch zurückzukommen.

offenkundigem Rückgriff auf ältere Vorlagen (vermutlich vor allem das Atramchasis-Epos) den Hauptinhalt der 11. Tafel bildet.[74] Wie erwähnt, ist eine Leitfrage des Gilgamesch-Epos die nach der Sterblichkeit der Menschen. Auf der Suche nach einer Antwort begegnet Gilgamesch dem Fluthelden, der in dieser Fassung Utnapischtim heißt. Er bekam als einziger der Menschen das Privileg, nicht zu sterben, und zwar, weil nur auf diese Weise ein Götterkonflikt gelöst werden konnte. Der Gott Ea hatte ihn gerettet; die Erzählung folgt hier weithin dem Atramchasis-Vorbild. Andererseits hatte der Gott Enlil den unumstößlichen göttlichen Beschluss erwirkt, dass kein *Mensch* die Flut überleben solle. Indem Utnapischtim unter die Götter eingereiht wurde, konnte die Rettung durch den einen Gott bestehen bleiben, ohne dass das Wort anderer Götter damit unwahr geworden wäre. An diesem Zentralmotiv zeigt sich, wie sehr Konflikte der Götter untereinander das Geschehen und seine Deutung tragen. Dabei scheint bereits auf, dass sich der Flutstoff in dem Moment grundsätzlich neu darstellen muss, in dem Vernichtung und Rettung wie in der Bibel auf ein und denselben Gott zurückgeführt werden müssen.

Der Grundkonflikt im Gilgamesch-Epos ist abermals der zwischen Ea (Enki) einerseits und Enlil andererseits; auch andere Gottheiten beziehen Stellung, dabei kommt den weiblichen Gottheiten offenbar ein besonderes Interesse an der Lebenserhaltung zu. Am Ende kommt es zu einer Konfliktlösung. Dabei kommt ein Motiv, das bei Atramchasis der Flut

---

74 TUAT III,4, 646 ff. (K. Hecker), zur gesamten akkadischen Gilgamesch-Überlieferung, Tf. 11, S. 728 ff.

vorausgeht, im Gilgamesch-Epos am Ende zu stehen: Fortan soll es nur noch begrenzte Strafaktionen gegen Menschen geben, bei denen nur die Schuldigen getroffen werden sollen. Der Gott Enlil stimmt dem zu, geht also nicht unverändert aus der Geschichte hervor. Man kann geradezu sagen, er sei lernfähig. Unter anderen Voraussetzungen trifft das auch für den biblischen Gott der Noahgeschichte zu – davon ist noch zu reden.

Gilgamesch erfährt die Geschichte Utnapischtims, die ihm aus den genannten Gründen nicht zum Modell des ewigen Lebens für einen Menschen werden kann. Stattdessen bekommt er von Utnapischtim den Hinweis auf ein lebensverjüngendes Kraut, das er jedoch nur einmal bekommen könne. Er findet es auch, eine Schlange aber nimmt es ihm weg, wirft ihre Haut ab und verjüngt sich so. Nun ist auch dieser Weg verschlossen; Gilgamesch schickt sich ins Unvermeidliche und preist stattdessen die gewaltigen Mauern seiner Stadt Uruk, die er erbaut hat. Hier klingt möglicherweise an, dass Menschen zwar ein begrenztes Leben haben, jedoch mit kulturellen Leistungen über ihren Tod hinaus präsent bleiben können.

Einige Motive, die die biblische Noahgeschichte mit den mesopotamischen Parallelen verbinden oder sie von ihnen unterscheiden, seien nun noch einmal angesprochen. Gemeinsam ist jeweils die Abfolge: Vernichtungsbeschluss – Beschluss zur Rettung eines Menschen – Bau der »Arche« – Flut – Rettung des Einzelnen (mit seiner menschlichen und außermenschlichen Begleitung) – Darbringung eines Opfers – göttliche Reaktion auf das Geschehen. Einzelne Motive wie die in den altorientalischen Fassungen vorkommende geheimnisvolle (weil an sich verbotene) Kommunikation zwischen dem zur Rettung bereiten Gott und dem zu rettenden »Fluthelden« vermittels einer Mauer bzw. Schilfwand haben in der Noahgeschichte kein Pendant – Gott redet mit Noah unmittelbar. Jede weitere Kommunikation aber fehlt in der Bibel, weder antwortet Noah Gott, noch kommuniziert Noah mit anderen Menschen. Gerade dieses Schweigemotiv der biblischen Erzählung fällt im Vergleich um so mehr ins Gewicht. Im Blick auf das »Personal« der »Arche« ist ebenfalls eine Differenz erkennbar. Während die babylonischen Fassungen mit einer größeren Schiffsbesatzung rechnen, wird der Kasten Noahs nur von seiner engsten Familie betreten; dafür legt die biblische Fassung Wert darauf, dass Tiere aller Gattungen vertreten sind. Insgesamt fällt auf, dass erst die biblische Fassung von einer wirklich universalen Flut handelt (bereits im älteren und dann noch mehr im jüngeren Erzählfaden). Die Flut bleibt dagegen in der Atramchasis- wie in der Gilgamesch-Fassung begrenzter. Eine gewisse Lokalisierung der Ereignisse ist jedoch auch in der Noahgeschichte aus dem mesopotamischen Umland bezogen. Denn wie in der Bibel wird auch im Gilgamesch-Epos ein besonderer Berg genannt, auf dem das Schiff landet. Es ist der Berg *Nimusch*, dessen genaue Lage unbekannt ist, den man aber wie das Bergland Ararat (Urartu) im Bereich Kurdistans lokalisieren kann. In den altorientalischen Fassungen handelt es sich um ein wirkliches Schiff, anders der »Kasten« Noahs, der allerdings wie das Schiff Utnapischtims abgedichtet ist mit »Asphalt, Erdpech«. Die in der Bibel nur an dieser einen Stelle belegte Bedeutung des Wortes *kopär* hängt sprachlich und sachlich unmittelbar zusammen mit dem in Gilgamesch Tafel 11, Zeile 65 genannten Asphalt: *kupru*. Nicht zuletzt solche sprachlichen Koinzidenzen machen eine literarische Abhängigkeit überaus wahrscheinlich. Dabei kann eine direkte Entlehnung aus dem Text des Gilgamesch-Epos vorliegen, vielleicht wurde das babylonische Literaturwerk in Israel aber zunächst zu einer mündlichen Erzählung und dann später verschriftlicht.

Eine verblüffende Gemeinsamkeit und eine darin besonders auffallende Differenz besteht in der »Vogelepisode«. Utnapischtim sendet drei Vögel aus, um den Wasserstand am Ende der Flut zu erkunden, nämlich eine Taube, eine Schwalbe und einen Raben. 1. Mose 8,6–12 schildert, wie Noah zuerst einen Raben aussendet, der keinen festen Boden findet, und sodann in Zeitabständen dreimal eine Taube, die zuerst unverrichteter Dinge zurückkehrt, beim zweiten Male das berühmt gewordene Ölblatt im Schnabel zurückträgt und beim dritten Male nicht mehr zurückkehrt, also Land gefunden hat. Die Gemeinsamkeiten beider Fassungen sind erkennbar und kaum ein Zufall, sondern mit anderem zusammen Hinweis auf literarische Entlehnung des Motivs. Dass dasselbe Motiv in der Noahgeschichte verändert ist (die Schwalbe fehlt, die Rolle der Taube oder der drei Tauben ist deutlich verstärkt), mag darauf zurückgehen, dass die Taube als Symbol der Fruchtbarkeit eine größere Rolle bekommen soll und so auch in diesem Erzählzug die tragende Bedeutung des Lebens durch die Katastrophe hindurch ins Bild gesetzt ist. Dass die Taube mit dem Ölblatt zu einem Lebens- und Friedenssymbol über die Noahgeschichte hinaus wurde (darauf werden wir in einem Abschnitt zur Wirkungsgeschichte zurückkommen), ginge dann an der biblischen »Botschaft« keineswegs vorbei.

An einem letzten Motiv sollen nun Parallelen und Gemeinsamkeiten noch einmal in den Blick kommen. Nach dem Ende der Flut baut Noah einen Altar (es ist das erste Mal, dass in der Bibel ein Altar erwähnt wird) und bringt ein Opfer dar:

Da baute Noah Adonaj (*JHWH*) einen Altar, nahm von allem reinen Vieh und allem reinen Fluggetier und ließ für Adonaj auf dem Altar Brandopfer in Rauch aufsteigen.

Wie die biblische Noahgeschichte kennen auch alle bekannten altorientalischen Fassungen das Motiv des Opfers nach der Flut. Im Gilgamesch-Epos war die Flut den – keineswegs souveränen – Göttern über den Kopf gewachsen, sie selbst mussten sich in den hohen Himmel retten, und besonders misslich musste ihnen werden, dass sie während der Flut nicht durch Opfer versorgt wurden. Den eigenen Hunger als Folge des Vernichtungsbeschlusses hatten sie also nicht berechnet. Einige Sätze in Tafel 11, Z. 113 ff. verdeutlichen die Lage:

Die Götter selbst fürchteten die Sintflut,
sie wichen zurück und stiegen hinauf in den Himmel des Anu.
Die Götter sind wie Hunde, die draußen lagern, zusammengekauert.
Ischtar schreit wie eine Gebärende,
es jammert Beletili, die schönstimmige: »Ach würde doch jener Tag zu Lehm,
da ich in der Versammlung der Götter Böses ansagte!
Wie konnte ich nur in der Versammlung der Götter Böses ansagen,
(und) zur Vernichtung meiner Menschen Kampf ansagen?«
...
Die Götter sind verstört, sitzen da unter Weinen;
ausgetrocknet sind ihre Lippen, (sie hungern nach) Speisen ...[75]

---

75 Übersetzung nach HECKER, TUAT (s. o.); allerdings mit umstrittener Ergänzung, dazu BAUMGART, Umkehr, hier bes. 443 Anm. 114; auf den gesamten materialreichen und umsichtigen Abschnitt zu den mesopotamischen Flutüberlieferungen und ihren Relationen zum Noahstoff (419–495) möchte ich empfehlend hinweisen.

Und nun bringt Utnapischtim das Opfer dar, und es heißt (Z. 159 ff.):

Die Götter rochen den Duft,
die Götter rochen den angenehmen Duft.
Die Götter versammelten sich wie Fliegen um den Herrn des Opfers.

Die Götter also versammeln sich wie ein Fliegen-schwarm um den opfernden Utnapischtim, um sich am Opfer real zu sättigen. Auch Noah bringt nach der Flut ein Opfer dar. Und zunächst beginnt 1. Mose 8,21 ganz wie die entsprechende Stelle aus dem Gilga-mesch-Epos:

Adonaj (JHWH) roch den besänftigenden Duft ...

Aber nun bricht die Parallele ab. Dieses eben nicht weitergeführte »Zitat« macht die kategoriale Differenz zwischen den Göttern und Gott deutlich. Noahs Gott hat sich nicht verrechnet, nicht die Folgen der Flut für sein eigenes Wohlergehen falsch abgeschätzt, Gott hungert nicht und ist auf Opferspeise nicht angewie-sen. Und so kommt diese Gottheit auch nicht herbei wie eine Fliege. Nun ist immer wieder (seit der Zeit der Kirchenväter) gegen die Formulierung in 1. Mose 8,21 der Einwand erhoben worden, hier sei in einer unangemessen vermenschlichenden Weise von Gott die Rede, der sich durch einen guten Geruch beein-flussen lasse, ja überhaupt mit einer riechenden Nase gedacht sei. Es war bereits davon die Rede, dass die Vorstellung einer Leiblichkeit Gottes keine Minderung des Wesens Gottes bedeutet.[76] Diese Stelle der Bibel könnte zudem darauf aufmerksam machen, dass wir es in der Bibel nicht allein mit einem sehenden, hören-den und redenden Gott zu tun haben, sondern auch

---

76   S. o. im Abschnitt B 2.

mit einem riechenden. Auch und gerade Gott hat *alle seine Sinne beisammen*! In diesem Fall ist es allerdings auffällig, dass eine Formulierung wie die in 8,21 in der hebräischen Bibel singulär ist.[77] Das spricht noch mehr dafür, dass sie als eine Art »Zitat« aus dem Gilgamesch-Epos hier durchaus bewusst aufgenommen ist. Die Aufnahme aber macht die Differenz um so sinnfälliger. Gott ist Gott – buchstäblich wie er leibt und lebt.

Aber auch und gerade Gottes Leiblichkeit unterscheidet sich von der altorientalischer Götter. Vielleicht kann man sagen: Er *mag* riechen, aber er *muss nicht* essen. Indem die biblische Noahgeschichte das Opfermotiv und die Rede vom Opferduft bis zu diesem Punkt aufnimmt und an eben diesem Punkt abbrechen lässt,[78] zeigt sich das Verhältnis von Anknüpfung und Widerspruch, das auch an anderen Stellen namentlich der Urgeschichte die Relation der Bibel zu ihren literarischen Vorlagen bestimmt.[79] Die Wahrnehmung, dass die biblischen Texte selbst in einem Beziehungsgeflecht zu altorientalischen und antiken

---

77 Immerhin gibt es weitere Formulierungen, die durchaus einen Geruchssinn Gottes voraussetzen; so hat die umgangssprachliche Wendung, dass man jemanden nicht riechen könne, zumindest einen Anhalt an biblischen Worten wie etwa Am 5,21 (Gott will die Kultfeiern derer, die sich ungerecht gegenüber den Armen verhalten, nicht *riechen*), vgl. auch 3. Mose 26,31 sowie die Charakterisierung der von Menschen gemachten Götter als solchen, die nur scheinbar leben, weil sie u. a. nicht riechen können (5. Mose 4,28; Ps 115,6).

78 Es könnte sein, dass die biblische Fassung den Stoff durch die Hinzufügung des Wortes *nichoach*, in dem man einen Anklang an den Noah-Namen hören kann, gleichsam »noachisiert« ist.

79 Ausführlicher dazu in meinem Band »Ursprung und Ziel«, bes. 25–30.

Literaturen steht, macht sie keineswegs zu einer Sammlung von Plagiaten. Im Gegenteil: Gerade erst in diesem Beziehungsgeflecht zeigt sich an vielen Stellen die unverwechselbare Stimme der Bibel.

Noahs Gott, Israels Gott, der eine und einzige Gott ist souverän. Er befindet sich weder im Konflikt mit anderen Göttern noch ist er von Menschen abhängig. Aber eben diese Überlegenheit Adonajs (JHWHs) macht die Flutgeschichte um so mehr zu einem gewaltigen theologischen Problem. Ein weiteres Mal stellt sich am Ende eines Abschnitts eine Leitfrage (durchaus auch eine *Leid*frage) an die gesamte Noahgeschichte: Wenn der Vernichter und der Retter ein und derselbe Gott ist, wenn diese Gottheit zudem souverän ist, warum vernichtet sie dann, was sie erschaffen hat? Wie kann diese Vernichtung mit dem Glauben an einen gütigen Gott vereinbar sein? Wie kann Gott nicht nur zulassen, sondern selbst bewirken, dass Tausende und Abertausende von Menschen und Tieren umkommen? Wie kann das der Gott des Lebens sein?

Abermals scheint eine mögliche Antwort auf die Frage auf, warum Noah zu all dem schweigt. Noah opfert und dankt so stumm für die Rettung, seine *Zustimmung* jedoch gibt er vor, während und auch jetzt nach der Flut nicht. Er hat überlebt, ganz wenige mit ihm, die vielen, fast alle haben nicht überlebt. Noah opfert, aber er spricht auch jetzt kein Wort. Stattdessen wird er sich bald bis zur Bewusstlosigkeit betrinken. Sucht er in Alkohol und Schlaf Vergessen? Darf man so lesen? Muss man (mit Elie Wiesel[80]) so lesen?

Als Frage an Gott, den einen und einzigen Gott, bekommt die Frage nach dem Verhältnis von Vernichtung

---

80   S. o. im Abschnitt A.

und Bewahrung noch einmal eine ungeheuer verschärfte Dramatik. Die Grundfrage aber bleibt in der veränderten und monotheistisch zugespitzten Form dieselbe, die auch die altorientalischen Fluterzählungen in ihren verschiedenen Fassungen durchzieht: Wie ist das Verhältnis zwischen göttlicher und menschlicher Welt zu verstehen? Worauf können Menschen bauen? Können wir sicher sein, dass nicht Launen im Himmel (oder – was fatalerweise zunächst auf dasselbe hinausläuft – die Reue!) abermals und womöglich ein für alle Male alles Leben unter dem Himmel auswischen? Oder hat Gott (wie der Gott Enlil) etwas gelernt? Mit dieser Frage bekommen wir im nächsten Abschnitt zu tun.

9. »Böse von Jugend auf« (1. Mose 8,21)

Die Anthropologie der Flutgeschichte

Gott kommt nicht wie eine Fliege herbei, um sich am Opfer Noahs zu sättigen. Wohl aber reagiert er auf das Opfer – er lässt sich besänftigen. Womöglich erfährt der Name Noah (*noach*) in diesem »Erfolg« des angenehmen, beruhigenden, besänftigenden (*nichoach*) Duft seine Einlösung. Und nun gibt Gott eine Zusage:

Und es roch Adonaj (*JHWH*) den besänftigenden Duft,
und es sprach Adonaj zu seinem Herzen:
Nicht mehr will ich den Erdboden geringschätzig behandeln
um des Menschen willen
– die Hervorbringungen des menschlichen Herzens sind ja böse
von seiner Jugend an –,
und nicht mehr will ich schlagen alles, was lebt, so wie ich es
getan habe.
Fortan alle Tage der Erde: Saat und Ernte, Kälte und Hitze,
Sommerzeit und Frost, Tag und Nacht sollen nicht aufhören.
(1. Mose 8,21–22)

107

Diese Verse haben in der Noahgeschichte eine große Bedeutung. Wir sollten sie schrittweise anschauen. Auf Noahs Opfer hin reagiert Gott. Lässt er sich besänftigen? Lässt er sich beeinflussen? Richtiger wäre wohl: Gott lässt Noahs Hinwendung, die sich in diesem Opfer ausdrückt, keine Einbahnstraße sein. Er reagiert mit den folgenden Worten, die er »zu seinem Herzen« spricht, die er sich (wie bei seiner Reue, von der in 1. Mose 6,6 mit einer entsprechenden Formulierung die Rede ist) »zu Herzen gehen« lässt. Die Worte, die Gott sich zu Herzen gehen lässt, enthalten eine Zusage für die Erde – und so auch für die Menschen; sie enthalten darüber hinaus eine Absage, nämlich eine Absage Gottes an das eigene frühere Tun:

Nicht mehr will ich den Erdboden geringschätzig behandeln ... und nicht mehr will ich schlagen alles, was lebt, so wie ich es getan habe.

Eingefügt in diese Erhaltungszusage aber ist eine Näherbestimmung (»um des Menschen willen«) sowie eine Parenthese: »die Hervorbringungen des menschlichen Herzens sind ja böse von seiner Jugend an«. Wie verhalten sich die Zusage an die Erde und die Lebewesen und die Erklärung über den Menschen zueinander? Es fällt auf, dass diese Charakterisierung des Menschen nahezu wörtlich die wiederholt, die am Beginn der Flutgeschichte (6,5) gerade zur Begründung der Vernichtung aufgeboten wurde. Wie reimt sich das zusammen? Wie kann dasselbe »Wesen« des Menschen in Gottes Augen und Herzen einmal die Vernichtung, das andere Mal die Erhaltung begründen? Um diesen Fragen genau nachzugehen, sollten wir die beiden korrespondierenden Aussagen nebeneinander stellen, um mit den Gemeinsamkeiten auch die Nuancen zu erkennen:

... und jedes Gebilde der Gedanken seines (des Menschen) Herzens war ja nur böse den ganzen Tag. (1. Mose 6,5)
... die Hervorbringungen des menschlichen Herzens sind ja böse von seiner Jugend an. (1. Mose 8,21)

Die Parallelität beider Aussagen sticht ins Auge. So wäre der Mensch geblieben, wie er war, ist und sein wird. Bei genauerem Hinsehen zeigt sich, dass 8,21 weniger schroff formuliert. Von dem Gebilde des Herzens ist an beiden Stellen die Rede, d. h. von dem, was Menschen in ihrem Verstand zustande bringen. Die Weiterung in 6,5, die auch die Gedanken als »böse« bezeichnet, fehlt in 8,21. Abschwächend wirkt auch das Fehlen der verallgemeinernden Partikel »jedes« (Gebilde) und »nur« (böse) in 8,21 gegenüber 6,5. An beiden Stellen darf man das Wort »böse« (*ra*) nicht moralistisch verengt verstehen. Wie das Gegenwort »gut« (*tov*) eine Bedeutungsbreite hat, die »gut, schön, nützlich, förderlich« umfasst, schließt das Wort *ra* die Bedeutungen »böse, schlecht, ungeeignet, unvollständig, hässlich« ein.

Wie aber sind die Unterschiede beider Stellen zu werten? Ist 8,21 nur knapper formuliert als 6,5, oder ist das Urteil Gottes über den Menschen ein wenig milder geworden? Für zweiteres spricht, dass in 8,21 zwar drei Näherbestimmungen aus 6,5 fehlen, jedoch eine andere hinzugefügt ist. Denn nur in 8,21 findet sich die Erklärung, der Mensch sei böse »von seiner Jugend an«. Es handelt sich hier – wenn man eine moderne Terminologie verwenden darf – um eine »sozialpädagogische« und nicht um eine »genetische« Aussage, anders gesagt: Menschen *werden* so, sie sind nicht »von Natur aus« so. Es bedarf also, um noch einmal moderne Kategorien zu verwenden, der Erziehung, der Weisung, und keiner »Neuzüchtung«. Von solcher Weisung für ein gedeihliches Leben wird der folgende

Abschnitt in 1. Mose 9 handeln. Es wird keine gänzlich neuen Menschen geben – damit findet Gott sich ab, das akzeptiert er, darin bereut er seine Reue –, aber es kann Menschen geben, die sich an Gebote halten, die nicht abermals die alles umfassende Gewalt zur vorherrschenden Realität des Lebens werden lassen.

Was also den Menschen betrifft, so ist Gottes Urteil am Ende der Flut nicht grundsätzlich anders, wenngleich womöglich ein wenig versöhnlicher geworden. Nimmt man das wahr, dann erkennt man, dass sich die entscheidende Aussage an dieser Stelle nicht auf den Menschen bezieht, sondern auf den Erdboden. Gott sagt zu, den Erdboden nicht noch einmal geringschätzig zu behandeln[81] »um des Menschen willen«, d. h. weil der Mensch ist, wie er ist. Mensch und Erdboden werden also an dieser Stelle voneinander weggerückt. Nicht noch einmal soll der Erdboden geschlagen werden um des Menschen willen. Die Erde soll ihr eigenes Gewicht, ihre eigene Würde bekommen und nicht abermals wie ein Anhängsel an den Menschen betrachtet und behandelt werden. Das Gewicht dieser Aussage wird noch deutlicher, wenn man zum einen die hebräischen Worte für den Menschen und den Erdboden beachtet (*adam* heißt Mensch, *adama* Erdboden) und zum andern die dieser Stelle in der Bibel vorangehenden Aussagen über das Verhältnis des Menschen zum Erdboden, des *adam* zur *adama* in den Blick nimmt.

Die grundlegende, buchstäblich *materielle* Bezogenheit des Menschen auf den Erdboden, die sich bereits in der sprachlichen Verbindung von *adam* und *adama*

---

81 Das hebräische Wort *qallel* an dieser Stelle bedeutet wörtlich so etwas wie: »leicht nehmen«, »geringschätzig behandeln«; es wird dann oft als »verfluchen« wiedergegeben.

zeigt, ist in der Paradiesgeschichte in 1. Mose 2 und 3 mehrfach zum Ausdruck gebracht. Bereits vor der Erschaffung des Menschen ist seine Bestimmung genannt: »Noch war kein Mensch (*adam*) vorhanden, den Erdboden (*adama*) zu bebauen.« (2,5) Gott erschafft dann (2,7) *adam* (den Menschen) aus der *adama*. Sie ist sein Material (im Wort »Material« kann man getrost das Wort »mater«, »Mutter, Mutter Erde« mithören). Damit der Mensch aber ein lebendiges Wesen werden kann, bedarf es seiner Belebung durch den Atem Gottes. Nicht sogleich wird der Mensch den Erdboden bebauen; zunächst bekommt er seinen Ort im Gottesgarten in Eden, den er »bebauen *und bewahren*« soll (2,15). Das paradiesische Leben im Einklang in und mit der Natur jedoch scheitert daran, dass sich der Mensch (inzwischen als Frau und Mann) die Lebensregeln selbst geben will. Das tun die Menschen, indem sie das Gebot, von allen Bäumen essen zu dürfen, von einem aber nicht, übertreten und so selbst »gut und böse erkennen«, d. h. bestimmen wollen, was für sie nützlich und was schädlich ist. Diese selbstbeanspruchte Autonomie wird traditionell als »der Sündenfall« bezeichnet, obwohl die biblische Erzählung weder von »Sünde« noch von »Fall« und auch nicht von »Strafe« spricht. Eine Folge der Autonomie aber ist, dass der geschützte Garten mit seiner vorgegebenen »Haus- und Gartenordnung« nicht mehr der passende Ort für Menschen sein kann, die ihr Leben selbst bestimmen, sich ihre Welt erobern wollen. Die »Vertreibung aus dem Paradies« stellt daher sowohl eine Erweiterung des Lebensraums dar – nun steht dem Menschen die Welt offen – als auch einen Verlust, den Verlust des geschützten Bereichs. Man wird zumindest eine Dimension der Erzählung treffen, wenn man sagt, es handele sich um den Fortschritt und den Verlust, den *zugleich* das Erwachsen-Werden bedeutet. Was in kirchlicher Tradition allein unter dem Aspekt der Schuld und Sünde erschien, war deshalb für die Aufklärung und den Idealismus (Kant, Schiller) die wirkliche »Menschwerdung«; Hegel konnte diese »Sünde« als *»felix culpa«* (glückliche Schuld) bezeichnen. Erst jetzt hat der Mensch den Status eines Tieres oder eines »Automaten« verlassen, erst jetzt ist er zu einem rationalen, sein Leben und dessen Regeln selbst bestimmenden Wesen geworden.

Diese Lektüre trifft sehr wohl einen Zug der biblischen Erzählung; erst der aus dem Gottesgarten vertriebene Mensch (*adam*) hat seine Bestimmung (2,5) erreicht, »den Erdboden (*adama*) zu bebauen«. Doch der biblische Erzähler sieht nicht nur den Zuwachs an Autonomie, sondern auch den Verlust an Geborgenheit und ökologischem Frieden. Merkmal dieses Verlustes ist, dass die Komplementarität des »Bebauens und Bewahrens«, die das Leben in Eden kennzeichnete, zerbricht zu Gunsten (bzw. zu Ungunsten) allein des »Bebauens«, der naturverändernden Arbeit. Aufgabe des Menschen ist es (3,23) »den Erdboden zu bebauen«, doch wird der Erdboden (*adama*) dem Menschen (*adam*) seinen Ertrag nicht ohne die Mühsal der Arbeit geben. Arbeit ist fortan Arbeit gegen eine widerständige Natur. Die Erzählung bringt das dadurch zum Ausdruck, dass der Erdboden als »verflucht« erscheint. So steht es in 1. Mose 3,17–19, in den Sätzen, auf die (über den besprochenen Rückbezug auf 6,5 hinaus) die Zusage Gottes nach dem Ende der Flut (8,21 f.) zurückverweist:

Nicht mehr will ich den Erdboden geringschätzig behandeln (verfluchen) um des Menschen willen … und nicht mehr will ich schlagen alles, was lebt, so wie ich es getan habe. (1. Mose 8,21)

Und zum Menschen (*adam*) sprach er [Adonaj-Gott]: Du hast ja
gehört auf die Stimme deiner Frau und gegessen von dem
Baum, von dem ich dir geboten habe: Iss nicht von ihm! –
Verflucht[82] ist der Erdboden (*adama*) um deinetwillen,
mit Mühsal (Schmerz) wirst du von ihm essen alle Tage deines
Lebens.
Dornen und Disteln wird er dir sprießen lassen, und du wirst
das Kraut des Feldes essen,
im Schweiß deiner Nase wirst du Brot essen,
bis du zurückkehrst zum Erdboden (*adama*), aus dem du genommen bist,
ja Staub bist du, und zu Staub wirst du zurückkehren.
(1. Mose 3,17–19)

Mensch und Erdboden bleiben verbunden, nun
durchaus widrig. Nicht die Arbeit ist die Folge des
»Sündenfalls«, wohl aber die Arbeit gegen eine widerständige Natur. Der erste Mensch, der die Bestimmung, »den Erdboden zu bebauen«, von Beginn seines Lebens an erfüllt, ist Kain, der Ackerbauer,
Erdbodenbebauer (1. Mose 4,2). Er macht eine
schmerzliche Erfahrung, nämlich die, dass Arbeit
ohne Ertrag bleiben kann. So kann man die Aussage
verstehen, Gott habe das Opfer Kains nicht angenommen.[83] Die Frustration über den Misserfolg gerät zur
Gewalt gegen seinen erfolgreicheren Bruder Abel,

---

82 Hier findet sich als Ausdruck des Verfluchens die noch här-
tere, nämlich die Substanz des vom Fluchwort Getroffenen
verändernde Wendung *arur*. Die Differenz zum Verb *qallel*
ist nicht unwichtig. In 1. Mose 12,1–3 kommen beide Worte
vor.
83 Erwähnt sei, dass es sich in 1. Mose 4 um eine andere Art
des Opfers handelt als in 1. Mose 8. Das AT kennt keine
umfassende Bezeichnung für das Opfer, sondern unterscheidet je eigene Opferformen sachlich und begrifflich.
Das Opfer des Abel und des Kain ist eine *mincha*, eine Gabe,
nämlich eine Gabe der Erstlinge, die auf eine Erwiderung
Gottes hoffen darf. Noahs Opfer ist eine *ola*, ein Brandopfer,
das als Dank- oder Sühnopfer verstehbar ist.

113

dessen Opfer Gott angenommen hatte, dessen Arbeit Ertrag hatte. Kain erschlägt seinen Bruder Abel, und er wird vertrieben vom Erdboden, der das Blut seines Bruders getrunken hatte und ihm hinfort keinen Ertrag mehr bringen wird. In der Geschichte von Kain und Abel kommen – anders als in der Paradieserzählung – die Worte »Sünde« und »Fall« vor. Die »Sünde« lauert da, wo aus dem Ausbleiben erfolgreicher Arbeit Frustration und aus ihr Gewalt wird, wo die Enttäuschung über die eigenen Misserfolge und die mit ihnen verbundene Demütigung zur massiven Gewalt gegen andere wird (ein überaus aktuelles Thema!).

Für die Sehnsucht, dass Arbeit nicht nur von Mühsal, Frustrationserfahrung, womöglich Neid und Konflikt bestimmt sein möge, steht am Beginn der Noahgeschichte der Wunsch, der sich in der Namensgebung Noahs ausdrückt. Noahs Vater hatte ihm ja den Namen Noah (*noach*) mit den Worten gegeben:

Dieser wird uns zum Aufatmen bringen (*jenachamenu*) von unserer Arbeit und der Mühsal unserer Hände vom Ackerboden (*adama*), den Adonaj verflucht hat (1. Mose 5,29).

Es zeigt sich das enge Erzählgeflecht, in dem die Worte *adam* und *adama* und in den Worten das »Schicksal« von Mensch und Erdboden verbunden sind. Das Motiv durchzieht die gesamte biblische Urgeschichte und ist (wie das mit ihm verbundene Thema »Arbeit«) eines ihrer Leitthemen. Fragen wir nun noch einmal genauer, was die Zusage Gottes am Ende der Flut in diesem Erzählgeflecht besagt. Am Ende der Paradiesgeschichte bleiben Mensch und Erdboden aufeinander verwiesen. Dabei bekommt der Erdboden seinen Fluchstatus als Folge dessen, was der Mensch getan hat. Eben das wiederholt sich am Beginn der Flutgeschichte. Weil der Mensch so ist, wie er ist, ist der ganze Erdboden mitbetroffen (angesteckt, verseucht), und deshalb schlägt Gott den Erdboden um des Menschen willen. Was die Erde und die nichtmenschlichen Lebewesen betrifft, könnte man sagen: mitgefangen – mitgehangen! Diese Weise des Zusammenhangs zwischen Mensch und Erdboden (*adam* und *adama*) wird in den Worten Gottes nach dem Ende der Flut nicht aufgelöst, wohl aber für die folgende Zeit in Schranken gehalten. Nicht noch einmal will Gott die Erde schlagen »um des Menschen willen«, d. h. weil der Mensch so ist, wie er ist. Die Erde soll nicht mehr verflucht, nicht mehr geringschätzig behandelt, nicht mehr leicht genommen werden. Gott nimmt sie wahr in ihrem eigenen Gewicht, ihrer eigenen Würde. Der Erdboden und was auf ihm lebt ist nicht länger bloßes Objekt und Anhängsel des Menschen, die Erde hat – so kann man die Rede von »allen Tagen« der Erde in 1. Mose 8,22 verstehen – ihre eigene Zeit, geradezu Lebenszeit:

Fortan alle Tage der Erde: Saat und Ernte, Kälte und Hitze, Sommerzeit und Frost, Tag und Nacht sollen nicht aufhören.

Der Erdboden, neuzeitlich gesagt: die Natur, wird von Gott in der eigenen Würde wahrgenommen. Für die Natur gibt es eigene Zeiten und Rhythmen. In Anlehnung an Kants Philosophie könnte man sagen: Das Naturgesetz ist nicht dem Sittengesetz unterworfen. In biblischer Sprache ist eine ähnliche Erfahrung (freilich in anderem Deutungsrahmen) zum Ausdruck gebracht im Satz Jesu aus der Bergpredigt: »Denn er lässt seine Sonne aufgehen über Böse und Gute und lässt regnen über Gerechte und Ungerechte.« (Matthäus 5,45) Eine andere Stelle der Bibel geht noch weiter, indem sie Gottes Wirken in der Natur nicht nur von moralischen Qualitäten von Menschen unabhängig sein lässt, sondern vom Menschen überhaupt. Es regnet nämlich, wie es in Hiob 38,26 heißt, auch dort, wo gar keine Menschen leben.

Der Erdboden, die Erde, wird fortan, so sagt Gott es verbindlich zu (in Jes 54,9 ist im Blick auf diese Stelle der Noahgeschichte ausdrücklich von einem »Schwur« Gottes die Rede), in einem Rhythmus von Zeiten leben. Dieser Rhythmus der Zeiten ist durch vier Gegensatzpaare ausgedrückt, die sich auf die Abfolge im Tag und im Jahr beziehen: Saat und Ernte, Kälte und Hitze, Sommerzeit und Frost, Tag und Nacht. Mindestens das erste dieser Paare schließt Menschen und ihre Arbeit ein; die Erdentage sind keine Zeit ohne Menschen, aber sie sind nicht allein auf Menschen bezogen. Kein ewiges Bestehen wird der Erde zugesagt, wohl aber eine Garantie des Bestehens für all ihre Tage. Der Bestand der Erde ist nicht länger abhängig von dem, was der Mensch tut. Das sagt jedenfalls Gott im Blick auf sein eigenes Handeln an der Erde zu.

Liest man diese Worte heute, so stellt sich eine neue Frage. Seit einigen Jahrzehnten verfügen Menschen über die technische Fähigkeit, die Erde zu vernichten und alles, was auf ihr lebt. Was, wenn *Menschen* die Erde geringschätzig behandeln, ihr das eigene Gewicht nehmen, sie leicht nehmen, so leicht, dass sie am Ende »hoch geht«? Können nun Menschen das tun, was Gott nie wieder zu tun zugesagt hat, können Menschen die Schöpfung auslöschen? Das ist eine Frage, die sich denen noch nicht stellte, die die Noahgeschichte schrieben und zuerst hörten und lasen. Es ist eine Frage, die spätestens heute die Fragwürdigkeit des Fortschritts wie keine andere an den Tag bringt. Die moralische Qualität des Menschen hat sich nicht geändert – durch die Flut nicht und durch die seitherige Geschichte nicht. »Keine Universalgeschichte«, so notiert Th. W. Adorno[84], »führt vom Wilden zur Humanität, sehr wohl eine von der Steinschleuder zur Megabombe.« Die Frage, ob die der Erde gegebene Garantie Gottes heute angesichts menschlicher Zerstörungskraft von einer unbedingten Zusage zu einer höchst fragilen Bedingung geraten ist, ist den gegenwärtig lebenden Menschen um so schärfer gestellt. Der Blick auf die jüngere Vergangenheit und Gegenwart ist in dieser Hinsicht wenig ermutigend. Weder ist die Moralität der Menschen im Laufe ihrer Geschichte gewachsen noch zeigt sich eine dem menschlichen Gewissen selbst eingeschriebene Begrenzung, die Menschen hindert, alles zu machen, was machbar ist. Deshalb bedarf es für den Menschen der Gebote. Sie sind ein Thema in 1. Mose 9, 1–17, in dem der jüngere Erzählfaden wieder aufgenommen wird. Obwohl der Schluss von 1. Mose 8 und der Beginn von 1. Mose 9 zwei unterschiedlichen Erzählfäden zugehören, mit unterschiedlicher Stimme reden und mit unterschiedlichen Querverweisen zu voraufgehenden Motiven und Sätzen der Urgeschichte versehen sind, bildet die Abfolge gleichwohl einen folgerichtigen Zusammenhang. Der Fluch über den Erdboden ist insofern aufgehoben, als die Erde selbst von Gott in ihrem eigenen Gewicht erkannt und anerkannt wird. Die Zeiten und Rhythmen der Erde sagt Gott zu, ohne von der Erde etwas zu fordern. Der Bund Gottes mit den Menschen, der in 6,18 als Zusage an Noah anklang, bedarf der Ausführung und der Formulierung dessen, das Menschen zu tun und zu lassen aufgegeben ist. Das wird in 1. Mose 9 zum Thema werden.

Am Ende dieses Abschnitts soll die Frage noch einmal aufgenommen werden, in welcher Hinsicht Gott

---

84 Negative Dialektik, 314.

seine Einstellung und sein Verhalten gegenüber den *Menschen* geändert hat. Wenngleich in etwas milderem Licht erscheint der Mensch, wie wir sahen, nach dem Ende der Flut so wie zuvor. Die Besänftigung durch das Opfer mag das etwas mildere Licht begründen, sie begründet aber nicht ausreichend, warum Gott nun zusagt, die Erde und auf ihr die Menschen zu erhalten, war doch zuvor derselbe Charakter des Menschen Grund der vernichtenden Flut. Ginge es nur um die eigene Würde der Erde, so hätte ja auch einer von Menschen befreiten Erde eine Bestandszusage gelten können. Es geht Gott also auch um die Erhaltung einer von Menschen belebten Erde. Was hat die Umkehr Gottes, seine Reue von der Reue bewirkt? Diese Frage beantwortet der Text nicht. Wie die Reue über das eigene Schöpfungswerk (6,6) ist auch die erneute Wendung zur Schöpfungserhaltung Gottes Souveränität vorbehalten. Auch die Vernichtung dessen, was er erschaffen hat, gehört zu dem, was Gott tun kann. Dass eben das nicht das letzte Wort behält, ist das Tröstliche der Noahgeschichte. *Warum* Gott in seinem Herzen der Bewahrung den Vorrang gegenüber der Vernichtung gibt, können Menschen nicht beantworten. Wohl aber erlaubt die Noahgeschichte Beobachtungen zur Frage, *worin* sich Gottes Entscheidung zur Bewahrung zeigt. Noch einmal müssen wir ansetzen bei der eigentümlich gleichen Charakterisierung des Menschen vor der Flut und nach ihrem Ende. Das wird noch erstaunlicher durch den Umstand, dass es ja keine lange neue Geschichte von Menschen war, die Gott etwa zu der resignativen Einsicht gebracht hätte, dass die Menschen nun einmal nicht wesentlich veränderbar seien. Nicht aus einer Kette gleichsam pädagogischer Misserfolge hat Gott sich, der Versuche müde geworden, zum Verzicht auf weitere Strafmaß-

nahmen bewegen lassen. Vielmehr erfolgt der Sinneswandel Gottes unmittelbar nach dem Ende der Flut.
So ist er nicht im veränderten Tun der Menschen begründet, sondern in der veränderten Haltung in Gott
selbst.

Wie lässt sich diese Veränderung Gottes beschreiben? Annäherungsweise vielleicht so: Gott hat sich
vom utopischen Idealisten zum utopischen Realisten
gewandelt. Die Schöpfungsgeschichten (1. Mose 1
und 1. Mose auf je ihre Weise) entwerfen eine Welt, in
der Mensch und Tier versöhnt sind. Die Welt von
1. Mose 1 ist »gut« und »sehr gut«; sie ist eine Welt
der menschlichen Herrschaft ohne Blutvergießen. Im
Garten in Eden leben Menschen und Tiere im Einklang. Dieses »Konzept« aber zerbricht an der Realität, an der selbstangemaßten Autonomie der Menschen, die zum Verlust paradiesischen Lebens führt,
an der Gewalt, die nach Gen 6 die ganze Welt erfasst
hat. Gott reagiert zunächst so, dass er seine Schöpfung
bereut und auswischen will. Was nicht ist, wie es sein
soll, soll überhaupt nicht sein. Das ist die Reaktion
eines enttäuschten Idealisten. Das Scheitern der absoluten Utopie schlägt um in Gewalt. Ist es das Erschrecken vor der Gewalt, das Gott zur Reue über seine
Reue bewegt? Wir können es nicht wissen. Aber die
Zusage Gottes nach der Flut besagt im Blick auf Gottes Einstellung gegenüber dem Menschen, dass er bereit ist, die Fehlerhaftigkeit, das Nicht-Perfekte dieses
Geschöpfes, ja dessen Neigung zum Bösen wahr- und
so auch anzunehmen. Im Anschluss an 1. Mose 8,21
formuliert Luther in seiner Genesisvorlesung, der
Mensch sei ein »*animal rationale, habens cor fingens*«[85],

---

85 LUTHERS WERKE, Weimarer Ausgabe Bd. 42, 348.

ein vernunftbegabtes Tier, welches ein erdichtendes, d. h. vor allem: ein täuschendes Herz hat, nämlich das Böses erfindet. Böses tun zu können zeichnet den Menschen geradezu aus. Tiere können weder lügen noch unmoralisch handeln. Es handelt sich also um einen in bestimmter Hinsicht durchaus zweifelhaften Vorzug des Menschen vor den Tieren. Doch gehört eben das als Schattenseite zur *conditio humana*, zu dem, was Menschen zu Menschen macht. Nur in dieser Zwiespältigkeit kann man von dem reden, was »menschlich« ist. Die Neigung, bestimmte Taten, vor denen uns graut, als »unmenschlich« zu bezeichnen, ist daher ebenso verständlich wie problematisch. Denn eben das, was wir mit der Kategorie »unmenschlich« aus dem ausgrenzen wollen, was Menschen sind und tun, können allein Menschen tun. Das zu akzeptieren fällt nicht leicht. Offenbar fiel es auch Gott nicht leicht, bedeutete es doch den Abschied vom Konzept einer Welt, die als Ganze »sehr gut« ist.

Gott sagt sein Ja zur zweitbesten aller möglichen Welten. Stünde 1. Mose 8, 20 ff. am Ende der Flutgeschichte für sich, so müsste man sagen, Gott habe sich vom Idealisten und Utopisten zum Realisten gewendet. Dann schiene es so, als finde er sich damit ab, dass der Mensch nun einmal so sei. Aber die Noahgeschichte in ihrer aus mehreren Erzählfäden gewebten Gesamtgestalt ist noch nicht zu Ende, und im folgenden 9. Kapitel wird sich zeigen, dass ein Moment des Utopischen bleibt. Gegen die Welt, wie sie sein *soll*, wird nicht die Welt gestellt, wie sie *nun einmal* so *ist*, sondern wie sie sein *kann*. Aus der absoluten wird eine realistische Utopie. Das ist nun im nächsten Abschnitt im Gespräch mit 1. Mose 9, 1–17 zu entfalten.

10. »ESST NICHT DAS FLEISCH MIT SEINEM BLUT!« (1. MOSE 9,4)

Die zweitbeste der möglichen Welten

Betrachten wir zunächst die ersten sieben Verse von 1. Mose 9 im Zusammenhang:

Und es segnete Gott den Noah und seine Söhne, und er sprach zu ihnen:
Seid fruchtbar und werdet zahlreich und füllt die Erde.
Und Furcht vor euch und Schrecken vor euch soll sein auf allem Wildgetier der Erde und allem Fluggetier des Himmels, auf allem, was kriecht auf dem Erdboden, und auf allen Fischen des Meeres; in eure Hand sind sie gegeben. Alles, was sich regt und lebendig ist, soll euch Nahrung sein, wie das Blattwerk der Pflanzen habe ich euch das alles gegeben. Nur Fleisch, das noch in seinem Blut sein Leben hat, werdet ihr nicht essen. Und euer Blut von eurem Leben werde ich einfordern; aus der Hand jedes wilden Tieres werde ich es einfordern und aus der Hand des Menschen, aus der Hand des Mannes, der ja sein Bruder ist, werde ich einfordern das Leben eines Menschen.
Wer Menschenblut vergießt, dessen Blut wird durch Menschen vergossen werden.
Nach dem Bilde Gottes hat er ja den Menschen gemacht.
Seid fruchtbar und werdet zahlreich, wimmelt auf der Erde und werdet zahlreich auf ihr!
(1. Mose 9,1–7)

Der Textabschnitt ist (das sollte auch in der Verdeutschung erkennbar bleiben) kompliziert formuliert; es geht um große Genauigkeit. Die Aussage erschließt sich, wenn man sie wahrnimmt als eine Aufnahme von entsprechenden Bestimmungen aus 1. Mose 1 und zugleich deren weit greifende Korrektur. Wie der ältere Erzählfaden am Ende von Kap. 8 Themen und Stichworte der Paradiesgeschichte (1. Mose 2 und 3) und der weiteren Texte dieser Erzählschicht aufnahm (kreisend um die Relation von Mensch und Erde, *adam* und *adama*), so schließen im jüngeren Erzählfaden die Ausführungen in Kap. 9,1–17 an die Schöpfungsgeschichte an, und zwar vor allem an den Segen, in dem Menschen angeredet werden, und die auf den Segen folgende Nahrungszuweisung. In beiderlei Hinsicht sind Gemeinsamkeiten und Differenzen zu erkennen, in denen der Zustand von Welt und Mensch nach ihrer Erschaffung in Beziehung gesetzt ist zu dem nach der Flut. Nehmen wir also zum Vergleich die entscheidenden Worte aus der Schöpfungsgeschichte in 1. Mose 1 hinzu. Dort heißt es (1,27–30):

Und Gott schuf den Menschen nach seinem Bilde,
als Gottes Bild schuf er ihn, männlich und weiblich schuf er sie.
Und Gott segnete sie, und Gott sprach zu ihnen:
Seid fruchtbar und werdet zahlreich und füllt die Erde und unterwerft sie euch. Herrscht über die Fische des Meeres und das Fluggetier des Himmels und jedes Tier, das sich auf der Erde regt.
Und Gott sprach: Siehe, hiermit gebe ich euch alle Pflanzen, die Samen enthalten, auf der ganzen Erde, und alle Baumfrüchte, die Samen enthalten – euch sollen sie Nahrung sein.
Und allem Wildgetier der Erde und allem Fluggetier des Himmels und allem Kriechgetier der Erde, die lebendige Wesen sind, gebe ich alles Blattwerk der Pflanzen als Nahrung.

Beide Abschnitte beginnen mit einem Segen.[86] Anders als bei den Wassertieren und Vögeln, denen in 1. Mose 1 ein Segen, der sie zur Fortpflanzung befähigt, zugesprochen wird, werden in 1. Mose 1 und 9 die Menschen im Segenswort direkt *angesprochen*. Die Tiere sind »Objekte« des Segens, allein Menschen werden im Segenswort angesprochen, in Anspruch, in Verantwortung genommen. Insofern korrespondieren die Segensworte von 1. Mose 1,28 und 9,1.7 einander. In anderer Hinsicht unterscheiden sie sich. Während

---

86 Zum Segen in der Bibel und in der systematisch-theologischen Reflexion verweise ich auf M. L. FRETTLÖH, Theologie des Segens, Gütersloh ³1999.

nämlich in 1. Mose 1 der Mensch – männlich und weiblich – gesegnet wird, ergeht der Segen in Kap. 9 allein über Noah und seine Söhne. Diese Differenz, die nicht vielen Auslegern aufgefallen ist, bedarf der Interpretation. Eine eindeutige Erklärung fällt schwer, denn es bieten sich mehrere Möglichkeiten an. Es könnte so sein, dass dem Erzähler diese Halbierung des Segens ebenso wenig aufgefallen ist wie vielen Auslegern. Wir hätten es dann – in Auslegungen und im Text selbst – mit einem unreflektiert-selbstverständlichen Patriarchalismus zu tun. Aber warum sollte dieselbe Erzählschicht in 1. Mose 1 dann so ausdrücklich (und zwar als allererste Aussage über den von Gott erschaffenen Menschen!) betonen, dass es *den* Menschen als Frau und Mann gibt?

Das ist in 1. Mose 1 übrigens keine Begründung der Ehe, sondern die betonte Erklärung, dass der »kleine« (und wieder nicht so kleine) Unterschied zwischen männlichen und weiblichen Menschen der einzige ist, der in der Schöpfung grundgelegt ist, während kein anderer Unterschied zwischen Menschen, sei es der zwischen König und Volk, Herrschenden und Regierten, sei es der zwischen Priestern und Laien, sei es der zwischen Menschen verschiedener Hautfarben, Völker, Kulturen das Prädikat »schöpfungsgemäß« beanspruchen kann.

Wenn 1. Mose 1, was das betrifft, so genau und so gezielt formuliert, sollte derselbe Erzähler es in Kap. 9 an dieser Aufmerksamkeit haben fehlen lassen? Wenn man das für wenig wahrscheinlich hält, wird man die »Halbierung« der Menschheit im Segen über Noah und seine Söhne, bei dem Noahs Frau und die Frauen der Söhne ungesegnet bleiben, für so gemeint halten müssen. Doch auch dann gibt es mehr als eine Deutung. Es könnte sein, dass der Wandel von 1. Mose 1 zu 1. Mose 9 ein Schritt auf dem Wege zum faktisch herrschenden Patriarchalismus ist und sein soll. Die in der Schöpfungsgeschichte prinzipiell formulierte

Gleichwertigkeit von Frauen und Männern wäre dann ebenso »vorsintflutlich« wie die vegetarische Lebensweise und die damit verbundene Vorstellung, dass Leben ohne Blutvergießen sein soll und kann. Aber man kann eben diese Differenz ja auch umgekehrt wahrnehmen, nämlich als Ausdruck eines so markierten Verlustes. Der halbierte Segen wäre dann sinnfälliger Ausdruck, dass die Welt nach der Flut nur noch die »zweitbeste der möglichen Welten« ist. Auch in der Paradiesgeschichte (d. h. im älteren Erzählfaden) ist ja die Herrschaft des Mannes über die Frau nicht der Ausdruck des Schöpfungswillens Gottes, sondern Kennzeichen des Verlustes des paradiesischen Lebens – wie die Mühsal der Arbeit. Wie so oft dürfte sich die Intention der Autoren nicht mehr eindeutig rekonstruieren lassen. Der jetzt vorliegende Text lässt die zuletzt genannte Interpretation jedenfalls zu, ja legt sie nahe. Es gibt Leben auch nach der Flut und Gott schützt dieses Leben, aber es ist nicht mehr wie zuvor, auch was das Verhältnis zwischen Männern und Frauen betrifft. 1. Mose 9 ist dann wohl – trotz aller Freude über das neue Leben durch die Katastrophe hindurch – mit einem Zug von Trauer zu lesen und mit einem solchen Zug womöglich bereits formuliert.

Es gibt noch eine weitere Möglichkeit, den »halbierten Segen« in 1. Mose 9 wahrzunehmen. Liest man nämlich im 1. Mosebuch weiter, so gibt es die nächste große Segensgeschichte am Beginn von 1. Mose 12. Dort wird Abra(ha)m nicht nur gesegnet, er wird darüber hinaus selbst zum Segen, zu einem Segen, der auch für die Menschen aus den Völkern zum Segen werden kann, wenn sie denn ihrerseits Abraham und seine Nachkommen segnen und sie nicht geringschätzig behandeln, missachten, verfluchen. In unserem Zusammenhang soll es jetzt nur um einen der vielen Aspekte in und von 1. Mose 12 gehen. Auch die Segensworte und Verheißungen an Abra(ha)m in den Worten dieses Kapitels haben eine männliche Form. *Er* (Abraham) wird gesegnet und selbst zum Segen, von *seinem* Samen, *seinen* Nachkommen, ist die Rede. In der Fortsetzung in 1. Mose 12 aber muss Abra(ha)m begreifen lernen, dass es ebenso um Sarai (Sara), seine Frau, geht, nicht nur um den Erz*vater*, sondern um die Erz*eltern*. Liest man genau, so scheint es, als müsse Gott selbst sich daran erinnern (lassen). In dieser Perspektive einer fortlaufenden Lektüre von 1. Mose 1 bis zu Kapitel 12 kann man die Worte über Noah und seine *Söhne* in 1. Mose 9 so verstehen, als habe Gott selbst für eine Weile »vergessen«, dass es nicht nur der Männer bedarf, um Segen, um Leben weiterzugeben. Gott selbst, so kann man dann die dramatische Erzählung verstehen, die 1. Mose 12 als ganzes Kapitel darstellt, muss und wird sich korrigieren. Gerade im Lichte der Noahgeschichte liegt der Gedanke nicht fern, es könne auch in diesem Punkt eine Lerngeschichte Gottes in den Blick kommen.

Zurück zu 1. Mose 9. Die Segensworte in Vers 1 entsprechen zunächst wörtlich denen in 1,28:

Seid fruchtbar und werdet zahlreich und füllt die Erde!

Nach der Flut wird die Menschheit neu beginnen, abermals in einer Kette von Generationen, die in 1. Mose 10 als Entfaltung der Nachkommen der Noahsöhne in die damals bekannten 70 Völker der Welt zur Sprache kommen wird. Der Segen setzt diese Weitergabe des Lebens in Gang. Aber wie in 1. Mose 1 ist auch in Kap. 9 der Segen verbunden mit dem Thema der Herrschaft des Menschen über die Erde und zumal die Tiere. Hier nun gehen beide Texte auseinander. Im Herrschaftsbefehl von 1. Mose 1 geht es darum, dass der Mensch die Welt gestalten soll, dass er namentlich den Tieren seinen Willen aufzwingen darf. Allerdings ist es – darauf liegt in der Schöpfungsgeschichte alles Gewicht – eine Herrschaft ohne Blutvergießen. Das drückt sich in der auf den Herrschaftsbefehl folgenden Nahrungszuweisung aus. Tiere und Menschen leben vegetarisch, dabei sind den Menschen die Früchte, den Tieren die Blätter und Gräser vorbehalten. So kommen Menschen und Tiere einander in der Nahrungssuche nicht in die Quere. Weder töten Tiere Menschen noch Menschen Tiere noch Menschen und Tiere einander. Tiere werden also weder zu Nahrungszwecken noch zur Abwehr getötet. Die Welt der Schöpfungsgeschichte ist eine Welt ohne Blutvergießen. Das aber ist nicht die Welt, in der die Menschen leben, die die Texte verfasst und zuerst gelesen haben, nicht die vorfindliche Welt. Sie ist vielmehr gekennzeichnet durch das Prinzip des Fressens und Gefressen-Werdens, eine Welt, in der Leben auf Töten basiert. Diese Welt ist die, in die hinein der Segen Gottes nach der Flut gesprochen wird. Auch die »zweitbeste der Welten« also ist gesegnet. Aber der Traum eines Lebens ohne Blutvergießen, einer Welt, in der Leben nicht auf Töten gründet, in der Menschen und Tiere im Frieden miteinander und je untereinander leben, ist damit nicht aufgegeben. Er kehrt wieder in prophetischen Verheißungen, besonders schön in den Bildern des Tierfriedens in Jes 11 und Jes 65. Die vorfindliche Welt also, die »nachsintflutliche« Welt von 1. Mose 9, ist in der Bibel umgriffen von einer utopischen Erinnerung an eine friedliche Schöpfung sowie einer utopischen Hoffnung auf eine Welt, die in den Ursprung einmündet, in der (Jes 11) der Wolf als Schutzbürger beim Lamm wohnen wird, Leopard und Ziegenböcklein zusammen leben können, der Löwe Stroh fressen wird wie das Rind und – das kühnste Bild des Friedens und Friedenschließens – das kleine Kind die Hand ausstrecken wird zur Giftschlange.[87]

Dass die Welt nicht so ist, wissen auch die biblischen Erzählerinnen und Erzähler; sie leben wie wir in einer Welt voller Gegensätze, voller blutiger Konflikte zwischen Mensch und Tier, Tier und Tier, Mensch und Mensch. 1. Mose 9 handelt von dieser vorfindlichen Welt und formuliert Weisungen für ein gelingendes Leben in ihr. Aber von der ganz anderen, der wirklich friedlichen Welt kann erzählt werden in der Erinnerung an die Schöpfung und in zukünftiger Erwartung, der Sehnsucht nach dem ganz anderen. Indem davon erzählt wird, verliert die vorfindliche Welt nichts von ihrer Realität. Ihr wird aber bestritten, das einzig Mögliche, das einzig Denk-, Hoff- und Glaubbare zu sein, indem erzählt wird von einer Zeit, die womöglich nie real war, und einer, die womöglich nie real sein wird. Die »Erinnerte Zukunft und erhoffte Vergangenheit«[88] nehmen – das ist der Sinn und die Notwendigkeit (Not-*Wendig*keit) solcher rückwärts und vorwärts gewandter Utopien – die Gegenwart in die Zange und bestreiten gemeinsam, dass das, was ist, alles ist.

1. Mose 9 aber hat – zwischen 1. Mose 1 und Jes 11 – die Welt vor Augen, wie sie ist, genauer: wie sie sein *kann*. Diese Welt ist nicht mehr die von 1. Mose 1. Von nun an ist vorausgesetzt, dass Blut vergossen wird. Doch keineswegs wird der Ist-Zustand bloß bekräftigt; ihm wird vielmehr in konkreten Geboten die

---

87 Ausführlicher in J. EBACH, Das Ende des Feindes oder das Ende der Feindschaft, in DERS., Ursprung, 75–89.

88 Das ist der Untertitel meines Buches »Ursprung und Ziel«, in dem diese utopische Verschränkung in mehreren Kapiteln nachgezeichnet ist.

Grenze aufgezeigt. Die Nahrungszuweisung und in ihr die Relation zwischen Mensch und Tier[89] wird neu geordnet. Das bedeutet zunächst, dass die Nahrung für den Menschen erweitert wird. Er darf nun auch Tiere essen, und auch das in 1,30 den Tieren vorbehaltene Blattwerk und Kraut darf ihm zur Speise werden. Der Vorrang des Menschen gegenüber den Tieren ist in klarster Herrschaftssprache bekräftigt: Furcht und Schrecken vor dem Menschen soll auf allen Tieren liegen. Und doch gibt es klare Grenzen. Die erste ist das Verbot des Blutgenusses. Im Blut sah man den Sitz des Lebens der Gattung; das ist ausgedrückt in der Formulierung: »Nur Fleisch, das noch in seinem Blut sein Leben hat, werdet ihr nicht essen.« Hier liegt die biblische Begründung für die für toratreue Juden (und fromme Muslime) verbindliche Vorschrift, dass Tiere »geschächtet« werden, d. h. bei der Schlachtung gänzlich ausbluten müssen, damit sie zum Verzehr freigegeben sind.

Angesichts der immer wieder zu hörenden und zu lesenden Behauptung, hier zeige sich bei Muslimen und Juden eine archaische und modernem Tierschutz zuwiderlaufende Praxis, sei ausdrücklich betont, dass es sich beim Schächten, bei dem die Halsschlagader des Tieres mit einem sehr scharfen und – so ist es gerade wegen des Tierschutzes ausdrücklich vorgeschrieben – schartenlosen Messer durchgetrennt wird, um eine vergleichsweise schmerzlose Art des Schlachtens handelt. Die Wirklichkeit deutscher Schlachthäuser jedenfalls muss jeden Protest gegen diese angeblich archaische und inhumane Tötung verstummen lassen.

Insofern drückt sich im Bluttabu aus, dass Menschen zwar einzelne Tiere töten und essen dürfen, dass ihnen aber damit nicht die absolute Verfügung über

89 Nun sind auch die Fische wieder mit einbegriffen, die im Blick auf das Flutgeschehen selbst buchstäblich draußen blieben.

das Tierleben zusteht. Tierblut also darf nicht genossen werden. Und Menschenblut darf nicht einmal vergossen werden. Die Formulierung verdient große Aufmerksamkeit:

Und euer Blut von eurem Leben werde ich einfordern;
aus der Hand jedes wilden Tieres werde ich es einfordern und aus der Hand des Menschen,
aus der Hand des Mannes, der ja sein Bruder ist,
werde ich einfordern das Leben eines Menschen.
Wer Menschenblut vergießt, dessen Blut wird durch Menschen vergossen werden.
Nach dem Bilde Gottes hat er ja den Menschen gemacht.

Ist im Verbot, das Blut eines Tieres zu genießen, zwar nicht das einzelne Tier, wohl aber das überindividuelle Leben der Tiere dem Zugriff entzogen, so schützt die folgende Weisung für Noah und seine Söhne (als Ahnherrn und Repräsentanten der gesamten Menschheit) jedes einzelne Menschenleben. Menschenblut dürfen weder Tiere noch Menschen vergießen; Gott wird das Leben eines jeden Lebewesens einfordern, das einen Menschen tötet. Im Blick auf Menschen bzw. Männer als Täter (der Text bleibt konsequent bei der männlichen Linie) kommt etwas Entscheidendes hinzu. Denn die zunächst schwer verständliche Präzisierung »aus der Hand des Mannes, der ja sein Bruder ist » besagt nicht weniger, als dass jedes Töten eines Menschen durch einen Menschen ein Brudermord ist. Die Begründung verweist auf 1. Mose 1,27 und 5,1. Der Mensch ist Bild Gottes, das Gattungswesen Mensch in jedem konkreten einzelnen Menschen ist Bild Gottes. Nicht grundsätzlicher könnte Menschenleben geschützt sein. Das kann durch die Erinnerung an eine berühmte rabbinische Diskussion noch deutlicher werden.

Unter den Rabbinen gibt es eine Kontroverse um die Frage nach dem größten Gebot. Rabbi Akiva erklärt (wie ja auch Jesus und die jüdische Mehrheit) das Gebot der »Nächstenliebe« aus 3. Mose 19,18 zum Hauptgebot. Dagegen sieht Ben Asai die ersten Worte in 1. Mose 5 als noch größeres Gebot an. Dort aber ist auf den ersten Blick gar kein Gebot formuliert: Da steht: »Das ist das Buch der Familiengeschichte des Menschen (*adam*)«. Der Vers geht weiter:

Am Tage, als Gott den Menschen erschuf, erschuf er ihn nach dem Bilde Gottes.

Warum steckt in diesem Vers ein zentrales Gebot? Weil in ihm die Gottesbildlichkeit einer jeden, eines jeden festgehalten ist, der und die Menschenantlitz trägt. Kann und muss womöglich noch eine Auslegung des Gebotes der Nächstenliebe zwischen unterschiedlichen Konkretionen der Nächstenliebe je nach Nähe und Ferne unterscheiden, so ist 1. Mose 5,1 – so gelesen – Unterpfand der universalen Menschenwürde. Die Gottesbildlichkeit ist jedem Menschen zugeschrieben. Darauf bezieht sich 1. Mose 9 in der Begründung. Jedes Töten eines Menschen durch einen Menschen ist Brudermord, ist (über die patriarchale Linie des Textes hinaus) Schwestermord. Eine zusätzliche Bemerkung: In der hebräischen Bibel können Gewalttaten gegen Menschen auch dann als »Mord« begriffen werden, wenn das Opfer mit dem Leben davon kommt, das Leben aber zutiefst beschädigt ist. In diesem Sinne wird in 5. Mose 22,26 die Vergewaltigung einer Frau ausdrücklich mit einem Mord gleichgesetzt.[90]

---

90 Das Tötungsverbot (in diesem umfassenden Sinne) kann als literarische und sachliche Mitte des Dekalogs angesehen werden, wie F. CRÜSEMANN in seinem Beitrag »Die Tafeln des Bundes«, in: Die Menora. Ein Gang durch die Geschichte Israels, hrsg. v. M. BRUMLIK u. a., Wittingen 1999, 80–87, knapp und pointiert ausgeführt hat.

Spätestens hier zeigt sich, dass 1. Mose 9 nicht einfach die Welt, wie sie nun einmal so ist, mit einem »Segensgütesiegel« versieht. In dieser Welt bedarf es elementarer Gebote, wie sie in 1. Mose 9 an die Menschheit adressiert sind. Die Bibel geht nämlich nicht davon aus, dass dem Menschen die Norm des richtigen Handelns ins Gewissen geschrieben ist, sie muss ihm vielmehr gesagt werden, und sie und er müssen es sich gesagt sein lassen. »Es ist dir gesagt, Mensch, was gut ist und was Gott bei dir sucht«, so steht es in Mi 6,8 und die Fortsetzung nennt die Maßstäbe, nämlich »nichts anderes als Gerechtigkeit tun, Freundlichkeit lieben und behutsam mitgehen mit deinem Gott«.[91]

Gerechtigkeit, Freundlichkeit und Behutsamkeit – diese Kriterien guten Handelns und guten Lebens finden sich wieder in den in der jüdischen Tradition in Anknüpfung an 1. Mose 9 entwickelten »noachitischen Gesetzen«.[92] Es sind im engeren Sinne die Gebote, deren Einhaltung jüdische Menschen von ihren nichtjüdischen Mitmenschen erwarten müssen, um bei und mit ihnen leben zu können. Im weiteren Sinne stellen sie so etwas dar wie einen Grundkatalog dessen, was allen Menschen aufgegeben ist – unabhängig von ihrer jeweiligen Gesellschaftsform, Religion oder

---

91 Zu Mi 6,8 R. KESSLER, Micha, HThKAT, Freiburg i. Br. 1999, bes. 256–272; die oben gebotene Übersetzung ist begründet in J. EBACH, Was bei Micha »gut sein« heißt, BiKi 51 (1996), 172–181 (vgl. auch DERS., »... und behutsam mitgehen mit deinem Gott«. Theologische Reden 3, Bochum 1995, 9–24.)

92 Dazu K. MÜLLER, Tora für die Völker. Die noachitischen Gebote und Ansätze ihrer Rezeption im Christentum, Berlin 1994; FR. W. MARQUARDT, Was dürfen wir hoffen, wenn wir hoffen dürften? Eine Eschatologie Band 1, Gütersloh 1993, bes. 200–335.

Kultur. Als das erste der sieben noachitischen Gebote gilt das Rechtsprinzip selbst. Es ist bemerkenswert, dass die Anerkennung des Rechts der Anerkennung Gottes vorangestellt ist. Doch die Anerkennung, die Geltung des Rechts selbst ist Voraussetzung dafür, dass seine Bestimmungen eingehalten werden. Es folgen die Meidung von Götzendienst und Gottesleugnung, ferner das Verbot von Mord, Diebstahl und Unzucht, schließlich – und gerade auch hier bleibt die Reihe dieser sieben Gebote nahe am Bibeltext, aus dem sie entwickelt wurde – die Pflicht, sich von jeder Brutalität gegenüber Tieren fern zu halten. Während die »Zehn Gebote« (der Dekalog) Mose und dem Volk Israel gegeben sind, sind Adressatinnen und Adressaten dieser Gebote alle Menschen, die von Noah und seinen Nachkommen abstammen, d. h. die gesamte Menschheit. Die Verbindung von Verheißung und Gebot im Blick auf ein neues Leben nach der Flut ist in 1. Mose 9,1–17 grundlegend. Die Welt nach der Flut ist nicht mehr nur »gut« und »sehr gut«. In dieser realen Welt zu leben bedeutet, mit Konflikten zu leben. Daher bedarf es der Gebote, daher muss Menschen gesagt sein, was gut ist. Wenn sie sich das gesagt sein lassen, dann kann auch die »zweitbeste der möglichen Welten«, die vorfindliche, »unsere« Welt eine lebenswerte sein.

In 1. Mose 9 schließt sich (im selben Erzählfaden) ein weiterer Abschnitt an. Auch er soll zunächst im Zusammenhang zu Wort kommen:

Und Gott sprach zu Noah und zu seinen Söhnen mit ihm folgendermaßen:
Ich bin dabei, aufzurichten meinen Bund mit euch und mit all eurem Samen nach euch (all euren Nachkommen) und mit allen lebendigen Wesen, die mit euch sind, in Gestalt von Fluggetier, von Vieh und allem Wildgetier der Erde mit euch, allem, was aus dem Kasten herausgegangen ist, allem Wildgetier der

Erde. Ich werde meinen Bund aufrichten mit euch (mit folgender Verpflichtung):

Nie mehr soll alles Fleisch ausgerottet werden durch Wasser der Flut (*mabbul* – des Himmelsozeans), und nie mehr soll eine Flut sein, die Erde zu verderben.

Und Gott sprach: Dies ist das Zeichen des Bundes, den ich im Begriff bin zu geben zwischen mir und (zwischen) euch und (zwischen) allen Lebewesen, die mit euch sind – auf die Generationen aller Zeit hin: Meinen Bogen habe ich in die Wolken gesetzt, und er soll da sein zum Zeichen des Bundes zwischen mir und (zwischen) der Erde. Und so soll es sein: Wenn ich Wolken wölke über der Erde, dann wird sichtbar werden der Bogen in den Wolken. Und ich werde gedenken meines Bundes zwischen mir und (zwischen) euch und (zwischen) allen lebendigen Wesen, allem Fleisch. Nie mehr sollen die Wasser zur Flut werden, alles Fleisch zu verderben! (1. Mose 9,8–17)

Zwei zentrale Stichworte enthält dieser Abschnitt. Da ist zunächst das Wort »Bund« (*berit*), das bereits in 6,18 fiel, und da ist zum anderen das neben der »Arche« berühmteste »Symbol« der Noahgeschichte, der »Bogen in den Wolken«, der Regenbogen. Der Bogen als Zeichen des Bundes symbolisiert noch einmal das, was Gott zuvor zusagt: Nie wieder wird eine Flut die Erde verderben, nie wieder das Leben auf der Erde ausrotten. Diese Worte des jüngeren Erzählfadens korrespondieren also den Worten des älteren Erzählfadens am Ende von Kap. 8. Sie nehmen zugleich die in 1. Mose 9 zuvor thematisierte Frage nach dem Zusammenleben von Menschen und Tieren in der Welt auf.

Beginnen wir beim zweiten Hauptmotiv, dem »Regenbogen«. Über die Nachgeschichte des Symbols ist in einem späteren Abschnitt zu handeln;[93] hier ist es um den biblischen Zusammenhang zu tun. Dabei ist zunächst der biblische Wortlaut zu beachten. Denn keineswegs ist die Rede von einem Regenbogen, den

---

93 S. u. im Abschnitt C 9.

Gott bei dieser Gelegenheit als ein meteorologisches Phänomen geschaffen hätte, sondern davon, dass Gott »seinen Bogen«, d. h. einen Bogen, den er bereits zuvor besaß, in die Wolken gehängt habe. Das Wort *qäschät* bezeichnet zunächst den Kriegsbogen. Gott also hat seinen Kriegsbogen weggehängt, hat nicht nur ab-, sondern umgerüstet, den Kriegsbogen in den Regenbogen verwandelt (eine Art »Schwerter-zu-Pflugscharen«-Motiv also).

Nun stellt sich an dieser Stelle nicht zuletzt ein militärtechnisches Problem. Der Regenbogen, den wir unter bestimmten Voraussetzungen am Himmel beobachten können, ist gewölbt; seine Rundung weist von der Erde weg. Wie kann dieses Bild ein Realsymbol eines ab- und umgerüsteten Kriegsbogens sein? Müsste nicht ein entspannter Bogen gerade sein, keine Rundung aufweisen, weder in die eine noch in die andere Richtung? Vor allem eine Untersuchung von Udo Rüterswörden[94] hat hier größere Klarheit erreicht. Die hier vorzustellende Art von Kriegsbögen nämlich, die so genannten »Kompositbögen«, waren so eingerichtet, dass sie eine Gegenspannung aufwiesen. Spannt man diesen Bogen, muss man ihn gegen seine »natürliche« Wölbung spannen. Im Ruhezustand ist ein solcher Bogen also nicht gerade, sondern in Gegenrichtung gewölbt. Also wäre Gottes Bogen in den Wolken gerade als nach oben gewölbter ein entspannter Bogen, das Bild des »Regenbogens« mithin eines der Abrüstung, genauer der Umrüstung. Aus dem Kriegsgerät wird ein Zeichen des Gewaltverzichts, vergleichbar der Verheißung vom Umschmieden der Schwerter in Pflüge (Jes 2; Mi 4).

---

94 U. Rüterswörden, Der Bogen in Gn 9, in: ders., dominium terrae, Berlin 1993, 131–154.

Eine andere (nicht zwingend alternative) Möglichkeit bleibt die, im »Bogen in den Wolken« ein Unterpfand bleibender kämpferischer Aktivität Gottes zu sehen.[95] Er hätte dann seinen Bogen in die Wolken gehängt, damit aber nicht unbrauchbar gemacht. Von nun aber gilt seine Macht der Erhaltung der Welt, nicht noch einmal deren Auslöschung. Bei der einen wie der anderen Lektüremöglichkeit ist das Motiv vom »Bogen in den Wolken« zugleich eine »Ätiologie«, d. h. eine erzählende Begründung des Phänomens »Regenbogen«. Zur macht- bzw. machtverzichtsymbolischen und naturerklärenden Dimension kommt eine entscheidende dritte: Der »Bogen in den Wolken« ist das Zeichen des Bundes. Das Wort Bund (*berit*) bezeichnet hier eine Verpflichtung, die Gott selbst eingeht, die sich aber auch in Weisungen für die Bundespartner manifestiert. Als Bundespartner werden in den entsprechenden Versen einmal Noah und alle Lebewesen genannt, und zwar auf alle Zeiten, d. h. für alle folgenden Generationen von Menschen und Tieren, zum anderen aber die Erde:

Dies ist das Zeichen des Bundes, den ich im Begriff bin zu geben zwischen mir und (zwischen) euch und (zwischen) allen Lebewesen, die mit euch sind – auf die Generationen aller Zeit hin: Meinen Bogen habe ich in die Wolken gesetzt, und er soll da sein zum Zeichen des Bundes zwischen mir und (zwischen) der Erde.

Auch in diesem Erzählfaden also behält die Erde (hier: *äräz*) ein Eigengewicht gegenüber den Menschen und den übrigen Lebewesen. Beide Begründungen sind nicht im Widerspruch zu verstehen, sondern ergänzen einander. Die unmittelbare Fortsetzung nennt eine überraschende Funktion des Bogens in

---

95 So ZENGER, Bogen, bes. 124–131.

den Wolken. Er dient nämlich, folgen wir dem Text, nicht so sehr der Beruhigung der Menschen, die den Bogen nach einem Regen sehen können und gewiss sein dürfen, dass es nie wieder eine so verheerende Flut geben werde. Er dient der Erinnerung Gottes!

Und Gott sprach: Und so soll es sein: Wenn ich Wolken wölke über der Erde, dann wird sichtbar werden der Bogen in den Wolken. Und ich werde gedenken meines Bundes zwischen mir und (zwischen) euch und (zwischen) allen lebendigen Wesen, allem Fleisch. Nie mehr sollen die Wasser zur Flut werden, alles Fleisch zu verderben!

Braucht Gott ein solches Unterpfand seiner Erinnerung? Kann Gott etwas vergessen? Immerhin kann er – dafür steht die Flutgeschichte – *sich* vergessen. Das kann man durchaus im doppelten Sinne verstehen: Gott konnte so in Zorn geraten, dass er seine gesamte Schöpfung leid war. Und eben darin hatte er sich vergessen, d. h. seinen Richterwillen für einen schlimmen Moment über seine Barmherzigkeit siegen lassen. Die rabbinische Überlieferung kann davon erzählen, dass Gott selbst bete und dass der Inhalt seines Gebetes sein Wunsch sei, seine Eigenschaft der Barmherzigkeit möge über seine Eigenschaft des Gerichts siegen. An einer Stelle des Babylonischen Talmuds im Traktat Berachot (Segen) kann sogar davon erzählt werden, dass Gott selbst sich dieses sein Gebet von einem Menschen habe zusprechen, zu-sagen lassen, wie wenn auch Gott zuweilen der Mithilfe eines Menschen bedürfe.[96] In 1. Mose 9 setzt sich Gott ein solches Merkzeichen selbst. Damit trägt der »Bogen in den Wolken« als Unterpfand künftiger Schonung von Mensch, Tier und Erde aber auch das Merkmal der gewesenen Katastrophe.

---

96   bBerachot 7a, zur Interpretation FRETTLÖH, Segen, 395 ff.

Die »Natur« ist nicht mehr »heil«, die Welt nicht mehr nur »sehr gut«, wie sie es am Ende von 1. Mose 1 war. Damit auch in der »zweitbesten der möglichen Welten« ein Leben möglich ist, das zwar Gewalt enthält, jedoch nicht von Gewalt bestimmt ist, bedarf es, was Gott angeht, seines Gedenkens, und was die Menschen angeht, der Einhaltung der Gebote, die in diesem ersten der biblischen Bundesschlüsse Noah und seinen Nachkommen, d. h. allen Menschen aufgegeben sind. Dabei ist eine Bestimmung des Menschen unverändert erhalten geblieben: Der Mensch, eine jede, die, ein jeder, der Menschenantlitz trägt, ist Bild Gottes. Menschen sollen, wie es eins der »Zehn Gebote« bestimmt, keine Bilder Gottes machen. Nicht zuletzt sollen Menschen keine Bilder Gottes *machen*, weil sie Bilder Gottes *sind*.

11. »Gesegnet Adonaj, der Gott Schems« (1. Mose 9,26)

Noah, der Weinbauer, und das Ende der Urgeschichte

Die Flutgeschichte im engeren Sinne ist mit dem Abschnitt 1. Mose 9,1–17 abgeschlossen, die Noahgeschichte ist es noch nicht. Es folgt in 9,18–29 eine weitere kleine Erzählung, die durch ihre Rahmung in den Versen 18 f. und 28 f. in die gesamte Noahgeschichte eingefügt ist, wiewohl sie ein ganz eigenständiges Thema aufweist, genauer: mehrere eigenständige Themen und Motive. Die Passage stellt sich nämlich als ein in Aufbau und Logik verwickelter Text dar. Nehmen wir ihn zunächst im Zusammenhang wahr:

Und es waren dies die Söhne Noahs, die aus dem Kasten gingen: Schem und Cham und Jafet. Und Cham, der war der Vater

137

Kanaans. Diese drei waren die Söhne Noahs, und von ihnen her wurde bevölkert die ganze Erde.

Und Noah, der Ackersmann, begann als erster damit, einen Weinberg zu pflanzen. Und er trank von dem Wein und wurde betrunken und entblößte sich innen in seinem Zelt. Da sah nun Cham, der Vater Kanaans, die Blöße seines Vaters, und das erzählte er seinen beiden Brüdern draußen. Da nahm(en) Schem und Jafet das Obergewand, und sie legten es auf ihrer beider Schultern und gingen rückwärts und bedeckten die Blöße ihres Vaters. Ihre Gesichter hatten sie nach hinten gewendet, und so hatten sie die Blöße ihres Vaters nicht gesehen. Und Noah erwachte von seinem Wein(rausch) und wurde gewahr, was ihm sein kleiner (sein jüngster?) Sohn angetan hatte.

Und er sprach: Verflucht Kanaan, Knecht der Knechte sei er seinen Brüdern!
Und er sprach: Gesegnet Adonaj (*JHWH*), Gott Schems,
und es sei Kanaan ihm Knecht!
Weiten Raum schaffe (*jaft*) Gott für Jafet, und er
wohne in den Zelten Schems.
Und es sei Kanaan ihm Knecht!
Und es lebte Noah nach der Flut 350 Jahre.
Und es beliefen sich die Tage Noahs auf 950 Jahre, und er starb.
(1. Mose 9,18–29)

Es gibt in diesem letzten Abschnitt der Noahgeschichte neben den rahmenden Versen, die ihn in die Fluterzählung und die Familiengeschichte (Genealogie) Noahs einfügen, mindestens zwei Erzählmotive. Das eine ist durch Noahs Weinbau bestimmt. Noah erscheint hier wie ein »Erfinder«, auf ihn wird eine kulturelle Errungenschaft zurückgeführt. Dieses Motiv begegnet in 1. Mose 1–11 an verschiedenen Stellen. Eine Form ist die, dass bestimmte kulturelle und zivilisatorische Errungenschaften auf einzelne Ahnherren zurückgeführt werden, die sie zum ersten Mal ausübten. In 1. Mose 4,17 ff. erfahren wir solches im Stammbaum Kains und seiner Nachkommen, auf die u. a. die Stadtgründung, das Schmiedehandwerk, aber auch die Musik zurückgehen. In einer anderen Form spielen solche Errungenschaften in den Erzählungen eine Rolle, wie etwa die Ziegelherstellung in Babel (1. Mose 11). Die biblische Überlieferung hat hier Anteil an einer Tradition der Erinnerung an kulturelle und zivilisatorische Errungenschaften, die sich in altorientalischer Literatur ebenso findet wie in phönikischen Überlieferungen und der klassischen Antike. Diese Überlieferungen zeigen geradezu einen »Katalog« solcher Errungenschaften und die geprägte Figur des »Kulturheros«, der als Erfinder oder Wohltäter gekennzeichnet ist. Zu den in diesen Überlieferungen typischen Errungenschaften gehört auch der »Schiffsbau« bzw. die Kunde von dem Menschen, der es als Erster wagte, das Meer zu befahren. Wäre also vor dem Weinbauern Noah bereits der »Archenbauer« Noah ein solcher Kulturheros gewesen? In der biblischen Noaherzählung selbst liegt das ganze Gewicht darauf, dass Noah ausführt, was Gott ihn zu tun heißt. Und ebenso betont ist der Kasten Noahs kein Schiff. Der biblische Flutheld ist kein Seeheld. (Wir werden dieses Thema in einem späteren Kapitel aufnehmen.[97]) Anders ist es beim Weinbau. Hier gibt es weder einen göttlichen Auftrag noch eine göttliche »Betriebsanleitung«. Noah selbst wird aktiv, er ist der »Erfinder« der kulturellen Errungenschaft des Weinbaus und zugleich der, der als erster seine Errungenschaft ausprobiert, in der sich *eine* Möglichkeit realisiert, den Wunsch des Vaters Noahs zu verstehen, mit dem er (1. Mose 5,29) seinem Sohn diesen Namen gab:

Und er nannte seinen Namen Noah (*noach*), um damit zu sagen: Dieser wird uns zum Aufatmen bringen (*jenachamenu*) von unserer Arbeit und der Mühsal unserer Hände vom Ackerboden, den Adonaj verflucht hat.

---

97 S. u. im Abschnitt C 3.

Solches Aufatmen, solche Erquickung kann der Wein bringen, wie mehrfach in der Bibel betont ist. Allerdings zeigt sich sehr bald, dass Noahs Errungenschaft nicht nur erquickliche Folgen hat. Diese Folgen werden nun keineswegs in Gestalt moralistischer Warnung vor dem Alkoholkonsum in Szene gesetzt. Dass nämlich Noah sich betrinkt, sei es dass er beim ersten Mal die Wirkungen noch nicht abzuschätzen wusste, sei es dass er in der Freude eines ersten »Winzerfestes« sehr zulangte, dass er sich im Rausch entblößt – und zwar, wie betont ist, inmitten seines Zeltes und nicht in der Öffentlichkeit – das alles wird ohne erhobenen Zeigefinger schlicht erzählt. Die mehr als unerquicklichen Folgen gehen nicht auf das zurück, was Noah tat, sondern auf das, was einer seiner Söhne tat bzw. nicht tat. Um die Tat Chams einschätzen zu können, empfiehlt sich der Blick auf eine Bemerkung eines Epos aus der kanaanäischen Stadt Ugarit. In dem aus dem 2. vorchristlichen Jahrtausend stammenden Epos von Danel und Aqhat[98] ist davon die Rede, welche elementaren Pflichten ein Sohn gegenüber seinem Vater hat. Er muss den Gedenkstein für seinen verstorbenen Vater aufstellen, er muss dem alten Vater das Dach ausbessern, wenn es löcherig geworden ist und Regen durchlässt, ihm die schmutzigen Kleider waschen, und er muss den Vater an der Hand fassen und stützen, wenn er betrunken ist. Dem in solcher Lage womöglich hilflosen Vater nicht nur nicht zu helfen, sondern anderen von dessen Zustand auch noch zu erzählen, das wäre das strikte Gegenteil einer Sohnespflicht. Eben das aber tat Cham.

---

98 Das Aqhat-Epos, übersetzt und kommentiert von M. DIETRICH u. O. LORETZ, in: TUAT III/6, 1997, 1254–1305; die betreffende Stelle (Tafel I, Zeile 30) ebd. 1262.

Man hat immer wieder zu bedenken gegeben, dass die überaus harte Folge von Chams Tun (die freilich nicht ihn, sondern seinen Sohn Kanaan trifft) nicht verständlich sei, wenn es sich »nur« darum gehandelt hätte, dass ein Sohn die unbedeckten Genitalien seines Vaters gesehen hätte. So suchte man ein verdeckt angedeutetes schlimmeres Vergehen Chams. Tatsächlich findet sich die Formulierung »die Blöße ... aufdecken« in 3. Mose 18 mehrfach als Ausdruck sexueller Handlungen. Hat Cham an oder mit seinem Vater (oder – auch das wurde erwogen – dessen Frau) eine solche Handlung begangen? Ist die mehrfach festgestellte Benennung Chams als »Vater Kanaans« etwa ein Hinweis auf sexuelle Praktiken, die man mit den Kanaanäern verband? Solche Konnotationen sind nicht völlig abwegig, doch legt sie der Text selbst nicht wirklich nahe. Vor allem wäre die deutlich in Szene gesetzte gegenteilige Haltung und Handlung der beiden Brüder Chams in einem solchen Interpretationsmuster kaum verständlich. Cham hat sich seinem Vater gegenüber nicht gebührlich verhalten. Die Brüder hingegen haben die Ehre des Vaters gewahrt und wieder hergestellt. Das Tun der beiden wird in seiner Bedeutung noch klarer, wenn man sich vor Augen hält, dass dies in der Bibel der erste erzählte Fall ist, in dem ein Mensch (hier zwei) helfend für einen anderen eintritt. In den drei Noahsöhnen ist die gesamte Menschheit repräsentiert, auch darum ist Chams Tun der Typus *einer* möglichen Verhaltensweise. Deshalb muss man nicht in den Text mehr hineinlesen, als in ihm zu lesen ist.

Die beiden anderen Noahsöhne verhalten sich dem Tun Chams entgegengesetzt. Das ist im Text durch betonte Bewegungen ausgedrückt. Detailliert wird geschildert, wie sie das Obergewand (offenbar doch das

Noahs, das Cham womöglich zum Beweis nach draußen gebracht hat) auf ihre Schultern nehmen, sich rückwärts ins Zelt begeben, auch ihren Kopf nicht dem da-
liegenden Vater zuwenden und ihn züchtig bedecken,
seine Blöße also, wie noch einmal betont ist, nicht gesehen hatten. So also soll man sich in einem solchen Fall
verhalten, das ist Sohnespflicht. Der erkennbar um-
ständliche Erzählstil ist noch einmal peinlich darauf
bedacht, nicht durch eine bestimmte Form der Kritik
des Voyeurismus eben den Voyeurismus zu verdop-
peln. Darin unterscheidet sich diese Darstellungsweise
wohltuend von der vieler, auch berühmter Darstellungen biblischer Motive in der Kunstgeschichte, wo die
Entrüstung über »Unsittliches« (vorzugsweise Davids
Ehebruch mit Batscheba, Lot und seine Töchter oder
die lüsternen Alten, die Susanna im Bade betrachten)
zur Legitimation eben der Darstellung des »Unsitt-
lichen« werden konnte – ein Mechanismus, von dem
heute die Skandalpresse lebt. In und mit 1. Mose 9,18 ff.
steht deshalb über die Beispielerzählung hinaus prinzipiell zur Debatte, wie die Würde eines Menschen auch
dann gewahrt und gegebenenfalls wiederhergestellt
werden kann, wenn dieser Mensch – aus welchen
Gründen auch immer, zeitweise oder dauerhaft – nicht
Herr seiner, Herrin ihrer selbst sein kann.

Als eine Geschichte, die von Noah und seinen drei
Söhnen und deren gegenteiligem Verhalten erzählt,
repräsentiert die kleine Erzählung »Menschheitsgeschichte«, es ist eine prinzipiell-paradigmatische
(das meint »urgeschichtliche«) Erzählung von Brüdern und ihrem jeweiligen Tun und Nicht-Tun. Nun
gibt der Text selbst jedoch Hinweise darauf, dass die
drei Brüder noch als Repräsentanten der gesamten
Menschheit und als Typen menschenmöglichen Verhaltens ins Bild gesetzt sind, aber auch schon als Re-

präsentanten von Völkern. In 9,19 bereits wird erwähnt, dass sich von diesen dreien her die ganze Erde bevölkert habe, die betonte Zahl »drei« selbst steht bereits für die kommende Vielheit. Im folgenden Kapitel 1. Mose 10 wird das im Einzelnen ausgeführt, indem in einer Genealogie die Familiengeschichte ausgeweitet wird in eine Liste der bekannten Völker. Einer der in Kap. 10 auf Cham zurückgeführten Völkernamen, der Kanaans, der in 10,6 als einer der vier Söhne Chams aufgeführt ist, wird bereits in der Weinbaugeschichte aufgeführt. In den Versen 18 und 22 ist jeweils der Name Cham ergänzt durch die Hinzufügung »der Vater Kanaans«. Vor allem aber fällt auf, dass nicht Cham selbst von den Folgen seines Tuns getroffen wird, vielmehr Kanaan verflucht wird. In den Fluch- und Segensworten in V. 25–27 stehen also nicht Schem, Cham und Jafet nebeneinander, sondern Kanaan, Schem und Jafet, und in gewisser Weise gilt Kanaan das Hauptaugenmerk:

Und er sprach: Verflucht Kanaan, Knecht der Knechte sei er seinen Brüdern!
Und er sprach: Gesegnet Adonaj (*JHWH*), Gott Schems, und es
sei Kanaan ihm Knecht!
Weiten Raum schaffe Gott für Jafet, und er
wohne in den Zelten Schems.
Und es sei Kanaan ihm Knecht!

Wie verhält sich die erzählte Geschichte von Noahs Trunkenheit und den unterschiedlichen Reaktionen, die die Noahsöhne zeigen, zu diesen offenbar geprägten Sätzen Noahs – den, daran sei erinnert, ersten und einzigen Worten, die Noah in der gesamten Geschichte in 1. Mose 5–9 spricht? Die Relation zwischen Erzählung und Sprüchen gehört zu den meist diskutierten Fragen des Abschnitts. Eine eindeutige Lösung ist nicht in Sicht. Was besagt die ausgedrückte engste Beziehung zwischen Cham und diesem einen seiner (nach 1. Mose 10 vier) Söhne? Die Sache wird noch komplizierter dadurch, dass die Reihenfolge der Noahsöhne in den Texten schwankt. Die erste Erwähnung in 5,32 nennt Schem, Cham und Jafet in dieser Reihenfolge als die Söhne, die Noah im Alter von 500 Jahren bekam. Soll man das so verstehen, dass alle drei im selben Jahr geboren wurden? Waren es dann Drillinge oder Söhne verschiedener Mütter? Aber im Folgenden ist nur von der einen Frau Noahs die Rede. Dieselbe Reihenfolge (Schem, Cham und Jafet) findet sich in 9,18. In 9,24 liest man eine Formulierung, die es nahe legte, dass Cham der jüngste der Söhne war. Die Wendung »sein kleiner Sohn« (*beno haqqatan*) wäre jedenfalls sprachlich am leichtesten als »sein jüngster Sohn« zu verstehen. Dass Cham, wie es die Formulierung »sein kleiner Sohn« im Deutschen nahe legt, noch klein, d. h. noch ein Kind war, ist auszuschließen, gingen doch alle drei Noahsöhne mit ihren Frauen in die »Arche«. Es bliebe die Möglichkeit, mit B. Jacob und älteren jüdischen Auslegungen, das Wort »klein« an dieser Stelle im Sinne von »gering« zu verstehen, also als Abwertung des Sohnes, der solches getan hat. Gleichwohl bleibt es bei gewissen Ungereimtheiten der Reihenfolge der Söhne, indem am Ende der »Weinbaugeschichte« in den Sprüchen Noahs die Reihe: Kanaan, Schem, Jafet auftaucht und in Kap. 10 wieder eine andere, indem dort die Reihe bei Jafet beginnt, Cham als zweiten nennt und mit der Genealogie Schems schließt, welche dann in 1. Mose 11,10 ff. wieder aufgenommen und bis zu Abraham weitergeführt wird. Als Fazit bleibt, dass offenbar die Reihenfolge der Noahsöhne von der jeweiligen Schwerpunktsetzung der einzelnen Aussagen bestimmt ist. Die Frage, wer denn nun »wirklich« der älteste Noahsohn war, war den Tradenten der Texte sichtlich nicht die entscheidende. Dass sie sich wie im Blick auf Noah selbst schon gar nicht als »historische« Frage stellt, versteht sich.

Die Noahsöhne (nebst dem einen Enkel Kanaan) markieren in 1. Mose 9,18 ff. den Übergang von der Urgeschichte als Menschheitsgeschichte zu der mit Kap. 10 einsetzenden Völkergeschichte. Deshalb stellt sich die Frage, ob es in 9,18 ff. um paradigmatisches Geschehen von Menschen zu tun ist oder um etwas, das für Völker bzw. Völkergruppen typisch sein soll, letztlich nicht alternativ. Mit dieser doppelten Perspektive hängen die literarisch-formalen Spannungen in »unserem« Abschnitt zusammen. Die Wendung »Cham, der Vater Kanaans« markiert diese zweifache Sicht. Was sich zeigt im gegensätzlichen Tun der drei Söhne, die ihrerseits zu den drei Ahnherrn aller Völker werden, manifestiert sich in den von ihnen herkommenden Völkergruppen. Eben das bringen die Sprüche Noahs über Kanaan, Schem und Jafet zum Ausdruck. Bei diesen Sprüchen müssen wir nun noch einmal einsetzen und fragen, welche Charakterisierung der so bezeichneten Gruppen sie treffen und auf was für eine geschichtliche Situation, auf was für ein Verhältnis dieser Gruppen zueinander hin sie transparent sein könnten.

Und er sprach: Verflucht Kanaan, Knecht der Knechte sei er seinen Brüdern!
Und er sprach: Gesegnet Adonaj (*JHWH*), Gott Schems, und es sei Kanaan ihm Knecht!
Weiten Raum schaffe Gott für Jafet, und er wohne in den Zelten Schems.
Und es sei Kanaan ihm Knecht!

Von drei Brüdern ist die Rede, der Text enthält für jeden von ihnen eine negative bzw. positive Zuschreibung. Neben der Dreiteilung aber steht eine ebenso deutliche Zweiteilung. Zweimal setzt Noahs Rede an, der Gegensatz »Verflucht!« und »Gesegnet« bezeichnet ebenfalls eine Dualität, in der Cham bzw. sein Sohn Kanaan auf die eine, Schem und Jafet auf die andere Seite zu stehen kommen. Dabei ist die Parallelität wiederum gezielt durchbrochen: verflucht wird Kanaan, gesegnet aber nicht Schem, sondern Adonaj (*JHWH*), Schems Gott. Hier kommt, wie gleich weiter auszuführen ist, der Name des Israelgottes mit dem Namen Schem zusammen, in dem das spätere Israel bereits anklingt. Während im Blick auf Schem der Eigenname Gottes (*JHWH*) gebraucht ist, ist im Blick auf Jafet allein von »Gott« (*elohim*) die Rede. Für die Erzähler ist beides ein und derselbe Gott, doch bezeichnet die unterschiedliche Wortwahl an dieser Stelle die unterschiedliche Beziehung zu dieser Gottheit. Für Israels Vorfahren ist sie bereits mit ihrem Eigennamen benannt, für die Völker Jafets ist sie als »Gott« im Blick.

Das Haupt- und Leitwort dieser Verse ist jedoch ein anderes. Dreimal fällt hier die Wendung, dass Kanaan Knecht sein solle, viermal kommt das Wort »Knecht« vor. Die Formulierung »Knecht der Knechte« bezeichnet den letzten, den niedrigsten Knecht. »Knecht«, »Sklave« also ist das Leitmotiv dieser Sprüche. Wenn hier so etwas wie ein »Charakter« der kanaanäischen Völker bezeichnet ist, so ist es (bei aller Problematik solcher kollektiver Zuschreibungen) nicht etwa sexuelle Verworfenheit oder dergleichen, sondern Knechtsnatur. In der Perspektive Israels geht es dabei auch um die eigene Geschichte und die eigenen Verführungen zu knechtischem Leben. So könnten gerade die Sprüche über die Noahsöhne die herrschaftskritische Linie der Bibel bezeugen, wie sie in den Auseinandersetzungen um die Einführung des Königtums, in den äußerst kritischen Urteilen über Salomos Fronherrschaft, aber auch in der Josefsgeschichte vorliegen (Josef soll und will am Ende gerade nicht über seine Brüder herrschen!). Stets geht es darum, dass Israel seine Freiheit bewahren soll. Nicht ohne Grund ist ja der Exodus aus dem ägyptischen Sklavenhaus das Urdatum der Geschichte Israels und der biblischen Theologie. So gelesen, wäre diese letzte Geschichte von Noah nicht so sehr eine über den Charakter anderer Völker, sondern über Israels Freiheit. Dabei ist Israel selbst in 1. Mose 9 nur von ferne im Blick, als später Nachfahre Schems. Die Schem-Linie wird in 1. Mose 10 weitergeführt über Heber (*ebär*), den Ahnherrn der Hebräervölker, wieder aufgenommen in 11,10 ff. und weitergeführt bis zu Abraham und in den folgenden Geschichten im 1. Mosebuch weiter über Isaak zu Jakob, der (1. Mose 32,29 in Verbindung mit 35,10) den Namen Israel bekam, der dann vom Beginn des 2. Mosebuches (Exodus) an der Name der Nachkommen der »Söhne Israels« und so der Name des Volkes Israel geworden ist. Vom Namen Israel ist im unmittelbaren Anschluss an die Noahsöhne also noch nicht die Rede, wohl aber vom Namen Schem, d.h. vom Namen »Name«. *Schem* heißt Name, und *ha-Schem*, »der Name« ist neben Adonaj eine Möglichkeit, den Eigennamen des Israelgottes, das Tetragramm JHWH auszusprechen.

Im Anschluss an die lateinische Tradition ist die Wiedergabe des Namens Schem als Sem üblich geworden. Von ihr her leitet sich dann viel später die Bezeichnung »semitisch, Semiten« ab. Hier könnten einige Klarstellungen nützlich sein. Die Namen der Noahsöhne wurden im Anschluss an die Ausführungen von 1. Mose 10, wo von der Auffächerung der Menschheit

147

in Völker und Sprachen die Rede ist, am Ende des 18. Jh.s zu Bezeichnungen von Sprachfamilien. Von semitischen und hamitischen Sprachen redet man auch heute noch, die alte Bezeichnung »japhetitisch« ist dagegen ungebräuchlich geworden, stattdessen spricht man von »indogermanischen«, besser »indoeuropäischen« Sprachen. Nur als Bezeichnung einer Sprachfamilie ist das Wort »semitisch« angemessen. Zu den semitischen Sprachen gehören u. a. Hebräisch, Aramäisch, Akkadisch (d. h. Babylonisch/Assyrisch), Ugaritisch, Arabisch. Eine »semitische Rasse« gibt es nicht, weder als Name einer angeblich jüdischen »Rasse« noch im weiteren Sinne, der arabische Völker einschließt. Es gibt keine »Menschenrassen«. Für die weitere Sprachgeschichte vom Ende des 19. Jh.s an ist es kennzeichnend, dass das Nomen »Semiten« erst nach dem Begriff »Antisemiten« gebräuchlich wurde. Die angebliche »semitische Rasse« ist sprachlich und sachlich ein Produkt des Antisemitismus.

Die Erzählung in 1. Mose 9,18–27 war allerdings für »rassistische« Lektüren anfällig. So konnte man in den Nachkommen Chams, zu denen nicht nur Kanaan, sondern auch Kusch gehört, der seinerseits zum Ahnherrn der (so Luther) »Mohren« wird, die »Neger« sehen, die dann – je nach leitenden Interessen – entweder als geborene Sklaven oder/und als von Natur aus auf Sexualität fixiert gelten. Wie manche andere biblische Texte spielte so auch diese Erzählung eine böse Rolle in der südafrikanischen Apartheids-Theologie.

An dieser Stelle sei nur *ein* Beispiel (von vielen möglichen) zur Missbrauchsgeschichte des Noahstoffes zitiert. Der Theologe Johann Heinrich Heidegger führt in seiner 1667–1671 in Amsterdam erschienenen »Patriarchengeschichte« aus, »daß in dem Augenblick, als Noah den Fluch aussprach, Kanaans Haare sich kräuselten und sein Gesicht augenblicklich schwarz wurde«[99] Nicht nur die Identifikation Kanaans (bzw. Chams) mit »den Schwarzen« ist hier das Problem, sondern mehr noch die selbstverständliche Konnotation schwarzer Haut und krauser Haare mit etwas *eo ipso* Minderwertigem.

Noahs Weinbau hatte und hat auf diese Weise unerquickliche Folgen bis in die Gegenwart. Jede rassistische Deutung ist katastrophal, gleich, ob man den biblischen Texten entnehmen will, wie die »Semiten« (sprich: Juden) sind, noch, wie die Chamiten/Hamiten (sprich: die Schwarzen, »Neger«) sind.

Weil jedoch in 1. Mose 9,18 ff. die bezeichneten beiden Perspektiven eingenommen sind, also sowohl Menschheitstypologie im Blick ist (so unterschiedlich können sich Brüder verhalten!) als auch Völkercharakterisierungen (Kanaan ist zum Knecht bestimmt, Schem und Jafet sollen in einer Art friedlicher Koexistenz unter Leitung Schems leben!) bleibt jede Auslegung des Textes eine Gratwanderung.

Einerseits geht es um das Verhalten von Söhnen gegenüber Vätern. In dieser Linie erst lässt sich verstehen, warum sich die würdelose Tat Chams an seinem Vater in dem auswirkt, was er nun Würdeloses über seinen Sohn hören wird und muss. Man wird aber andererseits auch fragen müssen, welche Konstellationen der Geschichte Israels sich in den Worten über Kanaan, Schem und Jafet widerspiegeln könnten. Die Linie Cham-Kanaan verweist auf die kanaanäische Bevölke-

---

99 Dieser und weitere erhellende wie erschreckende Belege finden sich im kritischen Bericht von S. GROTH, Zum Verständnis der südafrikanischen Rassenpolitik – Christliche und historische Einflüsse, in: H. DE KLEINE (Hrsg.), 150 Jahre Mission. Anfänge – Ergebnisse – Ziele, Wuppertal 1979, 131–156, bes. 143 ff. (das zitierte Beispiel 144).

rung des Israellandes vor der Landnahme Israels und danach. Im Blick auf die spätere Geschichte Israels wird man – in eben dieser einen Perspektive – »Schem« als Israel erkennen. Jedenfalls zeichnen sich diejenigen, die den Text formulierten und tradierten, in die Linie Schems ein. Wer aber wäre(n) – in dieser einen der beiden Perspektiven gelesen – Jafet, die Jafetvölker? Ihnen möge Gott »weiten Raum schaffen«, so etwa kann man die hebräische Verbform *jaft* wiedergeben, ein Wortspiel, eine sprachliche Verbindung zum Namen Jafet (*jäfät*)[100]. Am ehesten wird man an die Philister denken. Eine Konstellation, in der »Schem« überlegen war,

---

100   In rabbinischer Überlieferung wird die Verbform *jaft* und damit auch der Name »Jafet« anders abgeleitet, nämlich von dem Wort *jafä* »schön«. Die Linie Jafets – vor allem in seinem in 1. Mose 10 genannten Sohn Jawan, dem Stammvater der Griechen (Jonier), kommt damit in eine genuine Verbindung mit der Ästhetik. Damit ergibt sich eine Möglichkeit der Verhältnisbestimmung zwischen (griechischer) Philosophie und jüdischer Tradition. Die (griechische, hellenistische) Sprache, Kultur, Ästhetik und Philosophie kann in dieser Linie vom Judentum toleriert und gewürdigt werden, wenn – und solange – sie sich in den »Zelten Schems«, d. h. unter der Leitung der jüdischen Tradition ansiedelt. Eine rabbinische Belegstelle für diese Verhältnisbestimmung findet sich im Babylonischen Talmud im Traktat Megilla, Blatt 9 b. In dieser Linie formuliert Samson Raphael Hirsch in seinem Genesiskommentar [Kommentar zu 1. Mose] aus dem Jahre 1867: »*Japhet* hat die Welt ästhetisch *veredelt*. Schem *sie* geistig und sittlich *erleuchtet*« (Pentateuch, I, 157); eine Interpretation von bMeg 9 b im Kontext der Frage nach der Möglichkeit der Übersetzung der »Schrift« findet sich bei Emmanuel Lévinas in der zweiten seiner Talmudlektüren, in dem Band »Stunde der Nationen«, 1994, 57–87, bes. 85 ff. Der so verstandene Ort Jafets »in den Zelten Schems« wurde geradezu zur Formel *einer* Weise, das schwierige Verhältnis zwischen Philosophie und Judentum überhaupt zu bestimmen. Neben der so eröffneten

»Kanaan« Knecht und »Jafet« von »Schem« dominiert, aber nicht geknechtet war, gab es in der Zeit Davids. Er herrschte auch über die kanaanäischen Landesteile, und die Angehörigen seiner Leibtruppe, die sprichwörtlich gewordenen »Kreti und Pleti«, sind als vor allem philistäische Söldner anzusehen. Auch andere Konstellationen der Geschichte Israels kommen als Hintergrund in Betracht. Eine eindeutige Identifikation wird kaum gelingen; der Text am Ende von 1. Mose 9 ist zwar transparent auf die Völkergeschichte, die mit dem folgenden Kapitel beginnen wird, aber er geht in dieser Perspektive nicht auf.

Mindestens ebenso wichtig ist die andere. Die neue Menschheit nach der Flut erweist sich sogleich als eine, in der es sehr unterschiedliche Verhaltensweisen gibt. Gerade zwischen Brüdern gibt es größte Gegensätze. Insofern weist die Passage zurück auf die Erzählung von Kain und Abel, aber auch voraus auf kommende Brüderkonflikte wie die zwischen Jakob und Esau. Es gibt unter Brüdern, unter Menschen ein Tun wie das Tun Chams und eines wie das Schems und Jafets. Auch darin zeigt sich, dass die mit Noah und seinen Söhnen einsetzende Welt nur »die zweitbeste der möglichen Welten« ist. Der Mensch hat sich nicht wesentlich geändert. Die Qualität »böse«, die ihm in 1. Mose 8, d. h. nach der Flut wie vor ihr zugeschrieben ist und bleibt, würde ein Tun wie das Chams erklären. Aber das ist

---

Koexistenz gab und gibt es im Judentum sowohl Auffassungen eines strikt einander ausschließenden Verhältnisses wie solche einer noch weitergehenden Verbindung. Zu diesem Thema in vielfältigen Aspekten sei auf den von W. STEGMAIER herausgegebenen Sammelband »Die philosophische Aktualität der jüdischen Tradition« verwiesen, der im Jahre 2000 in der Reihe »Suhrkamp Taschenbuch Wissenschaft« (stw 1499) erschienen ist.

nicht die einzig mögliche Verhaltensweise von Menschen; Menschen können auch handeln wie Schem und Jafet. Damit entsteht aber auch das Problem der Grenzen und der Abgrenzung. Wer sich nicht wie Cham verhalten will, muss sich von Cham abgrenzen. Die Noahfamilie ist gleichsam vom ersten Vers nach dem Ende der Flutgeschichte an eben nicht die eine große weltumschlingende friedlich-freundliche Großfamilie, sie ist gekennzeichnet von Konflikten und Unterschieden. Nimmt man mehrere Merkmaie dieses letzten Noahabschnitts in 1. Mose 5–9 zusammen, so lässt sich begründen, dass 1. Mose 9,18–29 das Ende der Urgeschichte darstellt.[101] Eben dieselbe Erzählung aber ist zugleich der Auftakt der folgenden Völkergeschichte. Die beiden letzten Verse von 1. Mose 9, die letzten der Noahgeschichte überhaupt, bilden nicht nur den Abschluss der mit 9,18 beginnenden Erzählung von Noahs Weinbau und dessen Folgen, sondern auch den Abschluss der Lebensgeschichte Noahs. Sie bilden darüber hinaus das Ende der biblischen Urgeschichte.

Die Verse schließen an die ersten Notizen über Noah, seinen Vater und seinen Namen sowie seine Söhne am Ende von Kap. 5 an. Die Flut war ein Teil des Lebens Noahs. Das Leben Noahs umgreift die Flut; die Lebensgeschichte umgreift die universale Welt- und Erdgeschichte. Doch die Flut ist der markante Schnitt

---

101 Dies ist ausführlich und überzeugend begründet bei BAUMGART, Umkehr; allerdings sind m. E. dennoch die eher fließenden Übergänge der Themen- und Textkomplexe im 1. Mosebuch zu betonen, die es zuletzt als problematisch erscheinen lassen, überhaupt eine »Urgeschichte« sauber von einer folgenden »Erzelterngeschichte« abzugrenzen. Der Abschnitt 1. Mose 9, 17 ff. markiert einen dieser Übergänge.

im Leben Noahs. Deshalb sind seine Lebenstage nicht wie die seiner Vorfahren in Kap. 5 eingeteilt in die Zeit vor und nach ihrem ersten Vater-Werden, sondern in die Zeit vor und nach der Flut. Damit ist bezeichnet, dass Noah zwei Welten angehört. Seine erste Welt ist diejenige, die als beste aller möglichen Welten erschaffen und geplant war und die sich dann in die schreckliche, eine durch und durch von Gewalt beherrschte entwickelt hatte. Seine zweite Welt ist diejenige, die allenfalls die zweitbeste aller möglichen Welten ist und doch nicht der Gewalt verfallen muss, wenn elementare Gebote eingehalten werden und wenn sich die, die im Respekt vor den anderen, den Älteren und sich selbst leben wollen, sehr wohl abgrenzen von denen, die es nicht tun. Die Konflikte und Differenzen von Menschen sind Realität, sie wahrzunehmen und mit ihr umgehen zu lernen, kann (Gott und Menschen) schützen vor Pauschalurteilen, nach denen die Menschen entweder »sehr gut« sind oder ausgelöscht, »ausgewischt« werden müssen. Noahs und seiner Familie Überleben hält aber vor allem fest, dass Leben ist und Leben sein soll, allemal beschädigtes, konfliktreiches und eben darin reales Leben.

Die letzte Notiz über Noah ist die lakonische Mitteilung seines Todes; Noah starb, nachdem er 950 Jahre gelebt hatte, vor und nach der Flut. Noah – und damit sind wir wieder am Anfang angelangt – ist keine »historische« Gestalt. Er lebt allein in den Texten, die von ihm erzählen. Es sind zunächst die Texte in 1. Mose 5–9. Aber bereits in der Bibel selbst wird Noah zu einer Gestalt, auf die Spätere sich beziehen können. Die Rezeptionsgeschichte dieser biblischen Gestalt beginnt in der Bibel selbst. Davon und von weiteren Formen der Noahlektüre und Noahrezeption wird im folgenden Teil dieses Noahbüchleins die Rede sein.

C. WIRKUNGSGESCHICHTE

1. ARCHE-TYP

Biblische und apokryphe Noah-Lektüre(n) – mit einem kleinen Blick auf den Koran

Bereits in der Bibel selbst wird Noah zu einem »Archetyp« (nun nicht im Sinne der »Arche Noah« gemeint, sondern in einer Nähe zu C. G. Jungs Wortgebrauch). Noah ist Ur- und Vorbild des richtigen Verhaltens. Stimmen die biblischen (alt-, neu- und zwischentestamentlichen) Bezüge auf Noah darin überein, so sind es bei näherem Zusehen recht unterschiedliche Vorbildfunktionen, für die dieser »Arche-Typ« steht, wobei in einzelnen Texten jeweils mehrere Aspekte verbunden sein können. Noah ist der Gerechte[102], ist derjenige, der dem kommenden Unheil gegenüber als einziger angemessen reagiert.[103] Noah ist Prediger der Gerechtigkeit[104], Vorbild in der Wahl seiner Ehegattin[105], wohltätiger Kenner von Arzneien, die Krankheiten und Dämonen abwehren.[106] Er schärft besonders das Verbot des Blutverzehrs ein;[107]

---

102 Hes 14 (dazu u. mehr); Sir 44,17 f.; Weish 10,4; 2. Petr 2,5; Hebr 11,7 (dazu u. mehr), ferner in der Qumranschrift 1QGenApok 6,2.
103 Mt 24,17 f. (parallel Lk 17,26 f.).
104 2. Petr 2,5; Josephus, Jüdische Altertümer (Antiquitates); vorausgesetzt wohl auch in Hebr 11,7.
105 Tobit 4,12. Tobias soll eine Frau aus der Verwandtschaft heiraten wie Abraham, Isaak, Jakob und (zuerst genannt) Noah. Hier ist nicht der Bibeltext vorausgesetzt, sondern das Jubiläenbuch (Jub 4,33), wonach Noah eine Schwester seines Vaters heiratet.
106 Jub 10,10 ff.
107 Jub 5 und 7.

ist ein Bewährter unter den Vätern der Ur- und Frühzeit,[108] einer derer, mit denen die Frommen dereinst vereint sein werden.[109] Bereits als Neugeborener ist er ein Mensch von überirdischer Erscheinung.[110] Noah ist der Glaubende schlechthin.[111] So steht die Noahgestalt für recht Unterschiedliches, stets ist sie Ur- und Vorbild des rechten Tuns. Schauen wir uns einige wenige dieser innerbiblischen Noahrezeptionen etwas genauer an.

Namentlich genannt ist Noah (außerhalb von 1. Mose 5–9 und 1. Chron 1,4 – dort steht lediglich der Name in der Anfangsgenealogie) in zwei prophetischen Büchern der hebräischen Bibel. Jes 54,9 blickt mit der Rede von den »Wassern Noahs« auf die Flutgeschichte zurück. Dabei geht es sowohl um eine Wiederholung des Flutgeschehens als auch und zuletzt entscheidend darum, dass es sich nicht wiederholen wird, wie Gott selbst geschworen hat. Die »Wiederholung« besteht darin, dass Gott abermals – so wird in diesem Abschnitt des Jesajabuches die Katastrophe des Verlustes von Tempel und Staat, das Exil gedeutet – in Zorn geraten war und Israel, »seine Frau«, verlas-

---

108 Sir 44,17 f.; 2. Petr 2,5; Mt 24,37 f.; Lk 17,26 f. (Noah wird dabei mehrmals parallel zu Lot genannt, dabei ist die Relation zwischen der Sint*flut* und dem Sint*brand* (Sodom und Gomorrha) ebenso im Blick wie (u. a. im apokryphen Testament Benjamin [TestBenj] 10,6) das Motiv des Weingenusses und der Folgen.

109 TestBenj 10,6.

110 Henoch 108, ähnlich in Qumran (GenApok); vielleicht gab es einmal ein (nicht erhaltenes) apokryphes Noahbuch, für das Bezüge zum Jubiläenbuch und zum Henochbuch wahrscheinlich wären; zu diesem Fragenkreis vgl. J. P. Lewis, A Study of the Interpretation of Noah and the Flood in Jewish an Christian Literature, Leiden 1968.

111 1. Petr 3,20; Hebr 11,7.

sen hat. Aber gerade die Gott selbst verpflichtende Erinnerung an die Noahflut lässt der Wut und der Abwendung nicht das letzte Wort. In der klassischen jüdischen Bibelverdeutschung der Ausgabe von Leopold Zunz aus dem 19. Jh. sind die Verse Jes 54,7–10 so wiedergegeben:

Eine kleine Weile hatt' ich dich verlassen, und mit großer Barmherzigkeit nehme ich dich auf. In der Flut der Wut[112] barg ich mein Antlitz eine Weile vor dir, aber mit ewiger Huld erbarm' ich mich dein, – spricht dein Erlöser, der Ewige. Denn eine Noachs-Flut ist mir dies; da ich geschworen, dass die Wasser Noachs nie wieder die Erde überschwemmen, so hab' ich geschworen, nie über dich zu zürnen und dich zu schelten. Denn die Berge mögen weichen und die Hügel wanken, so wird meine Huld von dir nicht weichen und mein Friedensbund nicht wanken, spricht dein Erbarmer, der Ewige.

Vor allem den letzten Vers des Abschnitts kennen viele Gottesdienstbesucher – freilich eher im Wortlaut der Luther-Bibel:

Es sollen wohl Berge weichen und Hügel hinfallen,
aber meine Gnade soll nicht von dir weichen,
und der Bund meines Friedens soll nicht hinfallen,
spricht der HERR, dein Erbarmer.

Nicht wenigen Christinnen und Christen ist diese Zusage als eigener Konfirmationsspruch vertraut. Dass sie auf der Noahgeschichte gründet und von der Erinnerung an die Katastrophe der Flut lebt, wird dabei oft überhört. Die »Wasser Noahs« bezeichnen jedoch zugleich die nicht wiederkehrende Flut. In den in die Exilszeit gehörenden Worten von Jes 54 sind im Blick

---

112 Mit der Wendung »Flut der Wut« ahmt die Übersetzung eine Alliteration im hebräischen Text nach. Dort heißt es *beschäzäf käzäf*, was man auch wiedergeben kann mit: in aufwallendem Zorn (Einheitsübersetzung) oder auch: im Augenblick des Zorns (Luther-Bibel).

auf die Flut Wiederholung und Abbruch verbunden. Erinnert wird, was nicht wieder sein soll. Was in der Erinnerung wieder geholt wird, muss sich gerade darum in der Praxis nicht wiederholen. Es gibt die Erinnerung des »Immer wieder!«, und es gibt die Erinnerung des »Nie wieder!«. Beide Aspekte sind für biblische Erinnerungspraxis grundlegend. In Jes 54 erinnert Gott selbst sich, damit er sich nicht in seinem Zorn vergesse. Insofern ist der Text eine Probe aufs Exempel des »Bogens in den Wolken«. In der jüdischen Tradition sind die Noahgeschichte und dieser Jesaja-Abschnitt eng verbunden, denn Jes 54,1–11 ist der Prophetenabschnitt (Haftara[113]), der in der Synagoge zusammen mit der Parascha[114] »*Noach*« (1. Mose 6,9–11,32) gelesen wird.

Von ganz anderer Art ist die zweite Prophetenstelle, die Noah nennt, nämlich Hes 14,14.20. In Hes 14 wird ausgeführt, dass bei einem Strafgericht Gottes Gerechte verschont werden, dass sie jedoch nicht die anderen, Schuldigen, retten können. Das wäre auch dann nicht der Fall, wenn es sich (V. 14) um »diese drei Männer, Noah, Daniel und Hiob« handeln würde. Auch sie würden »durch ihre Gerechtigkeit« sich retten, nicht aber andere retten können. Auch in V. 16 ist von »diesen drei Männern« die Rede, in V. 20 werden sie noch einmal namentlich genannt. Offenkundig repräsentieren sie die Gerechtigkeit (*zedaqa*) in Idealgestalt. An keiner anderen Stelle der Bibel werden diese drei (Noah, Daniel und Hiob) oder auch nur zwei von ihnen im Zusammenhang genannt. Warum sind es in Hes 14 diese drei, was verbindet sie? Es läge doch viel näher, Noah mit Lot zu verbinden – auch er

---

113   S. o. Anm. 34.
114   S. o. S. 50.

einer, der sich durch sein Verhalten von seinen Zeitgenossen unterschied und deshalb im Unterschied zu ihnen gerettet wurde. Wie Noah der »Sintflut« entrinnt, entrinnt Lot (1. Mose 19) dem »Sintbrand« von Sodom und Gomorrha. Und von beiden wird über die Geschichte ihres Entrinnens hinaus eine weitere erzählt, die von problematischen Folgen übergroßen Weingenusses handelt. Als Idealgestalt der Urzeit böte sich neben Noah Henoch an, als Idealgestalt der Zeit der Erzeltern Abraham.

Wofür steht in Hes 14 die eigentümliche Trias: Noah, Daniel, Hiob? Was sie verbindet, ist die einzige in Hes 14 genannte Qualität, eben die der Gerechtigkeit (*zedaqa*). Tatsächlich wird Noah als Erster in der Bibel ausdrücklich »gerecht« (*zaddiq*) genannt. Auf ganz andere Weise haben Hiob und das Hiobbuch mit dem Gerechtigkeitsthema zu tun. Warum müssen Gerechte leiden? Warum ergeht es Menschen oft so ganz anders, als sie es »verdient« hätten? Auch das sind Gerechtigkeitsfragen, auch Hiob erwartet und erfährt Rettung von eben dem Gott, der ihm das Unheil zugefügt hatte. Zwischen Noahs und Hiobs Geschichte gibt es also mehr als eine Verbindungslinie. Sie betreffen die Gestalten wie die Geschichten, die von ihnen überliefert wurden, schon bevor sie in der jetzt vorliegenden Gestalt im 1. Mosebuch und im Hiobbuch vorlagen.

Wie kommt Daniel in diese Trias? Das Daniel*buch* gehört zu den jüngsten des Alten Testaments und lag in dieser Gestalt bei der Abfassung von Hes 14 noch nicht vor. Ältere Schichten der Danielüberlieferung reichen durchaus bis ins 5. Jh. v. Chr. hinauf, und entsprechende Erzählstoffe mögen noch älter sein. So wird man also auch für Daniel in Hes 14 an die biblische Figur denken können und nicht auf den

Danel des ugaritischen Mythos von »Danel und Aqhat« zurückgreifen müssen, der mit dem Gerechtigkeitsthema weniger zu tun hat und den Hörern und ersten Lesern von Hes 14 zudem kaum bekannt gewesen sein dürfte.[115] Der biblische Daniel hatte sich in fremder, heidnischer Umgebung zu bewähren. Seine Gerechtigkeit, die Treue zu seiner Gemeinschaft besteht darin, dass er sich weigert, gottlosen Kulten zu folgen und Gebote seines Gottes zu verletzen. Auf wundersame Weise wird Daniel aus der »Löwengrube« und anderen Gefährdungen gerettet. »Gerechtigkeit« und »Rettung« also sind die Stichworte, welche die drei untereinander und mit dem Thema von Hes 14 verbinden. Dazu kommt eine weitere Beobachtung zu den dreien. Zwei der drei sind keine Israeliten. Noah ist es noch nicht, Hiob stammt aus dem Lande Uz, welches man sich irgendwo in aramäischem oder arabischem Gebiet vorstellen muss. Daniel ist Israelit, aber er lebt in babylonischer bzw. persischer Umgebung. Die Fragen, die sich in Hes 14 mit diesen dreien verbinden, sind also nicht auf Israels Menschen begrenzt, es sind – auch – Menschheitsfragen. Dafür stehen Noah als Gestalt der Urgeschichte, Daniel als Israelit in fremdem Land und Hiob als Nichtisraelit mit je ihrer Gerechtigkeit. Der erstgenannte Proto- und Archetyp aber ist Noah.

Keine biblische Quelle, wohl aber eine frühjüdische Paraphrase der »Schrift« und zugleich ein Zeugnis ihrer Lektüre sind die »Jüdischen Altertümer« des Flavi-

---

115 Dass sich im ugaritischen Epos von Aqhat und Danel motivgeschichtliche Verbindungen zur Noahgeschichte finden (die o. im Abschnitt B 9 genannten Sohnespflichten, darüber hinaus das Motiv des [Kriegs-]Bogens), dürfte kaum die Zusammenstellung Daniels und Noahs in Hes 14 begründen.

us Josephus. Der Autor schildert die Noahgeschichte in enger Anlehnung an die biblische Darstellung. An mehreren Stellen jedoch durchbricht Josephus das Schweigen Noahs. Nach seiner Darstellung[116] hat Noah die Bösen zur Umkehr gemahnt und nach der Flut das Opfer mit einem Gebet begleitet, in dem er sich bei Gott für die Menschen einsetzte und ihn um Milde bat. Diese Rezeption ist Zeichen einer Lektüre, der das Schweigen Noahs und vor allem die Tatsache schwer wurde, dass Noah sich nach der biblischen Erzählung mit keinem Wort für die »Opfer« einsetzte. In vielen Nach- und Weitererzählungen warnt Noah seine Mitmenschen. Im Babylonischen Talmud befaßt sich u. a. der Abschnitt Sanhedrin 108 a mit der Noahgeschichte, auch hier hat Noah seine Zeitgenossen zur Umkehr aufgefordert. Sie aber zeigten sich unbelehrbar, weil sie sich in falscher Sicherheit wähnten. Die Bibel lässt Noah schweigen. Es ist schwer, darüber mit Schweigen hinwegzugehen.

Schauen wir zum Abschluss dieser kleinen Reise durch Noahrezeptionen in biblischen Zeiten auf Hebr 11,7. Um Noah geht es dort im Zusammenhang der Geschichte des Glaubens und der Kette der Glaubenszeugen. Von Abel und Henoch ist vor Noah die Rede, nach ihm von Abraham. Hebr 11,7 lässt sich etwa so verdeutschen:

In Treue und Glauben baute Noah, nachdem er Weisung erhalten hatte über das, was noch nicht sichtbar war, achtsam einen Kasten zur Rettung seines Hauses. Dadurch verurteilte er die Welt und wurde ein Erbe der Gerechtigkeit, die Glauben und Treue gemäß ist.

Noah also handelt in Treue und Glauben (das griechische Wort *pistis* schließt beides ein), Noah handelt

---

116   Jüdische Altertümer (Ant) I,3,1.

geradezu »auf Treu und Glauben«, nämlich ohne Beweis, ohne Sicherheiten. Er baut ein Hausfloß auf dem Trockenen. Zur Kennzeichnung dieses Tuns verwendet Hebr 11,7 ein Wort, das sowohl eine ehrfürchtige als auch eine ängstliche Haltung ausdrücken kann (die oben versuchte Verdeutschung »achtsam« ermöglicht beide Verstehensweisen). Die Furcht vor der Flut lähmt ihn nicht, sondern bringt ihn zum Handeln, zum Bau des Kastens, in dem er sich und sein Haus (*oikos*) rettet. Der Wortlaut schweigt an dieser Stelle über die Tiere, doch wird die Arche tatsächlich zur »*öko*-logischen Nische« für Mensch und Tier. In welchem Sinne aber »verurteilte« Noah die Welt? Ist hier die (außerkanonische) Überlieferung von Noah als »Umkehrprediger« vorausgesetzt, oder geht es darum, dass Noah durch sein Tun über die Welt ein Urteil abgibt? Dann wäre es in der Auffassung des Hebräerbriefes sein Tun, das ihn von aller Welt unterscheidet. Dieses Tun »auf Treu und Glauben« macht ihn zum Repräsentanten und Vorbild einer Gerechtigkeit, die auf *pistis*, auf Glauben und Treue gründet. Gerechtigkeit ist hier eine Aufgabe, eine Praxis. Noahs »Glauben« ist also nicht das Für-wahr-Halten von Glaubenssätzen, Noahs Frömmigkeit kein quietistisch-pietistischer Verzicht auf eigenes Tun. Das notwendige Tun kann das scheinbar Absurde sein – wie im Falle Noahs der Bau eines »Schiffes« auf dem Trockenen.

Ein kurzer Blick auf die Noahgestalt im Koran sei angefügt. Wie die neutestamentlichen Bezüge auf Noah als Beispiel jeweils die Hörenden und Lesenden zum entsprechenden Urteilen und Tun in ihrer eigenen Zeit bewegen wollen, so wird auch und stärker noch im Koran die Figur Noahs (arabisch: *Nuḥ*) zum Vorbild der eigenen Zeit.

Abb. 1: Arche Noah. »Unvan«.
Titelseite einer illuminierten Handschrift,
Persien 16. Jh.

Noahs Konflikte mit seinen Zeitgenossen werden zum Spiegel der Auseinandersetzung Mohammeds mit seinen Zeitgenossen. Noahs und Mohammeds Worte können geradezu in eins fallen. Deshalb tritt Noah im Koran (Sure 11; 17; 26) vor allem als der auf, der als »dankbarer Diener« Allahs und »treuer Gottesgesandter« seine Mitmenschen warnt und mahnt, die ihm gegebenen Zeichen der kommenden Katastrophe anzunehmen. Die Zeitgenossen Noahs hören auf ihn ebenso wenig wie die reichen Mekkaner auf Mohammed. Gerade die Koranrezeption der Noahgestalt ist Modell vergegenwärtigender Erinnerung. Eins fällt dabei abermals auf: Auch der Noah des Korans redet, argumentiert, beschwört, mahnt, droht. Der Noah der biblischen Flutgeschichte aber schweigt.

2. NOAH UND NIMROD

Auf die Flutgeschichte und die Geschichte vom Weinbauern Noah folgt in der Bibel als nächste große *Erzählung* die vom »Turmbau zu Babel« (1. Mose 11,1–9). Dazwischen steht in Kap. 10 eine Genealogie, die die Differenzierung der Menschheit als Nachfahren der drei Söhne Noahs in Sippen, Völker und Sprachen konstatiert. Eben diese Vielfalt aber soll im »Projekt Babel« rückgängig gemacht werden. Im Versuch der Herstellung eines Einheitsreichs (*ein* Volk, *eine* verbindliche Sprache) spiegeln sich Erfahrungen mit den assyrischen und babylonischen Imperien.[117] Die Ein-

---

117 Diese für die Auslegung und das Verstehen der Babelgeschichte grundlegende Perspektive hat CHR. UEHLINGER, Weltreich und ›eine Rede‹, Freiburg/Schweiz 1990 herausgearbeitet; vgl. auch J. EBACH, Wörter und Namen in 1. Mose 11,1–9 in: DERS., Weil das, was ist, nicht alles ist.

163

heit soll ihren Ausdruck finden im Bau einer gewaltigen Stadt mit einer Akropolis, einem »Turm«, mit dem die Menschen sich einen Namen machen wollen. Gott zerstört dieses (angeblich) himmelsstürmende Einheitsprojekt, die Sprachen vermengen und verwirren sich, die Völker zerstreuen sich. Multikulturalität ist keine Strafe Gottes, sondern die »Gott sei Dank« gegen die imperiale Einheit wieder hergestellte Vielfalt der Völker und Kulturen.

Dieser kurze Blick auf 1. Mose 11,1–9 ist erforderlich, um die Beziehung bzw. den Gegensatz zwischen Noah und Nimrod wahrnehmen zu können. In der Überlieferung nämlich werden mit Hilfe der Figur jenes Nimrod Flut- und Turmbaugeschichte verbunden. Gehen wir schrittweise vor: In 1. Mose 10 (also zwischen der Noah- und der Turmbaugeschichte) ist von Nimrod die Rede, jenem sprichwörtlich gewordenen »gewaltigen Jäger vor dem Herrn« (10,9). Dieser Nimrod, in 1. Mose 10 genannt als Herrscher und Städtegründer, fungiert in der Überlieferung als Verbindungsgestalt zwischen Flut- und Turmbauerzählung. Er nämlich habe den Versuch unternommen, durch eine gewaltige Bauleistung der Bedrohung jeder künftigen Flut zu entgehen. Man solle ein so hohes Bauwerk errichten, dass ihm keine Flut etwas anhaben könne. So werde man sich von der Macht Gottes befreien. Hören wir, was Josephus zum Unternehmen des Nimrod (bei ihm *Nebrod*) schreibt:

Zu dieser Verachtung und Verhöhnung Gottes verleitete sie Nebrod, der Enkel Chamas', des Sohnes Noës, denn er war kühn,

---

Theologische Reden 4, Frankfurt a. M. 1988, 108–130; DERS., Rettung der Vielfalt. Beobachtungen zur Erzählung vom »Babylonischen Turm«, in: Mit dem Fremden leben. FS Th. SUNDERMEIER, hrsg. v. D. BECKER, Teil 2, Erlangen 2000, 259–268.

und seiner Hände Kraft groß. Dieser überredete sie zu dem Wahn, nicht von Gott komme ihr Glück, sondern ihre eigene Tüchtigkeit sei die Ursache ihres Wohlstandes. Und allmählich verkehrte er sein Benehmen in Tyrannei, weil er die Menschen um so eher von Gott abzuwenden gedachte, wenn sie der eigenen Kraft hartnäckig vertrauten. Er wolle, sagte er, sich an Gott rächen, falls er mit erneuter Flut die Erde bedränge, und er wolle einen Turm bauen, so hoch, dass die Wasserflut ihn nicht übersteigen könne. So werde er für den Untergang seiner Vorfahren Vergeltung üben.[118]

Nimrod befreit sich und die übrigen Menschen dadurch von der Macht Gottes, dass er selbst die Macht an sich reißt. Indem er ein Bauwerk errichten lässt, dem vermeintlich keine künftige Flut etwas werde anhaben können, und im Zuge dieses Unternehmens sich selbst zum Tyrannen aufschwingt, begründet sein Tun in der Befreiung von der Herrschaft Gottes die Herrschaft von Menschen über Menschen. Eben darin gleicht die Nimrodüberlieferung der Sirenen-Episode der homerischen Odyssee.

Die Sirenen singen so betörend, dass alle Seeleute, die sie hören, unweigerlich vom Wege abkommen und an den Klippen zerschellen. Wer die wunderbaren Töne hört, ist beglückt und verloren. Odysseus aber will genießen und dafür nicht mit dem Tode bezahlen. Er lässt sich an den Mastbaum fesseln, um mit offenen Ohren, doch unfähig, den Kurs des Schiffes zu ändern, die süßen Töne zu hören und davonzukommen. Das gelingt ihm, aber nur deshalb, weil ihn unten im Schiffsbauch die Ruderknechte, denen er die Ohren verklebt hatte, an den Sirenen vorbeirudern. So gelingt es Odysseus, die Macht der mythischen Wesen und Götter zu besiegen. Doch seine Befreiung von der Herrschaft der Götter ist keine Befreiung von Herrschaft, sondern ihre Transformation. Von der göttlichen Macht befreit, herrschen nun Menschen über Menschen. Max Horkheimer und Theodor W. Adorno haben in einem Abschnitt ihrer »Dialektik der Aufklärung« mit eben diesem Sirenenkapitel der

---

118 Übersetzung nach der Ausgabe der Jüdischen Altertümer von H. CLEMENTZ, Halle 1899, 31.

Odyssee ihre These begründet, nach der die Aufklärung selbst in Mythos, die Emanzipation selbst in Herrschaft umschlägt.[119]

Die Verbindung zwischen der Flut- und der Turmbau-erzählung durch die Gestalt des Tyrannen Nimrod, die bereits Josephus überliefert, bewegt den Philosophen G. W. F. Hegel in seinem Werk »Der Geist des Christentums«[120] zum Vergleich zwischen Nimrod und Noah:

»Gegen die feindselige Macht sicherte sich Noah dadurch, dass er sie und sich einem Mächtigeren unterwarf, Nimrod, dass er selbst sie bändigte; beide schlossen mit dem Feinde einen Frieden der Not und verewigten so die Feindschaft; keiner versöhnte sich mit ihm, nicht wie ein schöneres Paar, Deukalion und Pyrrha nach ihrer Flut es taten ...«

Für Hegel stellen die »Lösung« Noahs und die Nimrods ein gleichermaßen problematisches Modell der Beziehung zwischen Mensch und Natur dar; er setzt gegen beide auf den griechischen Mythos.[121] In unse-

---

119 M. HORKHEIMER/TH. W. ADORNO, Dialektik der Aufklärung (1944), Frankfurt a. M. 1969, Exkurs I, 50–87.

120 In der Theorie-Werkausgabe bei Suhrkamp Werke I, Frankfurt a. M. 1971, 274 ff. – das Zitat 276 f.; vgl. auch die von W. HAMACHER besorgte Ausgabe »Der Geist des Christentums« Schriften 1796–1800, Frankfurt a. M. 1978 (Ullstein-Tb.), 375.

121 Nach der u. a. bei Apollodor und in Ovids Metamorphosen überlieferten »Sintflut-Fassung« der griechischen Mythologie wollte Zeus (Jupiter) das Menschengeschlecht durch eine Flut vernichten. Deukalion, der Sohn des Prometheus, überlebt zusammen mit seiner Frau Pyrrha die Flut auf einem Floß oder in einem Kasten. Sie landen auf dem Berg Parnass in Böotien und bringen Zeus ein Dankopfer dar. Zeus stellt Deukalion einen Wunsch frei. Er erbittet sich die Neuerschaffung der Menschheit. Zeus weist Deukalion und Pyrrha an, »die Gebeine der großen Mutter« hinter sich zu werfen. Deukalion und Pyrrha verstehen das schließlich richtig als »die Steine der Erde« zu deuten und werfen Steine hinter sich, aus denen neue Männer und Frauen hervorgehen.

rem Zusammenhang soll es jetzt allein um Noah und Nimrod gehen. Das Grundproblem, vor das Hegel beide gestellt sieht, ist die Erfahrung einer menschenfeindlichen, vernichtenden Natur. Nimrod – so nimmt Hegel die Schilderung des Josephus auf – bewältigt die Feindschaft der Natur durch das technische Projekt ihrer Beherrschung. Die Naturbeherrschung aber realisiert sich als Herrschaft über Menschen, als Tyrannei. Noah dagegen entwirft in der Erfahrung der feindlichen Natur das Prinzip eines Herrn über Natur und Menschen, und diesem Herrn und Gott sieht er sich und die Natur unterworfen. So kann er die Natur selbst als beherrscht erkennen und die Verheißung annehmen, dass es nicht noch einmal eine solche Flut geben werde. Doch die Beruhigung hat einen Preis. Noah muss mit der Natur auch sich selbst diesem Herrn unterwerfen.

Diese idealistisch-philosophische Lektüre der Noahgeschichte folgt (wie jede Lektüre) ihren eigenen Kriterien. Die biblische Darstellung, nach der Gott die Flut sendet, um zu vernichten, was seiner Schöpfung widerspricht, erscheint bei Hegel in ganz anderer »Logik«. Hier geht die Erfahrung der Flut als der schlechthin feindseligen, vernichtenden Natur jeder Deutung voraus. Noah, so Hegel, bewältigt diese Erfahrung, indem er sie in eine Idee, eine Theorie fasst, eine, die Gott als den Herrn der Natur und der Menschen setzt.

Man wird diese Lektüre der Noahgeschichte nicht schon deshalb kritisieren dürfen, weil sie dem biblischen Wortlaut nicht gerecht wird. Sie muss in ihrer eigenen Logik wahrgenommen werden wie die biblische Darstellung in ihrer. Hegel kritisiert Noah (und mit ihm den »Geist des Judentums«) wegen seiner Unterwerfung, die ihm zum Preis dafür wurde,

den Naturmächten nicht zu erliegen. Das Gegen-
modell ist das Nimrods. Man kann die Herrschaft
der Götter, die Macht Gottes überwinden, wenn man
selbst sich zum Herrscher aufschwingt und anderen
Menschen seinen Willen aufzwingt. Nimrod oder
Noah? An dieser Alternative wird erkennbar, dass
Noahs Unterwerfung unter Gottes Willen kein bloßes
Nichtstun ist. Noah – so kann man lesen – will kein
Nimrod sein. Die Unterwerfung unter den Willen Gottes kann gerade den aktiven Verzicht auf die Beherrschung von Menschen zum Ausdruck bringen. Wer
Gott dient, dient sonst niemandem in der Welt. Der
Gehorsam gegenüber Gott bedeutet die Weigerung,
die Herrschaft von Menschen über Menschen zu akzeptieren. Diese Linie ist weniger in den großen Kirchen gelebt worden als in den – nicht selten als »Sekten« bezeichneten – Friedenskirchen, bei Quäkern z. B.
oder Mennoniten. Wenn ein Mennonit weder vor dem
Richter noch vor der Fahne den Hut zieht, weil er das
allein vor Gott tut, dann zeigt sich der mögliche sub-
versive Charakter christlichen Gehorsams. Gott dienen heißt, der Herrschaft von Menschen über Menschen zu widerstehen.

Der Schriftsteller Peter Rühmkorf wirkte in frühen
Jahren bei einem Kabarett mit, das »An-arche« hieß.
Was mag die Kabarettisten damals bewogen haben,
sich diesen Namen zu geben? Das Spiel mit den Worten »Arche« und »Anarchie« ist jedenfalls hintergrün-
dig und verweist auf einen anarchistischen, herr-
schaftsfeindlichen Zug des »Arche-Typs« Noah. Wer
Noah des Gehorsams, des – angesichts der Leichen
der Flut liegt der Ausdruck nur allzu nahe – »Kada-
vergehorsams« gegen Gott bezichtigt, möge sich das
Gegenmodell Nimrods vor Augen führen. Nicht nur
bei Nimrod wurde die Befreiung des Menschen pro-

pagiert, wo es in Wahrheit um die Herrschaft von Menschen über Menschen ging. Wie »anarchistisch« ist dagegen Noah, der seine »Geheimkenntnisse« nicht nutzt, sich selbst zum Herrn aufzuschwingen!

3. Vom Fluthelden zum Seehelden

Noah ist auch Erfinder, Entdecker. In der Tradition der »Kulturheroen« steht der Weinbauer Noah, und zum traditionellen »Katalog kultureller und zivilisatorischer Errungenschaften«[122] gehören auch Schiffsbau und Seefahrt. Nun liegt der biblischen Noaherzählung, wie wir sahen, viel daran, dass die »Arche« ein Kasten und kein Schiff und dass Noah kein Seeheld ist. Das hängt vor allem mit der theologischen Intention der biblischen Flutgeschichte zusammen, doch mag auch eine Rolle spielen, dass das Meer für Israel stets etwas vom Grauen der alten Urflut behielt. Die Israeliten wurden, anders als ihre phönikischen Nachbarn, trotz Küstenzugangs kein Seefahrervolk. Phönikische und griechische Spielarten der Flutgeschichte jedoch zeigen die Verwandlung vom Fluthelden zum Seehelden. In der vom Kirchenvater Euseb überlieferten phönikischen Darstellung der Weltentstehung und Kulturentwicklung, die der Autor Philo von Byblos auf der Grundlage älterer Quellen um 100 n. Chr. verfasste, werden kulturelle und zivilisatorische Fortschritte auf eine Reihe von Heroen zurückgeführt, die in einer Genealogie verbunden sind. Mit einem (an Kain und Abel und mehr noch Ja-

---

122 Ausführlicher in J. Ebach, Weltentstehung und Kulturentwicklung bei Philo von Byblos, Stuttgart 1979, bes. 266–408.

kob und Esau erinnernden) feindlichen Brüderpaar,
Samemrumos und Usoos, verbinden sich mehrere Errungenschaften. Samemrumos erfand Hütten aus
Schilf, Binsen und Papyrus, sein Bruder und Rivale
Usoos verfertigte Fellkleidung aus den von ihm erjag-
ten Tieren. Mit jenem Usoos verbindet sich bei Philo
nun auch ein abgewandeltes Flutmotiv:

Als aber reißende Regengüsse und Stürme entstanden, seien die
Bäume in Tyros aneinandergerieben worden und hätten Feuer
entzündet und den ganzen Wald dort verbrannt. Da habe Usoos
einen Baum genommen, ihn von den Zweigen befreit und habe
als erster gewagt, das Meer zu befahren. Er habe zwei Stelen
dem Feuer geweiht und habe sie verehrt und ihnen von den Tieren, die er erjagte, Blut gespendet.[123]

Philo von Byblos nimmt in seinem Werk altorientalische Überlieferungen auf. So ist es auch im Abschnitt
über Usoos, in dem die Abfolge der altorientalischen
und biblischen Fluttexte (Katastrophe – Rettung – Opfer) noch durchscheint. Doch wie viele weitere Motive
sind auch sie transformiert in eine mythologische Kul-
turgeschichte. Von der Flut als Strafe ist ebenso wenig
die Rede wie davon, dass nur einer gerettet werden
sollte, oder von anderen »theologischen« Deutungen.
Die Flut ist ein reines »Naturereignis« (geworden).
Mit Usoos verbunden sind Motive der Sintflut- wie
der Sintbrandgeschichte. Anders als Noah und Lot
kommt er aber nicht als Entrinnender in den Blick,
sondern als der, der sich die Katastrophe zu Nutze
machte. Der verbrannte Baum wird ihm zum Schiff,
er ist es, der »als erster gewagt (habe), das Meer zu
befahren«. Kommen hier der Überlebende der Flutkatastrophe und der Erfinder nahe zusammen, so in

---

123   Text und Übersetzung ebd. 421–430 (der zitierte Abschnitt
      424.429); zur Interpretation 295 ff.

antiken mythologischen Überlieferungen der katastrophenerprobte Seeheld und der Händler. Jasons Argonautenfahrt ist lesbar als Einübung in den Fernhandel,[124] und Odysseus ist zugleich der von den Launen der Götter Getriebene wie der kühne Abenteurer. Der griechische Historiker Herodot schildert einmal[125] eine Irrfahrt eines vom Sturm abgetriebenen Schiffes aus Samos. Das Schiff wird zum Spielball der Stürme, das Unheil treibt die Seeleute buchstäblich bis ans Ende der Welt – und führt zu einem Handelskontrakt. Herodot notiert am Ende dieser »Flutgeschichte«: »Dort erzielten die Samier einen so großen Gewinn für ihre Waren, wie noch kein Grieche ...«

Handel und Gewinn als zufälliges Ergebnis einer Irrfahrt – so wird der Flutheld zum Seehelden, so nahe steht der Kaufmann dem Abenteurer. Aus dem Gerechten und Frommen, der auf einem steuerlosen Floß die Flut überlebt, wird der kühne Schiffsbauer, Seefahrer und Organisator, der die Flut bewältigt. Nicht selten *verschwimmt* dabei auch die Trennlinie zwischen »Noah« und »Nimrod«. Die Bewältigung einer Flutkatastrophe kann zum Beginn der politischen Karriere werden – in der Realität und zuvor in der Literatur. Davon ist ebenso noch zu reden wie von der mytho-politischen Rolle der Noahgestalt als einem Ahnherrn in Herrschergenealogien und von der andauernden und stets neu aufleuchtenden Attraktivität von Archen aller Art. Neben und zusammen mit dem

---

124 Dazu die glänzende Interpretation von O. NEGT/A. KLUGE, Geschichte und Eigensinn, Frankfurt a. M. 1981, 743 ff. (der gesamte Abschnitt mit der Überschrift »Kommentar 6: Der antike Seeheld als Metapher der Aufklärung; die deutschen Grübelgegenbilder; Eigensinn«, 741–769 ist im Zusammenhang des Noahthemas lesenswert).
125 Historien, Buch IV, 152.

»Arche-Typ« Noah wird deshalb in den folgenden Abschnitten auch eine kleine »Arche-ologie« zum Thema werden.

4. ARCA SIGNIFICAT ECCLESIAM

Die Kirche als Arche

Weil aber wiederum Gott von den Werken der Heilsgeschichte die einen durch die Menschen, die anderen durch die Engel und andere wieder durch sich selbst gewirkt hat, steigen wir, wenn wir von den Werken der Menschen zu den Werken der Engel und wiederum von den Werken der Engel zur Betrachtung der Werke Gottes weitergehen, in der geistigen Arche wie vom ersten und vom zweiten zum dritten Stockwerk auf und rühren wir am Ende an die oberste Spitze selbst, in der die Arche gipfelt, wenn wir durch Gottes Werke zu seiner Erkenntnis kamen. Die Arche aber erstreckt sich in einer Länge von dreihundert Ellen, weil, wie schon gesagt wurde, die Werke unserer Heilsgeschichte vom Anfang bis zum Ende der Welt sich durch die drei Zeiten der Natur, des Gesetzes und der Gnade als durch die drei Hunderter erstrecken. Ihre Breite aber ist auf fünfzig und ihre Höhe auf dreißig Ellen festgelegt, weil durch sieben mal sieben, das heißt neunundvierzig und hinzugefügt das Haupt Christus die ganze Menge der Gläubigen, an denen und um deretwillen dies alles geschehen ist, ausgedrückt wird und die ganze Summe der Taten, die Gott von Anbeginn des Menschen wegen tat, in den dreißig Büchern der heiligen Schrift enthalten ist.[126]

---

126 Der Text findet sich in der Patrologia Latina 176, 717AB, er ist hier zitiert nach F. OHLY, Die Kathedrale als Zeitenraum. Zum Dom von Siena, in: DERS., Schriften zur mittelalterlichen Bedeutungsforschung, Darmstadt 1977, 171–273 (das Zitat 252). Ohlys Aufsatz ist für das gesamte Themenfeld grundlegend und ungeheuer materialreich. Im Einzelnen auf Hugo und sein Archenmodell bezieht sich J. EHLERS, Arca significat ecclesiam. Ein theologisches Weltmodell aus der ersten Hälfte des 12. Jahrhunderts, in: Frühmittelalterliche Studien 6, (1972), 171–187; vgl. auch

Das ist ein Abschnitt aus dem der »Arche« gewidmeten zweiten Buch des Werkes »De vanitate mundi« (Über die Nichtigkeit der Welt) des Pariser Augustinerchorherrn Hugo von St. Victor (gest. 1141). Dieser Gelehrte verfasste darüber hinaus zwei Werke über die Arche mit den Titeln »De arca Noe morali« und »De arca Noe mystica«. Diese Werke sind nicht nur ein bemerkenswertes Zeugnis der Bedeutung der »Arche« im Mittelalter, die, wie sich noch zeigen wird, ihrerseits große Wirkungen entfalteten; sie sind auch besonders eindrucksvolle Zeugnisse einer bestimmten Bibellektüre und -auslegung. Im 12. Jh. waren Theologen darum bemüht, eine auf einzelne Worte und deren vielfache Bedeutung beschränkte Bibelexegese zu überwinden und mit Hilfe der Auslegung biblischer Texte die Welt als ein Sinnganzes zu erweisen und zur Darstellung zu bringen. Eine solche geradezu architektonische Bibelauslegung konnte sich vorzugsweise auf solche Bibelabschnitte beziehen, die ihrerseits die Darstellung von Bauwerken enthalten, nämlich Noahs Arche im Ersten Mosebuch, die Stiftshütte im Zweiten, der Salomonische Tempel im 1. (bzw. nach lateinischer Zählung 3.) Buch der Könige sowie das »himmlische Jerusalem« in den letzten Kapiteln der Johannesoffenbarung. Ein besonders eindrucksvolles Werk über solche biblischen Bauwerke ist neben den genannten Arbeiten von Hugo von St. Victor eine Ausarbeitung über die Stiftshütte von Adamus Scotus (gest. 1212), in der bereits der Titel (»Tripartitum tabernaculum una cum pictura«) an-

DERS., Hugo von St. Viktor. Studien zum Geschichtsdenken und zur Geschichtsschreibung des 12. Jahrhunderts, Wiesbaden 1973; ferner H. BOBLITZ, Die Allegorese der Arche Noahs in der frühen Bibelauslegung, in: Frühmittelalterliche Studien 6 (1972), 158–170.

kündigt, dass der Auslegung ein Bild beigegeben sei. Hugo (sein Archenbild allerdings ist nicht erhalten) und Adam lassen ihre Darstellungen einmünden in Zeichnungen, Schaubilder, Modelle, in denen die Auslegung der Bibeltexte sinnfällig und die biblischen Bauwerke selbst zum Weltmodell werden.

Grundlage solcher Textdarstellung ist die seit der Zeit der Kirchenväter bis mindestens zum Ende des Mittelalters einmütige Auffassung, dass die Worte der Heiligen Schrift mehr als *eine* Sinnebene enthalten. Prinzipiell ist eine Zweiteilung vorausgesetzt. Die biblischen Worte enthalten zunächst einen wörtlichen, historischen Sinn. Im Blick auf die Gestalt der Arche besagt der Text also zunächst das, was er sagt. Noahs Arche war mithin real und exakt 300 Ellen lang, 50 Ellen breit und 30 Ellen hoch.

Seit der Zeit der Alten Kirche gehört zur Erforschung dieses Literalsinns historische Forschung. Auf das Beispiel bezogen etwa die Frage: Was für eine Elle ist hier gemeint? So vertrat Origenes die Auffassung, es handele sich um ägyptische Ellen, die gegenüber den üblichen die sechsfache Länge hatten. Ägyptische Ellen seien deshalb vorausgesetzt, weil Mose, der Verfasser des Textes, ägyptische Erziehung genossen habe. In solchen Überlegungen wird also historisch gefragt, was der Text in seiner Zeit habe sagen wollen – freilich unter den Voraussetzungen einer Bibellektüre, für die die Verfasserschaft des Mose bei den Texten der Mosebücher ebenso selbstverständlich vorausgesetzt war wie die Historizität der am Anfang des Exodusbuches geschilderten Geburts- und Jugendgeschichte des Mose. Der historische oder Literalsinn biblischer Texte aber ist nur der eine. Denn über ihm befindet sich eine weitere Sinnebene, in der der Text etwas anderes sagt. Diese Sinnebene bezeichnet man als »geistliche« oder »allegorische« (das Wort »allegorisch« bedeutet zunächst: anders, *allo*, als auf dem Markt, der *agora*, redend). Dieser »geistliche Sinn« eines Wortes oder Textes kann nun seinerseits in verschiedene Sinnstufen eingeteilt werden, je nachdem ob ein Wort etwa als Hinweis auf die Kirche, im Blick auf seine moralische Bedeutung oder seine Beziehung auf die letzten Dinge befragt wird. Dass die Angaben über die Arche über ihre »buchstäbliche« Bedeutung hinaus auf etwas anderes verweisen, ist für diese Lektüre evident. In seinem »Gottesstaat« widmet der Kirchenlehrer Augustin das ganze 27. Kapitel von Buch 15 der Begründung sowohl der »buchstäblichen« wie der »allegorischen« Lektüre. Er legt ausführlich dar, dass der Bericht über Noahs Arche real-wörtlich zu verstehen sei, und verteidigt die Plausibilität des Textes gegen alle möglichen Einwände. Ebenso gewiss ist aber für Augustin, dass der Text nicht so aufgeschrieben wäre, wenn er nicht über das Historische und Reale hinaus etwas zu bedeuten habe. Im genannten Kapitel des »Gottesstaats« schreibt er:

Denn nur ein Narr könnte behaupten, diese Bücher seien unnützerweise geschrieben und viel tausend Jahre so ehrfürchtig und mit solch sorgfältiger Pflege ununterbrochener Überlieferung aufbewahrt worden, oder man habe in ihnen nur die nackten Tatsachen zu beachten.

Die »geistliche« Auslegung der Noahgeschichte hat seit der Alten Kirche in allen Einzelheiten der Texte in 1. Mose 5–9 ein reiches, fast zu reiches Material gefunden. Hier können nur kleine Ausschnitte der vielfältigen Interpretationen gegeben werden.[127] Eine

---

127 Zahlreiche Materialien bei H.-M. von Erffa, Ikonologie der Genesis. Die christlichen Bildthemen aus dem Alten Testament und ihre Quellen, I, München 1989, 432–511; vgl. auch den o. Anm. 1 genannten Aufsatz von H. Rahner.

Grundfigur der allegorischen Lektüre der Flutgeschichte bilden deren elementare »Materialien«,
nämlich Holz und Wasser. Bereits im Neuen Testament (1. Petr 3,18 ff.) ist eine typologische Entsprechung zwischen dem Wasser und der Taufe vorgebildet, in derselben Weise verstand man das Holz der
Arche als Vor-Bild des Kreuzes Christi. Diese Grundfigur ist begleitet und ergänzt durch eine Vielzahl
weiterer typologischer Entsprechungen. So weist die
Tür an der Seite der Arche auf die Seitenwunde
Christi am Kreuz.[128] Als von Gott selbst von außen
»verschlossene Tür« (1. Mose 7,16) präfiguriert sie
aber auch die Jungfräulichkeit Marias. Vor allem Ambrosius sah in den Maßen der Arche die eines Menschen. Als Papst Nikolaus V. den Bau des Petersdoms
in Rom plante, habe er, wie sein Biograph Manetti
berichtet, in Anlehnung an diese Auffassung des
Mailänder Bischofs und Augustin-Lehrers Ambrosius, dem Bau die Maße eines Menschen zugrunde ge-
legt. Ebenfalls im Kirchenbau drückt sich eine andere
geistliche Auslegung der Noahgeschichte aus. Die
Tatsache nämlich, dass in der Arche acht Menschen
gerettet wurden, führte in Verbindung mit der Beziehung der Arche und der Taufe dazu, dass Baptiste-
rien (Taufkirchen) oft achteckig angelegt wurden.
Die Zahl acht (der Geretteten) verband sich dabei
mit weiteren Dimensionen: am achten Tag findet
nach 1. Mose 17,2 die Beschneidung statt, der achte
Tag ist der erste einer neuen Woche, der erste Tag einer neuen Welt.

Die grundlegende Verbindung zwischen der Arche
und der Taufe spielt eine große Rolle noch in Luthers

---

128   Augustin, Gottesstaat, XV, 26.

»Sermon von dem heiligen hochwürdigen Sakrament der Taufe« (1519). Der betreffende Abschnitt lautet:

Zum sechsten: Diese Taufe ist vorzeiten schon angezeigt worden in der Sintflut des Noah, als die ganze Welt ersäuft wurde, ausgenommen Noah mit drei Söhnen und ihren Frauen, acht Menschen, die in der Arche bewahrt wurden. Dass die Menschen der Welt ersäuft wurden, bedeutet, dass in der Taufe die Sünden ersäuft werden. Dass aber die acht in der Arche mit allerlei Tieren bewahrt worden sind, bedeutet, dass durch die Taufe der Mensch selig wird, wie es St. Peter auslegt in seiner zweiten Epistel (2. Petr 2,5). Nun ist die Taufe eine weit größere Sintflut, als jene es gewesen ist. Denn jene hat nicht mehr als ein Jahr Menschen ersäuft. Aber die Taufe ersäuft noch durch die ganze Weltgeschichte von Christi Geburt an bis an den Jüngsten Tag allerlei Menschen. Sie ist eine Sintflut der Gnade wie jene eine Sintflut des Zorns war, wie Ps 29,10 voraus verkündigt ist: »Gott wird machen eine beständige neue Sintflut.« Denn ohne Zweifel werden viel mehr Menschen getauft, als in der Sintflut ersoffen sind.[129]

Hier kann lediglich ein kleiner Eindruck dieser Bibellektüre und -auslegung vermittelt werden, alle diese Einzelheiten bedürften ihrerseits der Auslegung. Bereits der überaus gelehrte Kirchenvater Hieronymus beklagte geradezu, dass eine Zeit nicht reiche, den im Blick auf Noahs Arche fast zu vielen Deutungen nachzugehen. Daher sollen nur noch wenige Hinweise folgen. Die innere Aufteilung der Arche konnte als Modell der kirchlichen Hierarchie gedeutet werden (so bereits bei Clemens von Alexandrien und Gregor dem Großen). Origenes wiederum sah in der Länge von 300 Ellen das Produkt der »100« als Zahl der Vollkommenheit mit der »3« der Trinität. Die Höhe von 30 Ellen bezeichnet für ihn u. a. das Alter, in dem

---

129 Zitiert in der Bearbeitung von W. Mostert, in: Martin Luther, Ausgewählte Schriften, hrsg. v. K. Bornkamm u. G. Ebeling, Gütersloh 1982, Bd. 2, 35–51, hier 38 f.

Jesus getauft worden sei. Die drei Stockwerke symbolisieren Glaube, Liebe, Hoffnung.

Über die Unterscheidung eines »buchstäblichen, historischen« Sinnes von einem (bzw. mehreren) »geistlichen« hinaus gibt es nun in Hugo von St. Victors Werk über die Arche ein neues leitendes Prinzip, nämlich eine Dreiteilung, die von eben den drei Stockwerken der Arche und den drei Dimensionen der Länge, Breite und Höhe herrührt. In dieser Lesart sind die drei Stockwerke zu verstehen als Dimensionen des Kosmos oder als unterschiedliche Stufen des Seins, etwa für die Trias: Schatten – Körper – Geist. Besondere Aufmerksamkeit gilt den Maßen der Arche. In den zu Beginn des Abschnitts zitierten Sätzen Hugos leuchtet eine für diese Bibellektüre kennzeichnende Lesart auf. Die Länge von 300 Ellen steht für die Dreiteilung der Weltzeiten in die Zeit unter dem Gesetz der Natur, dann die Zeit der Gesetzestafeln des Mose und schließlich die mit Christus angebrochene Zeit der Gnade. Die 50 Ellen der Archenbreite stehen für die Menge des Kirchenvolks und Jesus als ihrer Spitze, die Höhe steht für die 30 Bücher der heiligen Schrift.[130] Daneben gibt es eine

---

130 Die durchaus ungewöhnliche Angabe von 30 Büchern der »Schrift« kann ich nur vermutungsweise aufklären. Es könnte sich um die Summe der nach rabbinischer Auffassung 22 Bücher des AT handeln (diese Zahl ist auch in christlicher Rezeption bekannt; so zu dieser Stelle auch EHLERS, Hugo, 123), zu denen acht Bücher des NT kommen. Bei solchen Zählungen der biblischen Bücher sind jeweils mehrere Schriften, z. B. bei den neutestamentlichen Briefen, zu *einem* »Buch« zusammengefasst. Für die Zahl von »acht« Schriften des NT gibt es jedoch kaum einen Beleg. Immerhin erwähnt Euseb neun Bücher des NT, wobei er hinzufügt, dass man die dabei mitgezählte Johannesoffenbarung nicht dazunehmen müsse. So könnte man also auf »acht« neutestamentliche und damit ins-

Auffassung der drei Dimensionen der Arche, nach der die Länge die Zeit der Geschichte meint, die Breite den Raum des Gottesvolkes und die Höhe ansteigende Stufen des Wertes, der Heiligkeit. Auch die älteren Kirchenlehrer deuteten, wie wir sahen, Angaben über die Arche allegorisch. Während jedoch in solchen Exegesen die verschiedenen »Schriftsinne« durch allegorische Auslegungen je einzelner Worte und Zahlen zusammengetragen werden, kommen die Theologen des 12. Jh.s zu einer Gesamtschau, in der die Arche in ihren Dimensionen eine geschlossene »mappa mundi«, einen vollständigen Plan der Welt enthält. Das Archenmodell Hugos etwa weist eine Ost-West-Richtung auf; das steht in der Geschichtskonzeption dafür, dass die Herrschaft nach Westen geht – Hugo lehrt und wirkt in Paris, die so gezeichnete Arche als »Weltplan« legitimiert zugleich die Macht Frankreichs. Die Arche bleibt aber auch Modell der Kirche (*arca significat ecclesiam* – die Arche bezeichnet die Kirche, so bereits bei Cyprian im 3. Jh.). So konnte sie zum realen Vorbild des Kirchenbaus werden. Friedrich Ohly hat gezeigt, wie Auslegungen der Bibeltexte bei Hugo von St. Victor, Adamus Scotus und anderen im Bau und der Innenausstattung vor allem des Doms von Siena buchstäblich realisiert wurden.[131] Die Kirche als Institution wie auch als Bau ist die Realisierung der Arche in der Gegenwart.

---

gesamt auf 30 biblische Bücher kommen. Man wird annehmen dürfen, dass Hugo unter den vielen Möglichkeiten der Zählung eben die wählt, die der Angabe der 30 Ellen der Arche entsprechen. Dabei mag er eine ungewöhnliche Überlieferung gewählt haben. Könnte man (ein Gedankenspiel!) Hugo selbst fragen, warum die Bibel 30 Bücher habe, würde er vermutlich antworten: Weil die Arche 30 Ellen hoch ist ...

131 Dazu der o. Anm. 126 genannte große Aufsatz von OHLY.

Wo das »Kirchenschiff« als Arche gedeutet wird, stellen sich an die Kirche die Fragen, die mit dem Projekt der Arche verbunden sind. Was geschieht denen, die drinnen, und denen, die draußen sind? Draußen ist die Flut, nur drinnen gibt es Rettung und Heil. *Extra ecclesiam nulla salus* – außerhalb der Kirche ist kein Heil. Im Lichte (oder im Schatten) der Arche Noahs zeigt dieser Satz sein Heilsangebot, aber eben auch sein Drohpotential. Und: Wer darf hinein, wer muss draußen bleiben, wer wird hinausgeworfen? Die Vergegenwärtigung der Geschichte Noahs und der Arche, wie sie sich eindrucksvoll in dieser christlichen Auslegung und Realisierung des Projekts »Arche« zeigt, bleibt zwiespältig. Und doch kann man sich des tiefen Eindrucks kaum entziehen, den eine solche Lektüre biblischer Texte gewärtigt, indem sie – jedem aufmerksamen Besucher des Doms von Siena z. B. – sinnfällig macht, was es bedeutet, nicht nur mit, sondern buchstäblich in der Noahgeschichte zu leben.

Am Ende dieses Abschnitts muss ein trauriges Kapitel christlicher Lektüre der Noahgeschichte stehen. Bereits der Bibeltext selbst erweist sich als problematisch und vielschichtig verstehbar im Blick auf den »halbierten Segen« in 1. Mose 9, der die Frauen ausblendet. Ob es sich dabei um eine frauenfeindliche Linie handelt oder (und?) gerade eine, die in dieser Halbierung den Verlust kenntlich werden lässt, den die »zweitbeste der möglichen Welten« bedeutet, ob schließlich Gott selbst für eine Weile vergessen hatte, dass ein halbierter Segen kein Segen ist – all das war zu erwägen und fast alles blieb dabei offen.[132] In der legendarischen mittelalterlichen Rezeption der Noahgeschichte jedenfalls wird eine frauenverachtende Li-

---

132   S. o. im Abschnitt B 10.

nie unübersehbar.[133] Sie verbindet sich mit der Figur der Frau Noahs. Sie nämlich gehörte nach diesen Legenden zu denen, die sich von Noahs Umkehrpredigten unbeeindruckt zeigten.[134] Noahs Frau habe sich mit dem Satan verbündet,[135] habe Versuche unternommen, den Bau der Arche zu verhindern, schließlich den Teufel selbst mit »an Bord« genommen. Diese Motive machen Noahs Frau zu einer beliebten Figur in burlesken mittelalterlichen Spielen, aber ihre »Rolle« geht darin nicht auf. Denn auf eben diese Weise wird erklärt, warum es auch nach der (reinigenden) Flut noch das Böse in der Welt gebe. Es ist das Werk einer Frau, die dem Teufel Einlass gewährte und – zusammen mit anderem »Teufelszeug« wie dem Raben – das Böse in die neue Welt transportierte. Zur Geschichte der Noahrezeptionen gehört auch dieses schwarze Kapitel. Es fügt sich ein in eine machtvolle Linie christlicher Auffassungen von einem geradezu genetisch sündigen Wesen der Frau. Die Hochschätzung der Maria stand und steht dazu nicht im Widerspruch, sondern gehört mit zur Armatur.

5. NOAH IN ITALIEN

Im »Chiostro verde«, im »grünen Kreuzgang« der Dominikanerkirche Santa Maria Novella in Florenz

---

133 ERFFA, Ikonologie, 457 ff.
134 Das unverdiente Schicksal einer notorisch »schlechten Presse« teilt Noahs Frau mit der Frau Hiobs und mit Xanthippe, der Frau des Sokrates.
135 Hier wird Noahs Frau motivgeschichtlich mit »Eva« verbunden, welche (in einer tendenziös-verkürzten Lektüre von 1. Mose 3) auf die Verführung des Teufels (der Schlange) gehört habe.

befinden sich in einem biblischen Bilderzyklus mehrere Fresken des florentinischen Malers Paolo di Dono, genannt Uccello (1397–1475), mit Themen der Urgeschichte. Darunter sind zwei Noahbilder. Das eine hat die »Sintflut« (italienisch: *diluvio universale*), das andere »Noahs Trunkenheit« zum Thema. Ersterem soll jetzt unsere Aufmerksamkeit gelten. Obwohl das Bild weder signiert noch datiert ist, ist die Zuschreibung seit den Lebzeiten des Malers gewiss; entstanden ist es um das Jahr 1447 (es gibt aber auch andere, z. T. deutlich spätere Datierungen). Wenige Jahre zuvor (1439) hatte in Florenz ein Einigungskonzil zwischen der römischen und der byzantinischen Kirche in eben der Kirche Santa Maria Novella stattgefunden; die Rolle der Kirche (ecclesia) als bergender Arche für die *ganze* Christenheit schien für eine Weile nahe.

Wie stellt das Fresko das Flutgeschehen dar? Auf beiden Seiten des Bildes sieht man in perspektivischer Sicht jeweils die Arche in Form eines gewaltigen Kastens aus Holz. Links treibt der Kasten auf dem Wasser. Er zeigt keinen Zugang, Fenster oder Tür sind nicht zu erkennen. Menschen versuchen sich an ihn zu klammern, das Vergebliche ihres Tuns wird erkennbar. Rechts ruht der Kasten auf dem Boden auf. Hier ist die Situation nach dem Zurückgehen des Wassers im Blick. Aus einem Fenster des Kastens lehnt sich eine Figur, offenkundig Noah, der die mit einem Ölzweig im Schnabel zurückkehrende Taube empfängt. Obwohl die beiden Archen verschiedene Phasen des Flutgeschehens anzeigen, gehören sie ohne eine erkennbare Trennlinie zu einem einzigen Bild. Sie umschließen eine Mittelszene, die die Vernichtung durch die Flut zeigt.

Abb. 2: Diluvio universale, Paolo Uccello,
Florenz, Chiostro verde, Santa Maria Novella

Aus der Tiefe des perspektivischen Raumes[136]
scheint ein gewaltiger Sturm das Verderben zu bringen. Menschen versuchen sich mit Balken oder Zu-
bern zu retten, noch im Untergang dominieren Rivali-
tät und Mord. Einzelszenen auf der linken Seite und
der Bildmitte deuten an: Hier findet ein Kampf um
Leben und Tod statt, bei dem es um rettende Plätze
geht, die es gar nicht gibt. Auf der rechten Seite dagegen hat sich das Wasser bereits verzogen. Doch auch
hier zeigt sich Tod und Schrecken. Der Boden ist be-
deckt von Leichen. Am äußeren rechten Rand (im
oben abgebildeten Bildausschnitt nicht zu sehen) kann

---

136 Die Arbeit an der perspektivischen Darstellung ist ein
    Hauptthema Uccellos. Zu diesem Maler und den Fresken
    in St. Maria Novella E. SINDONA, Paolo Uccello, Mailand
    1957; U. BALDINI (Hrsg.), Santa Maria Novella, Stuttgart
    1982.

man einen (vermutlich *den*) Raben erkennen, der einem toten Kind ein Auge aushackt. (Das Motiv des Raben, der einer Leiche ein Auge aushackt und sich so als Aas fressendes und so Böses bezeichnendes Tier ausweist, begegnet bereits in der Apokalypse des St. Sever aus dem 11. Jh.) Obwohl eine Reihe von Motiven in Uccellos Bild Einzelheiten der biblischen Erzählung korrespondieren, wird hier vor allem das ins Bild gesetzt, was die biblische Erzählung konstatiert, ohne es zu schildern. Die Flut bringt schreckliches Verderben und unentrinnbaren Tod. In diesem Szenario von Gewalt, Verderben und Tod gibt es jedoch eine Figur, die all dem seltsam enthoben scheint.

Ein älterer, doch bartloser Mann steht in der Nähe der ruhenden Arche wie eine überlebensgroße Statue in erhabener Ruhe auf einer Art Standbrett. Ein Ertrinkender klammert sich an die Füße dieses Mannes. Will er sich an ihm festhalten oder ihn ins Verderben hinab ziehen? Die ruhig stehende Figur jedoch scheint daran und am ganzen Geschehen keinen Anteil zu nehmen. Sie blickt nach rechts, gleichsam aus dem Bild hinaus. Die Hand ist erhoben, segnend oder betend womöglich oder auch beschwichtigend, ordnend, anordnend. Gesicht und Vorderseite des Mannes reflektieren ein Licht, das von einem Ort außerhalb in die Szene scheint. Er selbst scheint auf diese Weise über das Geschehen hinaus in die Zukunft zu blicken, schon zu sehen, was den anderen (wie denen, die das Bild betrachten) verborgen ist.

Wer ist dieser Mann? Eine von vielen bevorzugte Deutung sieht in ihm Noah. Dann wäre Noah auf dem Bild zweimal zu sehen, denn die Figur, die aus dem Fenster der ruhenden Arche blickt, ist ja zweifellos als Noah zu identifizieren. Daraus folgt kein zwingender Einwand, denn das Bild stellt ja auch die Ar-

Abb. 3: Diluvio universale (Detail), Paolo Uccello,
Florenz, Chiostro verde, Santa Maria Novella

che doppelt dar. Freilich wären beide Noahfiguren
sehr unterschiedlich dargestellt. Die Kopfbedeckun-
gen unterscheiden sich, der bärtige Noah, der aus der
Arche blickt, ist deutlich älter gezeichnet als der bart-
lose Mann in der rechten Bildmitte. Auch der Noahgestalt im anderen Fresko des Zyklus ähnelt diese
nicht.

Es gibt eine Reihe von weiteren Zuschreibungsver-
suchen. Eine Deutung bezieht sich auf Gott selbst.
Dann aber wäre dargestellt, wie ein Ertrinkender Gott
persönlich an den Fußfesseln packt. Das ist schwerlich
anzunehmen. Weiter hat man in jener Zentralfigur
Papst Eugen IV. vermutet und im Noah im Archen-
fenster den Patriarchen von Konstantinopel. Diese
Deutung verbindet das Fresko mit dem erwähnten
Einigungskonzil. Aber sollte Uccello in seinem Bild-
ensemble den Papst *unter* dem Patriarchen dargestellt
haben, zudem so, dass der Byzantiner den Römer seg-
net? Doch man könnte im Ensemble mit Noah im
Fenster, der Taube und der stehenden großen Figur
geradezu eine Taufszene sehen. In 1. Petr 3,18 ff. ist
die Konfiguration von Noahflut und Taufe neutesta-
mentlich vorgebildet. Dann wäre die genannte kir-
chenpolitische Deutung noch zuzuspitzen: Der Patri-
arch wäre in der Rolle Johannes des Täufers gesehen
und der Papst in der Rolle Christi. Darf man so weit
gehen? Konnte, wollte Uccello (bzw. seine Auftrag-
geber) so weit gehen? Auch bei dieser Erklärung bleiben viele Fragen offen.

Wieder andere sehen in der rätselhaften Figur, de-
ren Gesicht wie ein Portrait gezeichnet ist, berühmte
Gestalten der Frührenaissance, den Dombaumeister
Filippo Brunelleschi oder den Universalgelehrten
Leon Battista Alberti. Auch da gibt es gewichtige Ge-
gengründe. Nun hat vor einigen Jahren der Kunsthi-
storiker Volker Gebhardt[137] überzeugend dargelegt,
dass in dieser Portraitfigur tatsächlich ein Zeitgenosse
Uccellos dargestellt ist, nämlich der Begründer der
Herrschaft der Medici, Cosimo der Alte (1389–1464),

---

137   V. GEBHARDT, Ein Portrait Cosimo de' Medicis von Paolo
      Uccello, Pantheon 48 (1990), 28–35.

von 1434 bis 1464 Stadtherr in Florenz. Diese »Lesart« der Figur in Uccellos Flutbild basiert auf Vergleichen sowohl mit der Darstellung Cosimos auf Medaillen als auch der Figur dieses Herrschers in anderen Bildern dieser Zeit. So ist er (neben anderen berühmten Zeitgenossen) dargestellt im Zug der »Heiligen drei Könige« im Bild von Benozzo Gozzoli, und auch Fra Angelico und Donatello beziehen Cosimo Medici in Bildwerke ein. Die »anachronistische« Einfügung Lebender in Darstellungen biblischer Szenen ist in dieser Zeit nicht ungewöhnlich. Oft sind es die Stifter der Bilder, zuweilen auch die Maler selbst, die sich auf diese Weise in ihr Werk »einbringen«, und häufig werden Prominente und Mächtige in die biblischen Szenen eingeschrieben. Im Falle des Flutbildes Uccellos läge allerdings ein besonderer Fall vor. Denn Cosimo wäre ja nicht nur ins Bild eingebracht, er wäre zur beherrschenden Figur des Bildes geworden. Auch für die Cosimo-Deutung wird das Motiv der Taube und des »taufenden Noah« im Lichte von 1. Petr 3,18 ff. zu einer bedeutungsgeladenen Konfiguration. Der Stadtherr hätte die »Rolle« Christi. Gebhardt macht darauf aufmerksam, dass auch der Name des Gründers der Medici-Dynastie zum Bildprogramm gehören könnte. Der Name Cosimo nämlich wurde in seiner Zeit oft Cosmo geschrieben, d. h. mit einem deutlichen Anklang an »Kosmos«. Inmitten der Flut erschiene der Cosimo-Kosmos als Ruhepunkt und Ausblick in eine neue, geordnete Welt. Auch so wäre die Arche »Modell des Kosmos«, »mappa mundi«, wie sie Hugo von St. Victor dargestellt hat und wie sie in der Zeit des Uccello-Bildes und der Medici-Herrschaft im Dom von Siena in ein Realmodell umgesetzt wurde.[138]

---

138   Dazu der o. Anm. 126 genannte Aufsatz von OHLY.

Der Medici-Fürst gäbe den von Noah empfangenen Segen seinerseits in der Geste der Hand an seine Stadt weiter. So gelesen wäre das Noahbild ein bemerkenswertes Zeugnis mediceischen und florentinischen Selbstbewusstseins. Gebhardt wertet weitere Züge des Bildensembles aus. Die Taube symbolisiert ja nicht nur Taufe, sondern auch Frieden. Über Cosimos Haupt wäre sie Symbol der beanspruchten »pax medicea«, des »Friedens« der Medici-Herrschaft nach den Fluten von Kriegen und Aufständen.[139]

Die Bezüge der Zentralfigur in Uccellos Fresko auf den Medici-Fürsten sind nicht abzuweisen. Und doch sollte man – geschult durch den mehrfachen Schriftsinn, der erst die Grundlage solcher Konfigurationen von Zeiten und Bedeutungen ist – auch hier keine Alternative sehen. Die Frage lautet nicht: Ist in der rätselhaften Zentralfigur Noah *oder* Cosimo Medici dargestellt? Sie lautet eher: Was besagt es, was bezeichnet es, dass in Uccellos Fresko Cosimo de Medici *als* Noah bzw. Noah *als* Cosimo dargestellt ist? Der Noah, der aus der Luke der Arche schaut, ist der Noah als Figur der biblischen Flutgeschichte. Der Noah, der die Züge Cosimos hat, ist der Noah, der über die Flut hinausreicht, die Flut umgreift. Er steht bereits für das neue Leben danach, jenseits der Fluten. Dieser Noah wirkt über seine Zeit hinaus. So wird Noah in der mittelalterlichen Stadtchronik von Giovanni Villani als sagenhafter Gründer von Florenz genannt; als Schutzherr von Florenz galt übrigens in langen Zeiten Johannes der Täufer; das Ensemble des Uccello-Bildes lässt also noch mehr »Lesarten« zu.

---

139 Für Weiteres und Genaueres muss auf GEBHARDTS Aufsatz (o. Anm. 137) verwiesen werden.

Wenn dieser zeitübergreifende Noah im 15. Jh. in Florenz die Züge Cosimo de Medicis hat, so ist der florentinische Stadtherr damit ins Bild gesetzt als unerschütterlicher Lenker des Staatsschiffs durch die Fluten. Er lässt sich von den Wirren nicht verwirren, er blickt weiter – über den Rand hinaus. Cosimo verkörpert Noah, in Cosimo ist Noah gegenwärtig. Der Arche-Typ wird zur Realallegorie.

Noah und seine Geschichte(n) sind in Florenz auch an anderer Stelle prominent ins Bild gesetzt. Die 1452 vollendete so genannte »Paradiespforte« von Lorenzo Ghiberti am Baptisterium des Doms enthält eine

Abb. 4: Noahszenen, Lorenzo Ghiberti,
Porta del paradiso, Baptisterium des Doms von Florenz

Noahdarstellung mit mehreren Szenen. Der von Fischen umschwärmte hohe Berg ist da ebenso zu sehen wie besondere Tiere (z. B. links ein Elefant); der Ausgang aus der Arche ist ebenso dargestellt wie das Noahopfer, und die recht »offen« dargestellte Geschichte vom betrunkenen Noah bildet einen bedeutenden Teil des Noahensembles.

Einen zentralen Ort findet Noah ferner an Giottos Campanile des Doms von Florenz in den um 1340 von Andrea Pisano hergestellten Relieftafeln. Hier steht der Weinbau Noahs in der Reihe der in der biblischen Urgeschichte beginnenden und in der klassischen Antike sich fortsetzenden Ausbildung kultureller und zivilisatorischer Errungenschaften und Künste. Die Bedeutung der Noah- und Flutmotive gerade in Florenz dürfte auch damit zusammenhängen, dass die Stadt mehrfach durch furchtbare Überschwemmungen fast vernichtet wurde. Eine Arno-Flut des Jahres 1333 schildert der Chronist Villani in apokalyptischen Zügen, von weiteren Überschwemmungen ist die Rede. Mary McCarthy, die ein wunderschönes Florenzbuch schrieb, bemerkt: »1269 wurde die Carraia- und die Trinità-Brücke fortgerissen, und man wundert sich kaum, dass Villani die Gründung der Stadt auf Noah zurückführte.«[140] Und von der Sintflut predigte am Ende des 15. Jh.s machtvoll und drohend der finster-gerechte Savonarola. Die Flut und Noah waren in dieser Stadt präsent.

Nach anderen Traditionen ist Noah der Ahnherr von ganz Italien. Auch diese Überlieferung basiert auf mehreren Beobachtungen und Spekulationen. In seinem Werk über den Ursprung der florentinischen

---

140 M. McCarthy, Florenz, Tb.-Ausgabe Knaur, München 1967, 76.

Sprache (Origine della lingua fiorentina) aus dem Jahre 1549 vertrat Pierfrancesco Giambulari die Ansicht, die toskanische Sprache (sie wurde als Sprache Dantes zum »Hochitalienischen«) gehe direkt auf das Hebräische bzw. Aramäische zurück. Und zwar habe Noah sie mitgebracht, als er nach der Flut in Italien siedelte und Wein anbaute. In Italien sei Noah auch gestorben. Ein »Beleg« dafür sei die sprachliche Beziehung zwischen dem biblischen Wort für den Wein – *jajin/jen* – und lateinischem *vinum* bzw. italienischem *vino* und griechischem *oinos*. Von diesem hebräischen Wort leite sich ebenfalls der römische Gottesname Janus ab, und Noah, der erste Weinbauer, sei mit Janus zu identifizieren. Die Doppelköpfigkeit des Janus findet dabei in der zwei Welten und Zeiten (die vor- und die nachsintflutliche) umgreifenden Gestalt Noahs ihre Entsprechung. Diese Gleichung wurde mit angeblichen antiken Zeugnissen belegt, die jedoch im Wesentlichen auf Fälschungen des Annius von Viterbo (Opera de antiquitatibus, 1545) zurückgehen. Dass sie Noah nicht nur zum Ahnherrn des italienischen Weinbaus erhebt, sondern zum Ahnherrn Italiens selbst, konnte den Reiz nur erhöhen, gab es doch die Erklärung, der Name *Italia* habe ursprünglich *Enotria/oinotria* (Weinland) geheißen. Hier werden der entronnene und weit gereiste Fluthheld und der Weinbauerfinder wieder *eine* Figur. Dass die Römer von Noah abstammen, weiß freilich bereits der Kirchenvater Hieronymus. In Gründungslegenden des 10. und 11. Jh.s findet sich die Notiz: »Nachdem die Söhne Noahs den Turm der Verwirrung erbaut hatten« (d. h. den Turm von Babel, 1. Mose 11) »bestieg Noah mit seinen Söhnen ein Floß ... und kam nach Italien.« Solche – realen oder fiktiven – Verbindungen zwischen der biblischen und der antiken, römischen Welt waren in der Renaissancezeit von größtem Interesse bei christlichen und auch bei jüdischen Humanisten. Die Noah-Janus-Gleichung findet sich auch bei dem großen jüdischen Renaissancephilosophen Don Jehuda Abravanel, genannt »Leone Ebreo« (geb. um 1460 in Lissabon, gest. 1535 in Venedig).

Zum Ur- und Vorbild des Ahnherrn von Stadt und Land und real-allegorischen Lenkers durch die Flut wurde Noah nicht nur in Florenz und Italien. Noah ist auch der sagenhafte Ahnherr der Deutschen. Der Basler Humanist Heinrich Pantaleon führt ihn in seinem »Heldenbuch« (1565)[141] als Ahnherrn der deutschen »Helden« auf, namentlich als Ahnherrn der Habsburger. Janus-, d. h. doppelköpfig und lorbeerbekränzt dargestellt (darin auch dem Doppeladler und der späteren Doppelmonarchie korrespondierend), symbolisiert er seine Präsenz in der Welt vor und der nach der Flut. Es handelt sich um eine Variante der Theorie, die Noah zum »Vater Italiens« machte. Pantaleon legt Wert darauf, dass dieser Noah nicht der »italienische« sei, dahinter steht der Anspruch, dass das »Reich« nicht mehr in Rom sein Zentrum und doch die römische Tradition beerbt hat. Aus heutiger Sicht muten solche Umgehensweisen mit biblischen Texten und Gestalten fast abstrus an. Doch manche auf den ersten Blick eigentümlich erscheinende Motive und Verknüpfungen gehen auf den zweiten Blick auf eine in den Plausibilitätsstrukturen je ihrer Zeit genaue Bibellektüre zurück – und auf den dritten Blick (und noch mehr beim vierten und vielen weiteren) zeigen sie, wie die Texte und ihre Lese- und zuweilen auch Verlesegeschichte und -geschichten in ein immer

---

141   Dazu H. Buscher, Heinrich Pantaleon und sein Heldenbuch, Basel 1946, bes. 156 ff.

neues Gewebe, einen stets neuen Text sich verwandeln und wie die Leserinnen und Leser sich in die neuen und wiederum die alten Gewebe »verstricken« lassen können. Gegen die Belehrungen und das Vergnügen, die von solcher Lektüre ausgehen, ist die Frage, wie es mit Noah denn nun »wirklich« gewesen sei, ziemlich langweilig.

6. Noah verschwindet

Flutbilder

Die Bedeutung Noahs und der Sintflutgeschichte in der Bibel, Noahs Rolle in der Rezeptionsgeschichte, aus der wir in den letzten Kapiteln dieses kleinen Noahbuches Ausschnitte kennen lernten, lässt erwarten, dass es in der Kunstgeschichte aller Epochen große Mengen von Flut- und Noahbildern geben müsse. Das ist erstaunlicherweise so nicht der Fall, genauer: Es ist nur bis zu einer bestimmten Zeit der Fall. Gemessen an der Größe des Stoffes und der zentralen Bedeutung der Noahfigur ist seine Rolle in der Kunstgeschichte der Neuzeit nämlich erstaunlich gering. In bestimmter Hinsicht wird gerade die Größe, die Gewalt des Stoffes für dieses »Noahschweigen« verantwortlich. Die folgenden Beispiele und Stationen der Geschichte der Noahbilder[142] zeigen etwas von dieser Problematik und etwas von den Wandlungen des Stoffes.

Geht man zeitlich vor, so ist zuerst eine Noahrezeption auf einer Münze aus dem 3. Jh. n. Chr. zu nennen.

---

142 Materialien sind aufgeführt unter den Stichworten »Arche«, »Noah«, »Sintflut« im LCI; vor allem bei Erffa, Ikonologie I (s. o. Anm. 127), unter Stichworten der Noaherzählung geordnet im gesamten Abschnitt 1.4, 432–511.

Sie stammt aus der Stadt Apameia in Phrygien (am Oberlauf des Mäander in Westanatolien) und bezieht sich offenkundig auf die Noahgeschichte. Auf der Bildseite der Münze rechts abgebildet sind ein Mann und eine Frau in einem Kasten mit offenem Deckel. Auf dem Kastenaufsatz ist die Inschrift NΩE (Noe) angebracht. Dort befindet sich auch eine Taube; abgebildet ist ferner eine weitere Taube mit einem Zweig. Auf derselben Münzseite links stehen noch einmal ein Mann und eine Frau. Vermutlich handelt es sich um eine auf jüdische Traditionen zurückgehende besondere Überlieferung der Stadt, die ihren Haftpunkt in den Sibyllinischen Orakelbüchern hat. (Die Sibylle kann sich selbst als Schwiegertochter Noahs vorstellen.[143]) Der Name der Stadt »Apameia kibotos« diente also nicht nur zur Unterscheidung von anderen Städten des Namens Apameia, sondern ließ sich womöglich auch (*kibotos* ist die Bezeichnung des »Kastens«, der »Arche« in der griechischen Bibel) mit einer besonderen Überlieferung eines phrygischen Landeplatzes der Arche Noahs verbinden.

Nicht nur auf dieser Münze, sondern auch in mehreren weiteren frühen Noahdarstellungen wächst die Figur aus einem schlichten Kasten, der – auch das bedeutet ja das lateinische Wort *arca* – wie eine Geldkasse aussieht. Einen aus einem solchen Kasten springenden Noah zeigt eine frühe Darstellung aus der Priscillakatakombe in Rom.

Neben mehreren Darstellungen dieser Art, in der entweder Noah oder Noah und seine Frau aus einem Kasten hervorgehen, steht als ein weiteres Zeugnis der frühen christlichen Kunst ein aus dem 4. Jh. stammender Sarkophag aus Trier. Er zeigt acht Personen in

---

143   Vgl. in den Sibyllinischen Büchern III Sib 827.

Abb. 5: Noah, Priscilla-Katakombe

der Arche sowie mit der Taube und dem Raben zwei
weitere wichtige Figuren der Flutgeschichte. Aus der
weiteren frühen Rezeption der Noahgeschichte in der
Kunst seien einige Beispiele genannt. Sie zeigen in
ihrer Gesamtheit, dass mehrere Aspekte der Noahgeschichte aufgenommen wurden. Es gibt Darstellungen des Weinbaus nebst den Folgen, und es gibt zahlreiche Flutdarstellungen, in denen die Motive von
Rettung und Vernichtung nebeneinander zu stehen
kommen. Zentrale »Figur« aber ist die bergende Arche. Zu nennen sind Miniaturen einer aus Antiochia
stammenden Buchhandschrift (6. Jh.), die wegen ihres
Aufbewahrungsortes als »Wiener Genesis« bekannt
sind. Eine besonders eindrucksvolle Miniatur zeigt
den Bogen in den Wolken.

195

Abb. 6: Der Regenbogen, Wiener Genesis

In die Reihe bedeutender Darstellungen der Noahgeschichte gehören die Elfenbeine des Altarvorsatzes
im Dom von Salerno aus dem 9. Jh., die in ihrem Zyklus von 54 Darstellungen aus dem Alten und Neuen
Testament mehrere Noahmotive enthalten.[144] Das Ver-
sinken der Welt rings um die Arche stellen die Buch-
illustrationen des aus dem 8. Jh. stammenden und am
Ende des 10. Jh.s illustrierten Kommentars zur Johannesoffenbarung des Beatus von Liebana dar (im nord-
spanischen Gerona aufbewahrt). Hier sind Flutgeschichte und Apokalypse zusammengebracht – es
geht bei der Wahrnehmung der Flutgeschichte auch

---

144 Abbildungen und Interpretationen bei A. CARUCCI, Gli
      avori salernitani del sec XII.

Abb. 7: Noahs Arche,
Bronzetür der Kirche San Zeno,
Verona

um kommendes Unheil. Die Planung, Herstellung und der fertige Bau der Arche nebst ihrer »Beladung« sind auf der »Bronzetür« von San Zeno in Verona (um 1100) in Szene gesetzt.

Geradezu »lesen« kann man Noahgeschichten in den Bodenmosaiken des Doms von Otranto aus dem 12. und ausführlicher noch den Wandmosaiken von San Marco in Venedig aus dem 13. Jh. Unter anderem die handwerkliche Verfertigung der Arche stellen bemerkenswerte Zeugnisse der Silberschmiedekunst am Altar der Jakobskapelle im Dom von Pistoia aus dem selben Jahrhundert dar. Auch andere Künstler des Mittelalters zeigen den Planer, Handwerker und Künstler Noah. Mitglieder der Handwerkerzünfte der Böttcher und Stellmacher waren die Stifter eines der großen Glasfenster der Kathedrale von Chartres. Das Fenster (hergestellt zwischen 1235 und 1240) ist in eine Vielzahl von Feldern aufgeteilt, in denen die Geschichten Noahs dargestellt sind. Die ersten dieser Felder aber haben die Arbeit der Stifterzünfte selbst zum Thema. Ebenfalls ein großartiges Zeugnis der Handwerkskunst, doch inhaltlich von ganz anderer Art ist eine geradezu burleske Darstellung der Trunkenheit Noahs im Chorherrengestühl des Kölner Doms (das Gestühl stammt aus dem 14. Jh., die Noahdarstellung geht auf eine spätere Restaurierung zurück).[145]

Die altkirchliche und mittelalterliche Kunst also stellt Noah und seine Geschichte in jeder Hinsicht vielfältig dar. Es gibt eine Vielfalt der Materialien – Münzen und schlichte Wandzeichnungen in Kata-

---

145   Abb. bei E. LESSING, Die Arche Noah, Zürich 1968, 91. Der Band enthält eine Fülle von Bildern zur Noahgeschichte.

komben, Buchmalereien, prachtvolle Boden- und Wandmosaiken, Bronze-, Gold-, Silber-, aber auch Holz- und Glasarbeiten. Dieser Vielfalt korrespondiert eine andere, inhaltliche. Nahezu alle Motive und Aspekte der Noahgeschichten werden ins Bild gesetzt. Das Zentralmotiv aber bleibt das der Rettung, des Lebens.

Ein entscheidender Einschnitt in der Rezeption der Flutgeschichte verbindet sich mit der Darstellung Michelangelos an der Decke der Sixtinischen Kapelle. Michelangelo malte den Deckenzyklus in den Jahren zwischen 1508 und 1512. Gerahmt von Propheten und Sibyllendarstellungen befinden sich in der Deckenmitte Bilder der Urgeschichte. Das eindeutige Interesse des Malers gilt nicht den Geretteten, sondern den Ertrinkenden. Die Sintflutdarstellung zeigt fast beiläufig im Hintergrund zwar auch die Arche, »die jetzt« – so Julian Barnes ebenso respektlos wie zutreffend – »eher nach einem schwimmenden Musikpavillon als nach einem Schiff aussieht«[146]. Wie ist die Perspektive auf die Ertrinkenden zu sehen? Enthält Michelangelos Darstellung eine Kritik (auch eine Kritik am Handeln Gottes)? Fungiert sie als Drohung und Warnung gegenüber der sündigen Welt? Ist letztlich ein künstlerisches Interesse durchschlagend? Es ist nun einmal künstlerisch reizvoller, Gefahr, Kampf und Gewalt darzustellen als die Sicherheit in einem Kasten – wie die Darstellung der Hölle einfach »spannender« ist als die des Himmels und die des Krieges aufregender als die des Friedens.

---

146 J. BARNES, Eine Geschichte der Welt in *10½* Kapiteln, (London 1989) dt. Zürich 1990, hier zitiert nach der Tb.-Ausgabe Reinbek 2000, 185.

Abb. 8: Noahs Arche, Michelangelo,
Ausschnitt aus dem Deckengemälde der Sixtinischen Kapelle,
Rom

(Daraus folgt als Maxime für Theologinnen und Theologen: Wir müssen den Himmel spannender machen –
und den Frieden auch!) Was von diesen möglichen
Gründen mag Michelangelo bewogen haben und die,
die es ihm gleich taten? Auch hier gibt es mehr als *eine*
Lesart, und alle drei Gründe kommen zusammen.
Mit Michelangelo jedenfalls verschiebt sich das
Augenmerk der Künstler auf die, die *nicht* davon
kommen. So ist es in der Folge bei Baldessare Peruzzi,
bei Raffael, aber auch wenige Jahre nach Michelangelos Sixtinischer Decke bei dem deutschen Maler Hans
Baldung genannt Grien, dessen Sintflutbild aus dem
Jahre 1516 (jetzt in Bamberg) zwar eine geradezu
kleine und »schmucke« Arche im Zentrum zeigt – einem Tabernakel ähnlicher als einem Rettungskasten
für Menschen und Tiere –, doch gleichwohl vor allem
die Menschen ins Bild setzt, die versuchen, sich an sie
zu klammern, und doch untergehen.

Abb. 9: Sintflut, Leonardo da Vinci,
Windsor Castle

Eine andere Variante des Flutbildes (auch sie mit
Folgen für die spätere Kunst) bieten die Sintflutzeich-
nungen von Leonardo da Vinci. Das Flutszenario erscheint hier menschenleer, die Flut ist bezeichnet
durch einen Wirbel, der geradezu reine Natur zeigt,
ein Naturgeschehen zudem, das in seiner Vernich-
tungskraft ebenso ästhetisch erscheint wie die Schöpfung selbst.

Die »Flut« löst sich vom biblisch-göttlichen Refe-
renzrahmen. Sie wird zur Naturgewalt. So wird sie
später Nicolas Poussin im Rahmen eines Zyklus der
vier Jahreszeiten (1660–64) darstellen, der Titel des Bildes »Der Winter oder die Sintflut« markiert den Perspektivenwechsel. Ein ganz ähnliches Bild gibt es von
Théodore Géricault. Ein ungleich berühmteres Bild
Géricaults bezeichnet jedoch eben das Thema, das

Abb. 10: Das Floß der Medusa,
Theodore Géricault, Paris

aus den Sintflutbildern geradezu verschwunden ist.
Das Motiv von Not, Tod und – vielleicht! – Rettung
nämlich bestimmt das äußerlich (circa 5-mal 7 m große) wie künstlerisch gewaltige Géricault-Gemälde
»Das Floß der Medusa« (1818, Paris, Louvre). Das Bild
zeigt ein Floß, auf dem Schiffbrüchige, einige lebend,
andere bereits tot, im Meer treiben. Verzweiflung und
dennoch Hoffnung kennzeichnen dieses Bild, Untergang und dennoch aufrechter Gang.

Die Geschichte dieses Bildes, dessen Thema auf einen realen Vorfall zurückgeht und an Dramatik nichts
zu wünschen lässt, kann hier nicht dargestellt werden.
Um so mehr sei der Hinweis auf hervorragende Be-
handlungen des Themas und des Bildes gegeben, auf
Literatur zu Géricault und besonders zu diesem Bild
ebenso wie auf Julian Barnes' »Nachzeichnung«, aber
auch auf die »Ästhetik des Widerstands« von Peter

Weiss, in der dieses Bild eine zentrale Rolle spielt.[147] Halten wir für die Frage der Rezeption Noahs und seiner Arche nur dies fest: Hier gibt es eine Katastrophengeschichte und es gibt auch (im Bild nur bei genauestem Hinschauen wahrnehmbar) eine mögliche Rettung in Gestalt eines am Horizont auftauchenden Schiffes. Das Meer ist vorhanden, die ums nackte Leben mit- und gegeneinander kämpfenden Menschen stehen im Zentrum, Noah und seine Arche sind verschwunden. Noch einmal Barnes: »Der alte Noah ist aus der Kunstgeschichte hinausgesegelt«.[148] Wenn es hier Tod und Rettung gibt, so gibt es beides ohne Gott. Mit Noah ist auch Gott selbst verschwunden.

Was ist geblieben von dem großen Thema von Gewalt, Untergang und Rettung, für das die biblische Flutgeschichte und das sie umgreifende Leben Noahs steht? Die zerstörende und gerade auch darin erhabene Kraft der Naturgewalten ist geblieben. Der Schrecken großer Katastrophen ist geblieben und in den letzten Jahrzehnten zu einer eigenen Darstellungswelt geworden. Der Kampf von Menschen ums Überleben ist geblieben. Aber alle drei Themen haben sich nicht nur von Noah, sondern von Gott selbst gelöst. Was die alten Bilder noch zusammenbrachten, dass nämlich Gewalt und Rettung als Wahrnehmungen in der einen Wirklichkeit mit ein und demselben Gott verbunden

---

147 Verwiesen sei besonders auf das Themenheft 2/1994 der Zeitschrift »DU« (Trotzdem. Kultur und Katastrophe), das mehrere Beiträge zum Thema enthält (mit Literaturhinweisen und Abbildungen des Géricaultbildes und seiner unterschiedlichsten Rezeptionen bis hin zu »Asterix«), ferner auf BARNES (s. o. Anm. 146) und auf die »Ästhetik des Widerstands« von PETER WEISS (3 Bde., Frankfurt a. M. 1971). Géricaults »Floß der Medusa« ist eines der Schlüsselbilder des Romans.
148 BARNES, Geschichte, 186.

sind, hat sich aufgelöst in unterschiedliche Bereiche. Da ist die Frage nach der Natur. Eine Flut ist heute eine Naturkatastrophe und kein von Gott geschicktes Strafgericht. Man mag das bedauern, man wird es aber auch als einen Fortschritt gegenüber jener Theologie ansehen können, die vorzugsweise als drohende Pädagogik daherkam. Aber die Delegierung des Katastrophischen an die Natur hat ihren Preis. Er besteht darin, dass Gott aus einem großen Teil der Wirklichkeit verdrängt wird. Und eine gegenwärtig beliebte Variante der Kategorie »Naturkatastrophe« läuft leicht auf dasselbe hinaus. So richtig es ist, bei den so genannten »Naturkatastrophen« wie Erdbeben oder Überschwemmungen stets danach zu fragen, was daran von Menschen verursacht ist, so gefährlich ist es doch, nun für alles »den Menschen« verantwortlich zu machen. Denn aus der Selbstbezichtigung wird leicht neuer Größenwahn: Wenn wir schon nicht alles können, wollen wir wenigstens an allem schuld sein ... Die Vorstellung, Erdbeben, Feuersbrünste und Überschwemmungen seien die Strafe Gottes für die Sünden der Menschen, hatte ihre Tücke. Die Vorstellung, wenn es erst den »richtigen«, den »perfekten« Menschen und mit ihm die perfekte Gesellschaft gebe, gebe es auch keine »Naturkatastrophen« mehr, ist mindestens stark übertrieben. Und sie ist nicht ungefährlich, kann sie doch zum Vehikel der Propagierung der »Herstellung« eben des »perfekten Menschen« werden.

Die Frage nach dem Unheil verschwindet weithin aus dem theologischen und religiösen Horizont. Übrig bleibt ein »lieber Gott«, der – bestenfalls – für die halbe Wirklichkeit zuständig ist.[149] Als zum großen Teil

---

149 Zu diesem Thema verweise ich noch einmal auf meinen Merkur-Aufsatz, Wolkensäule, s. o. Anm. 32.

kümmerliches Rückzugsfeld der Geschichte Noahs, der Flut und der Arche bleiben Kinderbücher und Kinderbibeln mit ihrer fast unausweichlichen Verharmlosung und meist falschen »kindertümlichen« Niedlichkeit. Ihre »Botschaft«, wonach alles nur gut ausgeht, hält weder vor der biblischen Geschichte selbst stand noch vor der Wirklichkeit. Noah ist auf den Hund gekommen – nein: selbstredend auf *zwei* Hunde und zwei Kaninchen und zwei Mäuse und zwei Pinguine und zwei Eichhörnchen und alles was niedlich und paarweise noch niedlicher ist. Vielleicht ist es zur Zeit kaum möglich, gegen die so verhunzte Geschichte die Geschichte(n) der Bibel selbst zu präsentieren. Vielleicht bedarf es gegen den religiösen Kitsch zunächst eines besseren, einer neuen Mythologie, komme sie nun in der Gestalt des Titanic-Films daher[150] oder in der melancholisch-surrealen Form des Schlussbildes in Federico Fellinis Film »E la nave va«, das auf seine Weise ein Bild der »Arche Noahs« ist.

Am Ende dieses Abschnitts, der von Noahs Verschwinden aus der Kunst berichtete, noch einmal ein Zitat aus dem schon mehrfach genannten Buch »Eine Geschichte der Welt in $10^1/_2$ Kapiteln« von Julian Barnes. Das Buch, auf das am Ende noch einmal zurückzukommen sein wird, besteht aus verschiedenen Geschichten, die auf z. T. vertrackte Weise mit der Arche zu tun haben. Am Ende eines Kapitels, welches mit einer biblischen Variante der Geschichte von Noahs Arche zu tun hat, nämlich mit der Geschichte Jonas, stehen diese Sätze:

---

150 Dazu H. M. GUTMANN, Der Herr der Heerscharen, die Prinzessin der Herzen und der König der Löwen, Gütersloh 1998, bes. 138 ff.

Abb. 11: E la nave va,
Schlussbild des Filmes von Federico Fellini

Der springende Punkt ist nämlich: Nicht dass ein Mythos uns auf irgendein tatsächliches Ereignis zurück verweist, das auf seinem Weg durch das kollektive Gedächtnis phantasievoll umgedeutet wurde; sondern dass er uns vorwärts weist zu etwas, das geschehen wird, geschehen muss. Aus Mythos wird Realität, wie skeptisch wir auch sein mögen.[151]

7. Dämme gegen die Flut

»Dämme gegen die Flut« – das ist der deutsche Titel eines Buches mit zentralen Reden John F. Kennedys aus den Anfangsjahren seiner Präsidentschaft.[152] Kennedys Politik sollte allmählich eine andere ablösen, die – seit 1947 so genannte – »Containment Policy«

151   Barnes, Geschichte, 241.
152   Engl. Titel: To Turn the Tide, dt. als Fischer-Tb., München 1964.

(Eindämmungspolitik). Es ging darum, die Politik der USA zwischen antikommunistischer Kreuzzugsmentalität und amerikanischen Isolationswünschen in Balance zu halten. Kaum zufällig aber bleibt Kennedy bei der Flutmetapher. Das Bild vom »Staatsschiff«, das der Politiker durch Wellen und Fluten zu steuern habe, gibt es seit der Antike; in Reden amerikanischer Präsidenten pflegen biblische Metaphern hinzuzukommen. Maritime Metaphorik eignet sich offenbar in der politischen Sprache. Als Bismarck im März 1890 sein Amt als Reichskanzler niederlegte und Wilhelm II. das Ruder selbst in die Hand nahm (seine Devise lautete: »Volldampf voraus«, und der Flottenbau war ihm geradezu höchstes Anliegen), kommentierte das die satirische Zeitschrift »Kladderadatsch« mit einer berühmt gewordenen Karikatur: Der Lotse geht von Bord. Als politischer Kampfbegriff fungiert vor allem die Rede von der Flut selbst. Einst war die »rote Flut« die große Gefahr. In immer neuen und immer nur variierten Flutbildern wird diese Gefahr beschworen. »Rote Flut« – ein Romantitel von Wilhelm Weigand über die Münchner Räterepublik, dann ist es die »bolschewistische Flut«, vor der die Freicorps Deutschland retteten, es gibt die »tobende polnische Flut«, »Wie die Sintflut ergießt sich der Strom« gegen die deutsche Front usw. usw. Klaus Theweleit hat im ersten Band seines Buches »Männerphantasien« diese und viele weitere Belege für die politische und psychologische Symbolik des Flutbegriffs nicht nur gesammelt, sondern sie auch in Verbindung mit bestimmten »Männerphantasien« gedeutet. [153]

---

153 Männerphantasien 1. Frauen, Fluten, Körper, Geschichte, Frankfurt a. M. 1977, hier zitiert nach der Tb.-Ausgabe bei Rowohlt, Reinbek 1980, bes. 236 ff.

In jüngster Vergangenheit und Gegenwart ist die »rote Flut« abgelöst durch die vorgebliche »Asylantenflut«. Das Flutbild erfüllt seinen Zweck in mehreren Perspektiven. Gegen die Flut, die von außen droht, bedarf es der Deiche und Dämme, aber eine weitere Gefahr besteht innen. Denn die Flut bringt auch innerhalb der Deiche die Siele zum Überlaufen und schwemmt Unrat und Dreck nach oben. Vor allem aber: Eine Flutkatastrophe bedeutet den Ausnahmezustand. Souverän ist, wer über den Ausnahmezustand entscheidet – die Maxime des Staatsrechtlers Carl Schmitt, die so gefährlich ist, weil sie in bestimmter Hinsicht stimmt, schließt sich mit den alten und neuen Flutbildern zusammen.

Neben dieser höchst dramatischen Seite der Flutbilder gibt es eine andere, die in ihrer scheinbaren Harmlosigkeit ebenfalls nicht ungefährlich ist. Dolf Sternberger hat in einem glänzenden zuerst 1935 erschienenen Aufsatz mit dem Titel »Hohe See und Schiffbruch«[154] die Verwandlung des Motivs von der Allegorie ins Genrebild beschrieben. Das Motiv des Schiffbruchs bezeichnete einst (man denke an Géricaults »Floß der Medusa«) – so Sternberger – »die Vergänglichkeit der Welt«, setzte die chaotische Gegenwelt ins Bild. Im 19. Jh. aber wurde das Motiv, verwandelt in das »Seestück« im bürgerlichen Wohnzimmer (neben dem »röhrenden Hirsch« und der »Zigeunerin«), zu einem (abermals mit Sternberger:) »Guckloch ins gefährliche Leben, das nicht das eigene ist, aber doch gebraucht wird«.[155]

---

154 In: D. STERNBERGER, Gerechtigkeit für das neunzehnte Jahrhundert. Zehn historische Studien, Frankfurt a. M. 1975, 151–164.
155 Ebd. 158.

Ein weiteres maritimes Sinnbild für das Bedürfnis, mit einem ungefährlichen Blick ins gefährliche Leben die eigene Prosperität und Gemütlichkeit umso mehr zu genießen, ist das Bild des Lotsen. Sternberger beschreibt dessen Funktion anhand eines 1877 erschienenen dreibändigen Romans von Friedrich Spielhagen. Er trägt den Titel »Sturmflut«, sein Held ist ein Mann, der sich als Lotsenkommandeur in einer Sturmflut so bewährt, dass er bis ins Ministerium aufsteigt. Weder der Autor Spielhagen noch der Essayist Sternberger konnten ahnen, dass dieser Roman von der Wirklichkeit überholt wurde. Tatsächlich gab es in den 60er Jahren des 20. Jh.s in Hamburg einen, der sich in einer Sturmflut bewährte und noch viel weiter aufstieg. Auch als Kanzler trug Helmut Schmidt gern jene Mütze, die seine sturmerprobte Herkunft in Erinnerung hielt. Die Verschlingung von Roman und Wirklichkeit hat noch eine besondere Pointe zu bieten: Der Held des fast ein Jahrhundert zuvor geschriebenen Romans Spielhagens nämlich heißt – *Schmidt* (nur Reinhold und nicht Helmut).

Die Geschichte des Flutbildes als politischer Kampfbegriff scheint sich – wie die Flutbilder in der Kunstgeschichte – weit von der Noahgeschichte zu entfernen. Doch gewinnen gerade vor dem Hintergrund dieser indirekten Noahrezeptionen die biblische Figur und ihre Geschichte weitere Konturen. Noah baut weder Türme oder Dämme gegen die Flut, noch steuert er die Arche als Lotse durch gefährliche Gewässer. Der biblische Noah ist weder Nimrod noch Cosimo Medici. In der Wirkungs- und Bildgeschichte aber verschwimmen beide Grenzen immer wieder und mit ihnen die Botschaft der Noahgeschichte, die vom Entrinnen erzählt.

Die Zwiespältigkeit der Flutbilder und damit die Notwendigkeit der Unterscheidung wird besonders augenfällig, wenn man zwei Bildworte zusammenbringt. Flüchtlinge, die die Ungewissheit der Flucht auf einem Floß oder Boot im Meer der Gewissheit des Elends vorziehen, dem sie um jeden Preis entkommen wollen, nennt man »boat people«. Gegen das Asyl für solche (und andere) Flüchtlinge aber wird seit vielen Jahren eine Metapher aufgeboten, die dazu merkwürdig und zugleich erhellend quer steht. Es ist der Satz: »Das Boot ist voll.« Das Boot, das so voll ist, dass es keine weiteren Insassen tragen kann, ist aber nicht das Boot, auf dem die Flüchtlinge sich befinden, sondern das feste und meist wohlhabende Land, dessen Bewohner keine Flüchtlinge aufnehmen wollen. Hier stehen zwei Archenbilder neben- und gegeneinander. Die eine Arche ist das Floß, das auf den Wellen treibt und nicht einmal selbst gesteuert werden kann. Die andere Arche ist das feste Gebäude, das sich nach außen abschottet. Um so wichtiger ist die Unterscheidung dieser beiden »Archen«. Arche-ologie wird hier zur konkreten Frage der politischen Moral. Wer meint, Dämme gegen die Flut errichten zu sollen, und dabei selbst beansprucht zu definieren, was die Flut ist, verwechselt die Flut leicht mit der Erschütterung der eigenen Privilegien. Und wer sich selbst in der Arche wähnt, kann daraus die angebliche Berechtigung ableiten, die »draußen« – wenn der Ausdruck nicht zu harmlos klänge, könnte man sagen – *im Regen stehen zu lassen*. Eine weitere Dimension des dramatischen »drinnen« und »draußen« drängt sich auf, wenn es die Möglichkeit gibt, wenige, aber nicht alle zu retten. Die Rettung einiger kann den Untergang der Vielen nicht entwichtigen, aber umgekehrt soll kein Versuch unterbleiben, wenigstens einige zu retten. Was das im konkreten Fall bedeuten kann und wie sich diese Frage mit der Noahgeschichte in Beziehung setzen lässt, scheint in einem Filmtitel auf. Stephen Spielbergs Film »Schindlers Liste« heißt im Original »Schindler's Ark«, Schindlers *Arche*.

Das Projekt der Arche bleibt gefährlich, denn es kann – so oder so – das Mitleid mit denen töten, die nun einmal draußen sind. Die Kirche darf nur dann die Tradition für sich in Anspruch nehmen, die Arche zu sein, wenn sie denen draußen zur Arche wird. Am Kirchenasyl entscheidet sich die Glaubwürdigkeit. Aber die Verführung ist groß, dass auch in der Kirche als Arche vor allem die sich gemeint fühlen, die drinnen sind und es drinnen gemütlich haben wollen. Ob Noah um diese Gefahr wusste? Ob er – auch – *deshalb* schwieg?

Zu den wichtigen Fragen des Lebens gibt es Geschichten und Gegengeschichten. Manchmal ist eine Geschichte nur wahr, weil ihre Gegengeschichte auch wahr ist. Eine kleine chinesische Geschichte, die Ernst Bloch – in anderem thematischem Zusammenhang – zusammen mit anderen Geschichten unter dem Titel »Motive der Verborgenheit« erzählt,[156] gehört womöglich als eine solche Gegengeschichte zum »drinnen« und »draußen« der Noaherzählung:

Einst ... wurden Bauern auf dem Feld vom Wetter überrascht. Sie retteten sich in einen Heustadel, aber der Blitz zog nicht ab, kreiste um die Hütte herum. Da begriffen die Bauern, dass der Blitz einen von ihnen meine, und sie kamen überein, ihre Hüte vor die Tür zu hängen. Wessen Hut der Sturm zuerst abreiße, der solle hinausgejagt werden, damit nicht wegen eines Sünders die Schuldlosen mit verderben. Kaum hingen die Hüte draußen, so packte ein Windstoß den Hut des Bauern Li und riss ihn weit

---

156   E. BLOCH, Spuren (Berlin 1930), GA 1, Frankfurt a. M. 1969, 122.

übers Feld. Sogleich stießen sie den Bauern Li hinaus; und im selben Augenblick schlug der Blitz ein, denn Li war der einzige Gerechte.

8. Taube mit Ölzweig

Nach 1. Mose 8,8–12 sendet Noah (nachdem er zunächst einen Raben ausschickte) dreimal eine Taube aus, um zu sehen, ob es wieder Land gibt. Beim ersten Mal kommt die Taube sogleich zurück, beim zweiten Mal kehrt sie wieder mit einem Ölbaumzweig oder Ölblatt im Schnabel, beim dritten Mal kehrt sie nicht zurück, weil sie Land gefunden hat. Noah weiß jetzt, dass die Zeit gekommen ist, den Kasten zu verlassen.

Die Taube Noahs verband sich in der Bildgeschichte mit anderen biblischen Tauben und nahm die vielen, mit Umberto Eco »fast schon zu viele(n) Bedeutungen«[157] der Taube in sich auf. Noahs Taube kam in eine Konfiguration mit der Taube bei der Taufe Jesu, der Taube als Symbol des Heiligen Geistes, der Taube als Fruchtbarkeits- und Lebenssymbol überhaupt.[158] Auch im Motiv der Taube mit dem Ölzweig konnten biblische und antike Überlieferungen verknüpft werden. Der Mailänder Bischof Ambrosius verbindet es im 4. Jh. mit einem Zitat aus Vergils Aeneis. Dort (8,116) heißt es: Aeneas »hielt in der Hand den friedenbringenden Zweig des Ölbaums«.

---

157 U. Eco, Die Insel des vorigen Tages (ital. Originalausgabe Mailand 1994), dt. München 1995, 353. Eco öffnet auf den Seiten zuvor ein herrliches Kaleidoskop solcher Bedeutungen.

158 Hinweise bei Erffa, Ikonologie I, 479–483; LCI 4, Paperback-Sonderausgabe Freiburg i. Br. 1972, 241–244 (jeweils mit Lit.hinweisen).

Abb. 12: La colombe de l'avenir
Pablo Picasso (1962)

Für die christliche Symbolik der Taube mit dem Zweig wurde eine doppelte Beziehung auf Maria wichtig: einmal bezeichnet die weiße Farbe der Taube die Unschuld, zudem konnte im lateinischen Wort *virga* (Zweig) das Wort für die Jungfrau (*virgo*) mit gehört werden.

Aber auch in ferner Verbindung mit oder ganz gelöst von christlicher Deutung behielt die Taube ihre Symbolkraft. Vermutlich gibt es kein Lied der neueren Zeit in so vielen Fassungen und Bearbeitungen wie »La paloma«. Auch die Taube des Schlagers flattert im Zwischenbereich zwischen Kunst und Kitsch, zwischen Sehnsucht und falschem Schein.

Die Taube mit dem Ölblatt aber ist die Taube Noahs, die des *zweiten* Fluges. Wie eine Schwalbe noch keinen Sommer macht, so macht eine Taube noch keinen Frieden. Und doch steht sie für den Frieden, den

213

Abb. 13: Taube, Pablo Picasso

es auch in der Welt nach der Flut, der »zweitbesten der möglichen Welten« geben kann.

Picasso hat immer wieder Tauben gezeichnet, oft mit direktem Bezug zum Friedensthema. Gemeinsam mit Paul Eluard gab er 1951 ein kleines Buch heraus, in dem aphoristische Texte Eluards einer Serie von Taubenzeichnungen Picassos hinzugefügt sind, die sich dadurch auszeichnen, dass in ihnen die Taube und der menschliche Kopf zu *einer* Zeichnung konfiguriert werden. Zum ersten dieser Bilder formuliert Eluard: »Ich kenne alle Orte, wo die Taube wohnt/ Und der natürlichste ist der Kopf des Menschen.«[159]

---

159 Im Original: »Je connais tous les lieux où la colombe loge/ Et le plus naturel est la tête de l'homme.« (Die Serie ist zuerst 1951 in Paris erschienen und liegt in einer schönen deutsch-französischen Ausgabe des Inselverlags vor: P. PICASSO, P. ELUARD, Le visage de la paix – Das Antlitz des Friedens, hrsg. v. S. GOEPPERT u. H. GOEPPERT-FRANK, Frankfurt a. M. 1988 (hier 6 f.).

Mit der Taube oder auch den Tauben Noahs verbinden sich mehrere literarische Rezeptionen des biblischen Stoffes. Obwohl diesem Thema der übernächste Abschnitt gewidmet ist, sei hier eines dieser Zeugnisse aufgenommen, Ingeborg Bachmanns Gedicht »Nach der Sintflut«[160]:

> Nach dieser Sintflut
> möchte ich die Taube,
> und nichts als die Taube,
> noch einmal gerettet sehn.
>
> Ich ginge ja unter in diesem Meere!
> flög sie nicht aus,
> brächte sie nicht
> in letzter Stunde das Blatt.

9. RAINBOW WARRIOR

Wie die Taube gehört auch der Regenbogen zu den Symbolen der Noahgeschichte, die sich von ihrer biblischen Herkunft gelöst haben. Aber auch da, wo die Herkunft des Symbols nicht mehr bewusst ist, trägt es etwas weiter von der Botschaft von 1. Mose 9. So ist es in einem Bild von Paul Klee aus dem Jahr 1917, das den Titel »Mit dem Regenbogen« trägt. Das Bild stammt aus einer Zeit, in der Klee (nicht zuletzt unter dem Eindruck des Weltkriegs) kosmologisch-architektonische Konfigurationen von Fragilität und Stabilität entwirft. In Bildern dieser Zeit gibt es zwischen geometrischen Figuren und Häusern oder Pflanzen fließende Übergänge. D. Teuber[161] zitiert in einem Aufsatz zu Klees

---

160 I. BACHMANN, Sämtliche Gedichte, München ²1987, 164; dazu LANGENHORST, Logbuch, hier bes. 362 f.
161 Intuition und Genie. Aspekte des Transzendenten bei Paul Klee, in: PAUL KLEE, Konstruktion – Intuition (Katalog der Ausstellung Mannheim 1990/91), 33–43, hier 40.

Abb. 14: Mit dem Regenbogen,
Paul Klee (1917)

Bildern dieser Epoche einen Satz, den der Maler in seinen Tagebüchern (Tagebücher III, München–Berlin–
München 1914, Nr. 943) notiert: »Die Genesis als for-
male Bewegung ist das Wesentliche am Werk.« Auch
im Bild »Mit dem Regenbogen« gehen Geometrie und
Architektur ineinander über, und der Bogen selbst ist
zunächst eine geometrische wie architektonische
Grundfigur. Daher sollte eine (gar biblisch-theologi-
sche) Interpretation des Bildes nicht zu vollmundig
ins Spiel gebracht werden. Dennoch macht dieses
Formensemble den Eindruck, als sei es vom Zerbre-
chen bedroht und werde nur mühsam zusammen-
gehalten. In der Wölbung des Bogens kann man eine
stilisierte Kirche erkennen. »Mit dem Regenbogen«
aber bekommt die gesamte Bildfiguration Halt, obwohl
oder weil er selbst nur auf kleinen Rhomben aufruht.

216

Abb. 15: Arche Noah II, Gottfried Zawadski

Die Arche und die weiteren Symbole der Noahgeschichte werden in neuerer Zeit immer wieder mit
Projekten alternativen Lebensstils zusammengebracht.
In dem zuerst 1984 in der DDR erschienenen Band
»Dialog mit der Bibel«, in dem Beispiele aus Malerei
und Grafik aus der DDR zu biblischen Themen ver-
sammelt und mit begleitenden Texten von Jürgen Rennert versehen sind, findet sich ein Druck von Gottfried
Zwadski mit dem Titel »Arche Noah II«.[162] Rennert
kommentiert skeptisch in mehr als einer Richtung:

Die Arche ist nichts als das Ende jener vom Gott der Hebräer
anfänglich bewahrten Geduld. Noah and family baun sich den
schwimmenden Bunker, Kasten für die Kaste der Grünen, inmitten verderbter, verderbt geglaubter Zivilisation. Exemplari-
sches kommt, exemplarisch sich paarend, paarweis davon: in einem Vehikel, noch radlos und ohne den Korb für den Einkauf,
vergleichbar dem Wagen für all unsre Kinder sogenannter zivi-
lisierter Zivilisation.

---

162 Berlin/Altenburg ²1985 – Text und Bild, 32 f.

Abb. 16: Rainbow Warrior II,
Flaggschiff von Greenpeace

Der Bogen in den Wolken kann zum kosmologischen
Symbol werden, er kann sich nostalgisch mit dem Bild
»heiler Natur« verbinden, er ist aber auch zum Symbol des Kampfes für die menschliche und außer-
menschliche Natur geworden. Der Name eines
Schiffes der kämpferischen Umweltorganisation
Greenpeace, »Rainbow Warrior« (Regenbogenkämp-
fer) liest sich wie ein Plädoyer dafür, in 1. Mose 9
nicht nur den weggehängten Kriegsbogen zu erkennen, sondern den machtvollen Einsatz für die Erhaltung der Welt.[163] Um die Welt zu retten, muss man
sich womöglich in die Fluten begeben. Das ist keine
falsche Lektüre der biblischen Noahgeschichte.

---

163   S. o. im Abschnitt B 10.

10. Auch eine Flut . . .

Die »Arche Noah« im Internet

Biblische Worte, Motive, Geschichten leben fort in kirchlichen und unkirchlichen Bereichen. »Surft« man (auch ein maritimes Wort) im Internet, begegnen Eintragungen zum Stichwort »Arche Noah« in einem Ausmaß, das selbst an eine Flut gemahnt. Bemerkenswerte Projekte, skurrile Aneignungen, witzige Rezeptionen, biblizistisch-bierernste Ausführungen zur Korrektheit der biblischen Angaben, Werbung für alles Mögliche mit dem Symbol der Arche – all das zeigt in bunter Folge ein Weiterleben der Noahgeschichte. Das »world wide web« weist im Herbst 2000 zum Suchwort »Arche Noah« 3 970 Dokumente aus. Sie bilden selbst so etwas wie die Besatzung einer »Arche«, aber nicht einmal »zwei von jeder Art« könnten hier aufgeführt werden, geschweige denn »je sieben« – abgesehen davon, dass es schwer fiele, die »reinen« von den »nicht reinen« zu unterscheiden. Immerhin soll ein Eindruck möglich werden.

Da gibt es in Würzburg ein Schiff, das zu einer Galerie umgebaut wurde, das Kunstschiff »Arte Noah«. In Umfeld der Weltausstellung EXPO 2000 in Hannover taucht die Arche mehrfach auf. Zum »EXPO-Themenpfad Wasser« gehört eine im Schlosshof in Bodenburg nachgebildete Arche mit einer Ausstellung, an der sich »37 europäische Künstlerinnen und Künstler paarweise beteiligen«. Auch der Themenpark »Mensch« bei der EXPO bedient sich der Arche. Die deutsche Presseagentur (dpa) meldet: »Ehe die Besucher des Themenparkbereichs »Mensch« auf der Weltausstellung in Hannover in den Schiffsrumpf der »Arche Mensch« gelangen, gehen sie durch Videoinstallationen. Mahnende Interviews mit Holocaust-Überlebenden bringen die Besucher in Halle 7 zum Nachdenken.« Das Land Armenien stellt sich auf der EXPO mit und in einer nachgebauten Arche vor. »Mit der Arche Noah zu neuen Ufern« lautet die Schlagzeile. Das Schiff steht symbolisch für den Kampf der Menschheit ums Überleben, erfahren wir weiter, und ebenso wird an die »Berge Armeniens«, das Land Ararat, erinnert, in dem Noahs Arche landete.

»Willkommen an Board der Arche Noah« – so wirbt das Baumhotel »The Ark« in Kenia um Gäste. Die Gäste in dieser »Arche« können die wilden Tiere draußen beobachten; eigens vorgestellt wird eine Anlage, mit der man sich wecken lassen kann, wenn sich nachts seltene Tiere der Arche nähern. »Die Mahlzeiten werden im Herzen der Arche, im eleganten Speisesaal serviert ...« Zwischen solchen Werbeangeboten finden sich zahlreiche Hinweise auf Forschungs- und Lehreinrichtungen, die sich auf die bedrohte Artenvielfalt beziehen. »Die Arche Noah von London« – so der TV-Sender *arte* auf seiner Internetseite – befindet sich im Institut für Populationsbiologie und besteht aus mehreren Klimakammern mit unterschiedlichen Biotopen. Nein, so erfahren wir bald darauf, »Die Arche Noah liegt im Panamakanal«. Das ist keine archäologische Sensation, sondern ein Tip der Schweizer »SonntagsZeitung« für eine Reise zur Besichtigung des weltweit ersten Tropeninstituts auf der Insel Barro Colorado im Gatunsee am Panamakanal.

Beschaulicher wirkt da der »ARCHE NOAH Schaugarten« im niederösterreichischen Schiltern, der die »Paradeiservielfalt aus der Arche Noah-Sammlung« im Bild vorstellt. Es geht dabei auch um die Erhaltung von seltenen und vom Aussterben bedrohten Pflanzen – das Rettungs- und Erhaltungsmotiv hat sich mit dem Stichwort »Arche Noah« fest verbunden. Eine andere »Arche Noah« bietet Gruppenreisen in der Region Trier an. Man kann in kirchlichen Häusern übernachten.

Die Evangelische Informationsstelle: Kirchen – Sekten – Religionen rät dazu, aus der Arche zurück in die Flut zu springen. Dieser Vorschlag mutet auf den ersten Blick seltsam an. Er wird verständlich, wenn die Adressatinnen und Adressaten erkennbar werden. Es sind Menschen, die sich in den Innenwelten von Endzeitgemeinden und ihren für je baldige Zeiten angesagten Weltuntergangsszenarien verfangen haben. Immerhin ist in dieser Erinnerung an die Arche die Problematik von »drinnen« und »draußen« wahrgenommen. Man wüsste gern, ob die Evangelische Informationsstelle den Ort der eigenen Kirche *in den Fluten* sehen will oder ob es für sie die Fluten gar nicht gibt. Die schwierigen Problemzonen, in welche diese Fragen führen, lassen sich womöglich ganz gut im »Friesenkeller« in Hamburg besprechen. Der nämlich wirbt mit dem Ergebnis einer wissenschaftlichen Expertise. Einige Holzteile des Pontons, auf dem sich der »Friesenkeller« befindet, stimmen »nach Struktur und Alter mit Holzteilen überein, die Forscher bereits Jahre zuvor an den Hängen des Berges Ararat gefunden und mit der Arche Noah in Verbindung gebracht haben.« Nun, hier wird nicht nur mit »Hängen« argumentiert, sondern auch mit Hängen und Würgen, aber die Schlagzeile »Teile der Arche Noah im Friesenponton?« fügt dem Kapitel über Noah als Ahnherrn Italiens oder der »deutschen Helden« eine friesische Variante hinzu.

Harmlos fröhlich auch die Anzeigen der unterschiedlichsten Gruppen, die sich »Arche Noah« nennen, Pfadfinder in Putzbrunn, ein Kindergarten in Wien, die Jugendzeitschrift der Pfarreien von Heusenstamm und Rembrücken, die Christengemeinde »Arche« in Idar-Oberstein oder auch ein Computerclub, der ein ganz bestimmtes Computersystem unterstützen will. (Ob Computersysteme auch zu den gefährdeten Arten gehören?)

Von anderer Art sind die Seiten mehrerer Vereine, die sich die Hilfe für Behinderte zur Aufgabe machen und ebenfalls das Symbol der Arche verwenden. Das ist ein Fall, wo die Rezeption eines biblischen Motivs auf eine Frage an den biblischen Text führt, die ohne diese Rezeption womöglich gar nicht aufgetaucht wäre. Immerhin fordert Gott Noah nicht auf, zwei besonders gesunde, prachtvolle, »gescheite« Tiere jeder Art mitzunehmen. Jedenfalls – und damit erreicht uns wieder eine andere »Art« – sollen wir nicht zweifeln, dass alle Tiere in die Arche passten. Das belegen zwei Autoren auf einer Internetseite mit genauesten Tabellen. Aufgeführt sind Zahlen für die Arten, u. a. 3 700 Säugetiere, 8 600 Vögel, 1 000 000 Gliederfüßer (Insekten), 1 700 Manteltiere (Seescheiden) und last, but not least 27 000 Einzeller. Insgesamt kommen die Autoren auf 1 262 400 Arten. Doch, wie sie versichern, reichte der Platz der Arche, die Fische sind ja nicht dabei und von den großen Tieren konnte er ja noch nicht ausgewachsene Jungtiere nehmen. Man wüsste gern, wie Noah z. B. an die *beiden Pantoffeltierchen* kam, aber solche Fragen erschüttern diese eigentümliche Verbindung von Biblizismus und Wissenschaft nicht. Der Platz reichte, die Geschichte ist also wahr.

Viele heutige »Arche(n) Noahs« stehen im Dienste ökologischer Projekte. Da geht es im Geiste Petra Kellys um die Erhaltung der Arche, die die ganze

Welt ist. Im Schutzgebiet Auried im Schweizer Kanton Freiburg ist die Arche etwas kleiner (und konkreter) gedacht: »Arche Noah für Laubfrösche«. Auch diese unterschiedlichen Dimensionierungen von Archen lohnen weitere Überlegungen und Diskussionen, vielleicht bei einer Vorspeise: Karpfen, gehackte Leber, Ei mit Zwiebeln und dem weiteren Menü im kosheren Restaurant »Arche Noah« in Berlin. Wie steht es mit der Problematik des »drinnen« und »draußen« beim Verein »Arche Noah«, der Rück- und Einwanderungen in Rumänien unterstützt? Und immer wieder die Arche als Symbol ökologischer Nahrung, z. B. gentechnikfreier Bioproduktion. Eine »Arche Noah. Gesellschaft zur Erhaltung und Verbreitung der Kulturpflanzenvielfalt« in Österreich hat Paprika, Chili, Pfefferoni zum Jahresschwerpunkt 2000 bestimmt. Die »Öko Arche« schließlich entpuppt sich als Bau- und Einrichtungszentrum, »Arche« heißen christliche Buchhandlungen und Gesprächskreise, ein Zoofachmarkt in der Oberpfalz und vieles mehr.

Noahs Arche lebt im Internet, sie lebt in zahlreichen ernsten, ernst gemeinten, skurrilen und nicht zuletzt ökonomisch motivierten Seiten. Würden wir die entsprechenden Ergebnisse bei den Stichworten »Regenbogen« und »Taube« oder bloß »Arche« (ohne Noah) hinzufügen, so vervielfältigte sich der Befund, die Strukturen aber blieben ähnlich. Die Symbole der Noahgeschichte jedenfalls sind höchst lebendig und kreativ. Dass sich mit diesen Symbolen auch fragwürdige Interessen verbinden können, unterscheidet diese Form der Bibelrezeption nicht von anderen. Nehmen wir sie also getrost hinzu zu den vielfältigen Möglichkeiten, mit und zuweilen geradezu in den biblischen Geschichten zu leben.

11. »Das Gedicht als Arche Noah«

Literarische Noahrezeptionen

Es gibt eine große Zahl poetischer, narrativer, literarisch-philosophischer und theologisch-literarischer Werke über den Noahstoff oder einzelne seiner Motive.[164] Dabei sind fast alle literarischen Gattungen vertreten, Theaterstücke und Romane, Erzählungen und Nachdichtungen, Gedichte, Essays und nicht zuletzt Satiren.[165] Da gibt es die Bearbeitung des Stoffes in mit-

---

164 Hinweise vor allem auf die ältere Literatur bei ERFFA; Ikonologie I, 432–511; M. BOCIAN, Lexikon der biblischen Personen, Stuttgart 1989, 398 ff. Einen Überblick über die Bearbeitung des Motivs in der modernen englisch- und deutschsprachigen Literatur gibt P. GOETSCH in zwei Beiträgen in: F. LINK (Hrsg.), Paradeigmata. Literarische Typologie des Alten Testaments, Berlin 1989 (Die Sintfluterzählung in der moderenen englischsprachigen Literatur, ebd. 651–684; Funktionen der Sintfluterzählung in der modernen deutschen Literatur, ebd. 685–705.) Eine Darstellung und Interpretation wichtiger Texte findet sich bei LANGENHORST, Logbuch.

165 Der rezeptionsgeschichtliche Teil dieses Noahbüchleins müsste eigentlich auch einen Abschnitt über die Wirkungsgeschichte des Noah- und Flutstoffes in der Musik enthalten. Freilich lässt sich gerade dieser Teil der Rezeption schwer angemessen darstellen. So will ich es bei einigen wenigen Hinweisen belassen: Das Thema ist unter den biblischen vergleichsweise selten vertont. Es gibt Oratorien vor allem im 18. Jh. (u. a. von Nicolo Pasquali); neben anderen verfassten im 19. Jh. die Wiener Komponisten Gottfried von Preyer und Franz Seraph Hölzl Werke über Noah und die Sintflut, die durch aufeinander folgende Donauüberschwemmungen in der 1. Hälfte des 19. Jh.s zumindest mit veranlasst waren. Zu den bekannteren Komponisten, die sich mit dem Flutthema befassten, gehört Camille Saint-Saëns, dessen Werk für Chor und Soli 1875 in Paris uraufgeführt wurde), Benjamin Britten (geistliches Spiel »Noye's Fludde«, 1957 – ein Werk, in

telalterlichen Noahspielen, da sind »klassische Werke«
wie das Drama »Noah« des Niederländers Jost van den
Vondel (1667) und das Heldengedicht »Noah« des
Schweizers Johann Jakob Bodmer (1750/52). Da gibt
es den historisch-nationalistischen Roman »Potok« (in
deutscher Übersetzung bald als »Sturmflut«, bald als
»Sintflut« wiedergegeben) des polnischen Autors Hen-
ryk Sienkiewicz (1884–86 verfasst, sein bekannteres
Werk »Quo vadis« nimmt ein biblisches Thema direk-
ter auf). Im Kontext der Bedeutung der Flutmetapher
als politischer Kampfbegriff steht der Roman »Ararat«
von Arnold Ulitz (1920). Der Ararat wird hier zum
Flucht- und Zufluchtsort vor der Flut, d. h. dem von
der Oktoberrevolution verursachten Chaos. Ulitz entwirft ein utopisch-mystisches Plädoyer für ein ein-
faches Leben im Gegensatz zu politischem Aktivismus.
Wir werden noch sehen, dass mehr noch die Frage, ob
nicht umgekehrt Noahs *Passivität* Schuld bedeutet,
zum Thema der Literatur wird.

Auf ganz andere Weise erscheint das Sintflutmotiv
in Karen Blixens Erzählung »Die Sintflut von Norder-
ney«.[166] Das Flutthema – soviel soll hier gesagt sein –

---

dem Kinder tragende Rollen haben) und Igor Strawinsky,
dessen Opern-Oratorium »The Flood« 1963 in Hamburg
uraufgeführt wurde. Genannt sei an zeitgenössischer Musik zum Thema ferner »Noah. Ein Musical für Junge« von
Paul Burkhard (1965), das Musiktheater »Noah and the
Great Flood« von Michael de Finnissy sowie die »Sym-
phonische Trilogie: Adam, Noe und Mojzis« von Ludvik
V. Celansky.

166 KAREN (bekannter als Tania) BLIXEN veröffentlichte (unter
dem Pseudonym Isaak Dinesen) diese Erzählung zuerst
englisch in der Sammlung »Seven Gothic Tales«, New
York 1934; eine erste deutsche Übersetzung 1937, dann bei
Rowohlt 1962 unter dem Titel »Sieben phantastische Erzählungen«.

ist hier mit dem Scheherezade-Motiv verknüpft, einem Grundmotiv des Erzählens: Erzählen, solange man lebt – leben, solange man erzählt.

An dieser Stelle ist weder ein einigermaßen vollständiger oder auch nur repräsentativer Überblick über die literarische Rezeption der Noahgeschichte(n) möglich, noch ist Raum dafür, auch nur die genannten Werke angemessen darzustellen. Deshalb wird es bei einigen Hinweisen bleiben, nicht zuletzt als eine Einladung an Leserinnen und Leser, sich an eigene Lektüre zu erinnern, noch unbekannte Werke in die Hand zu nehmen und sich selbst in diese spannende Nachgeschichte des Noahstoffs verstricken zu lassen. Das Gespräch mit literarischen Rezeptionen des Noahstoffs reizt immer wieder zum Rückblick auf den biblischen Text und seine »Botschaften«. Mit diesen Hinweisen und Rückblicken soll das Kapitel diesen kleinen Noahband ab- und die biblischen Texte selbst wieder aufschließen.

Die Überschrift des Kapitels ist dem Titel eines Buches von Günter Kunert entliehen. Der Autor stellte seine Frankfurter Poetikvorlesungen unter die Überschrift »Vor der Sintflut. Das Gedicht als Arche Noah«.[167] Das Noahmotiv steht als eine Art Subtext unter den poetologischen Ausführungen Kunerts, an einigen Stellen tritt es in den Vordergrund und wird bescheiden umspielt. »Das Gedicht – eine Arche Noah? Höchstens doch in Taschenausgabe. Etwas wie eine Flaschenpost: dieser banale und abgenutzte Vergleich ist nur zu wahr. Es enthält, wenn auch nicht wörtlich, eine Botschaft über unsere innere und äußere Befindlichkeit, eine kompetente Selbstdiagno-

---

167   München 1985.

se, ohne die Konsequenz einer Therapie«.[168] Wenn aber das Gedicht eine Arche Noah ist, so schickt der Autor es nicht nur auf den Weg (wohin auch immer), sondern er (ver)birgt sich immer auch selbst in dieser Arche. Kunert thematisiert in seinen Vorlesungen auch eine womöglich darin steckende Überschätzung der Möglichkeiten des Dichters und des Gedichts (des Schreibens überhaupt). Explizit wird das Noahmotiv in einem Gedicht des DDR-Lyrikers Heinz Czechowski, das Kunert aufnimmt.[169]

Die Vögel

Fliegen noch, es sind
Meistens Spatzen und Krähen, sie
Überleben, scheint es,
Wie wir:
Angepaßt
Dem grauen Himmel,
Durch den immer seltner
Die Sonne hindurchscheint,
Sind auch sie
Auserwählt
Für eine neue
Sintflut.

Die kommen wird,
Diesmal
Ohne den Berg Ararat
Als Insel im Meer
Der Trostlosigkeit

Die Meldung:
Überlebende keine
Wird niemand mehr funken
Und auffangen keiner
Von dieser Spezies,
Genannt Mensch.

---

168   Ebd. 26 f.
169   Ebd. 97 f.

Die kommen werden nach uns,
vielleicht
Von fernen Gestirnen,
Werden nichts finden, außer,
Vielleicht,
Spatzen und Krähen.

Kunert kommentiert: Das Gedicht »läßt sich mühelos
als spätes Pendant zu Brechts ›An die Nachgeborenen‹
lesen. In seiner Folgerung ist dieses Gedicht ein Epi-
taph. Das Schlußwort in einem Prozeß gegen uns, der
bereits verloren ist und in dem keine Revision mehr
möglich scheint.«[170] Wie klingen diese Worte heute?

Die Endzeitstimmung, die diese »Flaschenpost-Ar-
che« trägt, ohne noch an einen Adressaten der »Post«
zu glauben[171], ist in wenigen Jahren einem neuen
pausbäckigen Optimismus gewichen. Nicht präziser
lässt sich die deutsche Gegenwart des beginnenden
3. Jahrtausends beschreiben als mit dem Hinweis auf
das Programm des Fernsehsenders »n.tv«: Was immer
»oben« gemeldet, gezeigt oder besprochen wird, »unten« erscheinen in permanent durchlaufendem Text-
band die Börsenkurse. Die gegenwärtige Stimmung
sieht das »Projekt: Mensch« längst nicht mehr vor
dem Ende. Im Gegenteil: Das neue Ziel ist die Opti-
mierung von Mensch und Wirtschaft. Biotechnologie,
Genetik sind die Zukunftsworte und -themen
schlechthin. Im Lichte der Noahgeschichte meldet sich

---

170   Ebd. 99.
171   Zum Flutmotiv im Kontext der Apokalypsestimmung s.
      K.-J. KUSCHEL, Vor uns die Sintflut? Spuren der Apokalyp-
      se in der Gegenwartsliteratur, in: H.-J. KLAUCK (Hrsg.),
      Weltgericht und Weltvollendung. Zukunftsbilder im Neu-
      en Testament, Freiburg i. Br. 1994, 232–260; zur Apokalyp-
      sestimmung auch J. EBACH, Apokalypse. Zum Ursprung
      einer Stimmung, in: Einwürfe 2, hrsg. v. FR.-W. MAR-
      QUARDT u. a., München 1985, 5–61.

dagegen Widerspruch. Er macht sich fest an Gottes Reue, der in Wut und Zerstörung umschlagenden Enttäuschung darüber, dass die Welt und die Menschen nicht so sind, wie sie sein sollten. Aber es gibt nach der Flut die Reue über die Reue. Gott hat gelernt, die »zweitbeste der möglichen Welten« zu akzeptieren, und das heißt auch: Menschen als nicht perfekte Wesen zu akzeptieren. Was, wenn Menschen hinter dieses Lernen Gottes zurückfallen oder – umgekehrt akzentuiert – es übertreffen wollen und nicht nur – wie die Menschen im Garten in Eden – sein wollen *wie* Gott, sondern mehr sein wollen als Gott?

Im Blick auf Stationen der Kunstgeschichte im Umgang mit dem Noahstoff schälte sich ein Motiv heraus, das unter gegenwärtigen Bedingungen aufzunehmen und zu modifizieren wäre: Nicht der baldige Untergang der ganzen Menschheit ist heute zu fürchten, wohl aber ist wahrzunehmen, dass immer mehr Menschen unter die Räder kommen. Das Mitleiden mit denen, der aktive Einsatz für die, deren Leib und Leben, deren Wohlergehen von schierer Vernichtung bedroht ist, darf nicht von der Tagesordnung verdrängt werden. So wären auch in der Literatur die Formen der Rezeption des Noahstoffes stark zu machen, die die Opfer in den Blick nehmen.[172] Wo in der Frage nach *dem* Menschen die konkreten einzelnen Menschen verschwinden und die Schwächsten zuerst, geht die Humanität des Menschen zu Schanden. Die in einem Gedicht von Horst Bienek[173] als Opfer der Flut in den

---

172 Dazu über die im folgenden genannten Beispiele hinaus weitere Hinweise bei LANGENHORST, Logbuch, bes. 343f.

173 H. BIENEK, »Avant nous le Deluge« (1957 zuerst erschienen), in: DERS., Gleiwitzer Kindheit. Gedichte aus zwanzig Jahren, München 1976, 24; dazu auch LANGENHORST, Logbuch, 343 f.

Blick kommenden Menschen lassen sich in den Erfahrungen des 20. Jh.s in mehr als einer Weise »identifizieren«. Und doch ist es nicht »der Mensch«, sondern es geht um die, die je konkret zu Opfern der Gewalt werden:

> Sie wußten längst,
> daß kein Platz mehr für sie
> in der Arche war.
> Sie zogen traumentflammt
> in die Ödnis der Berge
> und ließen sich dort
> als Fliehende registrieren.
>
> Sie lehrten noch
> ihre Kinder das Beten,
> und daß es besser sei,
> auf dem Gipfel zu sterben,
> als unten im Dunkel.
>
> Dann warteten sie
> auf das Steigen der Flut.
> Sie wuschen zuerst darin
> ihre Füße in Demut
> und waren erschrocken,
> als sie erkannten,
> daß sie im Blut gebadet hatten.
>
> Das machte ihr Sterben so furchtbar,
> daß sie im Blut ertrinken sollten.

Das gefährliche Verhältnis von »drinnen« und »draußen«, das die Geschichte des Symbols »Arche« begleitet, meldet abermals sein Problempotential an. Wo die Arche vom Symbol der Bergung der und des Bedrohten zum sicheren Ort der ohnehin schon Privilegierten wird (die dann auch noch bekunden, das Boot sei voll ...), da gerät die biblische Zusage des Lebens zum sozialdarwinistischen Überleben nur der Stärksten. Noah aber ist nicht Nimrod! Gerade darum haben nicht wenige literarische Bezüge auf die Noahgeschichte mit dem Thema der Macht zu tun. Zum

Modell der Zerschlagung von Macht und Hierarchien wird die »Arche« in einem frühen Gedicht von Walter Mehring, dessen Titel »Arche Noah SOS« zum Titel eines 1931 in Berlin und dann in erweiterter Form 1951 bei Rowohlt erschienenen Gedichtbandes des Autors wurde. Mehring verbindet den Abbruch gegenwärtiger Herrschaftsverhältnisse mit neuem Aufbruch. Die letzte Strophe lautet:

> Ihr Sünder all! Tut euch nicht grauen!
> Schon an der Kimmung blakt das Morgengrauen.
> Der Tag bricht an!
> Das Gestern liegt tief hinter Horizonten!
> Fragt nicht, ob wir es lassen konnten!
> Voran! Voran!
> Und fort! Nur fort! Nur fort!
> Folgt Noahs Wort
> und fangt von neuem an.

Walter Mehring schrieb das *vor* 1933. Danach fing etwas ganz anderes an. »Mit uns die Sintflut« – so nennt (in der Einleitung war bereits davon die Rede) Alexander Kuppermann unter dem Pseudonym Alexan sein 1935 im Pariser Exil verfasstes Kampfbuch gegen den Faschismus.[174] Liegt die »Sintflut« sprichwörtlich »nach uns«, liegt sie vor uns, oder findet sie »mit uns« statt? Diese Frage taucht (so *oder* so, so *und* so) in mehreren literarischen Werken und ihren Titeln auf. Mehrfach und auch in dieser Perspektive hat sich Erich Fried mit dem Noah- und Flutthema befasst,[175] aber auch in Texten von Bert Brecht[176] und Max Frisch[177] finden sich zahlreiche Anspielungen auf die »Sint-

---

174   Eine bundesrepublikanische Ausgabe erschien (endlich) 1987 bei Fischer.
175   Dazu LANGENHORST, Logbuch, bes. 346 f. 356.
176   Ebd. 358.
177   Dazu H. SCHULZ, Sintflut und Hoffnung. Biblische Motive bei Max Frisch, FS CHR. HINTZ, Berlin 1988, 137–144.

flut«. Sie ist das Hauptmotiv auch eines Gedichtes von Hilde Domin,[178] welches die Autorin mit dem Wort »Bitte« überschrieben hat. Das Sintflutmotiv verbindet sich hier mit weiteren biblischen Katastrophen- und Rettungsgeschichten:

> Wir werden eingetaucht
> und mit den Wassern der Sintflut gewaschen,
> wir werden durchnäßt
> bis auf die Herzhaut.
>
> Der Wunsch nach der Landschaft
> diesseits der Tränengrenze
> taugt nicht,
> der Wunsch, den Blütenfrühling zu halten,
> der Wunsch, verschont zu bleiben,
> taugt nicht.
>
> Es taugt die Bitte, daß bei Sonnenaufgang die Taube
> den Zweig vom Ölbaum bringe.
> Daß die Frucht so bunt wie die Blüte sei,
> daß noch die Blätter der Rose am Boden
> eine leuchtende Krone bilden.
>
> Und daß wir aus der Flut,
> daß wir aus der Löwengrube und dem feurigen Ofen
> immer versehrter und immer heiler
> stets von neuem
> zu uns selbst
> entlassen werden.

Eine der entscheidenden »Botschaften« der biblischen Noahgeschichte ist die Versicherung, dass es eine solche universale Flut nicht mehr geben werde. Allerdings sagt Gott das »nur« im Blick auf sein eigenes Tun. Und wenn Menschen tun, was Gott nicht zu tun zusagt? Ist die unbedingte Zusage aus 1. Mose 9 zu einer recht fragilen Voraussetzung geworden? Und was tut Gott in einer von Menschen gemachten »Sintflut«? Womöglich wird dann die »Arche« (oder ein anderer

---

178   H. DOMIN, Gedichte, Frankfurt a. M. 1987, 117.

»Kasten«) für Gott selbst zum Rückzugsort. Oder ist sie es längst geworden?

Viele wunderbare Bücher, deren geheimes oder offenes Zentralthema die Arche Noahs ist, lassen sich in wenigen Sätzen nicht angemessen zusammenfassen. Um so mehr sollen sie zur weiteren Lektüre empfohlen sein. Das gilt für Umberto Ecos Roman »Die Insel des vorigen Tages«[179] mit seiner verschlungenen und vielfach auf Noahs Geschichte bezogenen Fabulierlust und der darin vergnüglich dargebotenen Gelehrsamkeit; das gilt ebenso für das bereits mehrfach genannte Buch von Julian Barnes »Eine Geschichte der Welt in $10^1/_2$ Kapiteln«[180]. Barnes' Geschichten handeln von unterschiedlichen Archen und ihren Verknüpfungen.

Eine winzige Kostprobe mag solche Verbindungslinien anzeigen: Die Arche Noahs (ihr selbst gilt die erste der Geschichten von Julian Barnes; er erzählt sie aus der Sicht eines »blinden Passagiers«, der sich als Holzwurm herausstellt ...) war »gedichtet« mit Bitumen, Erdpech. Das gewaltige Bild »Das Floß der Medusa« von Géricault (ihm gilt eine der nachhaltigsten Geschichten des Buches) war dem Untergang geweiht. »Schuld« daran war ein bestimmtes Material, mit dem der Maler die schwarze Farbe kräftigte. Es handelt sich dabei um Bitumen, Erdpech. Dasselbe Material also, welches die Arche dichtete, zerstört die Bilder. Und auch dies zeigt Barnes real-allegorisch: Das Motiv der Rettung ist geradezu konstitutiv mit dem des Holzwurms verknüpft.

---

179 S. o. Anm. 157.
180 London 1989, deutsche Ausgabe zuerst Zürich 1990, eine Taschenbuchausgabe bei Rowohlt 2000.

Nicht ganz nebenbei: Inzwischen konnte Géricaults Bild gerettet werden; man kann es seit einiger Zeit wieder im Louvre sehen. Wer das tun mag und kann, könnte vielleicht die »Ästhetik des Widerstands« von Peter Weiss und »Eine Geschichte der Welt in $10^1/_2$ Kapiteln« von Julian Barnes im Reisegepäck mitnehmen.

Ist bei Barnes der Holzwurm eine Art Gegenspieler Noahs, so sind es bei Günter Grass die Ratten bzw. »Die Rättin«.[181] Noah hatte sich geweigert, die Ratten mit an Bord zu nehmen, da sie sich den Kategorien »rein und unrein« nicht zuordnen ließen. Aber die Ratten überleben dennoch, weil sie sich tief in den Boden eingraben. »Fortan«, so Grass in Nachahmung der Sprache Luthers, »sollen Ratz und Rättlin auff Erden des Menschen gesell und zuträger aller verheißenen Plagen seyn...«.[182] Der Interpret Langenhorst kommentiert: »und so ist es nur konsequent, daß die Ratten ihr großes atomares Vernichtungsprogramm schließlich unter das >Codewort< ›Noah‹< stellen.«[183]

Noahgeschichten sind Geschichten vom Untergehen und vom Überleben. Manche Autoren zeigen das in der Form von satirischen Nacherzählungen, ja in der neueren Literatur ist »Satire ... die vorherrschende literarische Form der Noach-Rezeption«.[184] Satire darf dabei nicht mit Unernst verwechselt werden. Das gilt schon für Ephraim Kishons »Arche Noah. Touristenklasse«[185], aber mehr noch für Hugo Loetschers

---

181 G. GRASS, Die Rättin (1986), Tb.-Ausgabe dtv 1998.
182 Ebd. 13.
183 LANGENHORST, Logbuch. 361, mit Bezug auf Grass, 133.
184 LANGENHORST, ebd. 363.
185 U. a. Reinbek 1995 als Rowohlt-Taschenbuch.

»Noah. Roman einer Konjunktur«[186]. Noah selbst wünscht sich hier die Flut und plant Archenbau als »Wirtschaftswunder«. Doch als der Bau fertig ist und die Flut ausbleibt, kommt es zur Wirtschaftskrise. Die Flut selbst kommt (ebenso wie Gott) in diesem Roman nicht mehr vor. Der slowakische Schriftsteller Peter Karvaš »Tanz der Salome. Apokryphen«[187] zeichnet im Kapitel »Operation ›Sintflut‹« nach, wie Noah und die Seinen in freier Entscheidung »Evolution« spielen wollen, indem sie bestimmen, welche Tiere nicht mitgenommen werden (die für die Arche zu großen Saurier z. B.). Die Pointe soll nicht verraten werden. Verwickelte satirische Variationen des Noahthemas enthält Wolfdietrich Schnurres »Der wahre Noah. Neuestes aus der Sintflutforschung«.[188] Auch hier soll an Stelle des Versuchs einer Inhaltswiedergabe eine umso herzlichere Leseempfehlung gegeben werden.

Die vielleicht bedrängendste Frage der biblischen Noahgeschichte und ihrer Lektüre bringen die Autoren zum Ausdruck, die nach der Moral nicht der Überlebenden, sondern der des Überlebens fragen. »Warum muß ich überleben, wenn alle untergehen?« (Why, when all perish, why must I remain?)[189]. Diese Worte des Noahsohns Japhet bilden den letzten Satz in *Lord Byrons* Mysterienspiel »Heaven and Earth« (1823). Byron stellt den Beginn von 1. Mose 6 ins Zen-

---

186 1967 erschienen im Verlag »Die Arche«[!], 1984 als Diogenes Taschenbuch (der Verlagswechsel lädt geradezu ein zur Frage, ob aus Noahs Arche die Tonne des Diogenes – aus biblischer Tradition ein aufgeklärter Kynismus geworden sein könnte . . .)
187 Deutsche Übersetzung im Aufbau-Verlag, Berlin 1992.
188 Zuerst 1974; Frankfurt a. M. 1980, dazu LANGENHORST, Logbuch 351 f.
189 Der Satz steht als eines der beiden Motti diesem Noahbüchlein voran.

trum seines »Spiels«, die so genannten »Engelehen«. Die Noahgestalt wird Byron problematisch, weil doktrinär und blind gläubig.

In ganz anderer Gestaltung und Anschauung taucht die entsprechende Frage in Ernst Barlachs 1924 in Stuttgart uraufgeführtem Drama »Die Sündflut« auf.[190] Barlach führt einen Kampf gegen den biblischen Gott selbst. »Gott« kommt in mehreren »Konzeptionen« vor, als Bettler irrt er durch die Welt. Gegen Calan, den Nihilisten und Empörer gegen einen herrschenden Gott, steht der gläubig passive Noah, der eben deshalb schuldig wird und sich als mitleidslos erweist. Am Ende erscheint ein neuer, rätselhafter und unergründlicher Gott und gegen ihn die »Unruhe«, ohne die die Welt nicht fortzubestehen verdient. Zu nennen ist im Anschluss an Barlach die große Romantrilogie »Die Sintflut« von Stefan Andres.[191] In all diesen Werken ist der Noahstoff immer auch und vor allem eine Darstellungsform der je eigenen Gegenwart.

Der biblische Noah setzt sich mit keinem Wort für seine Mitmenschen ein. Das wurde, wie schon dargestellt, bereits den Rabbinen zum Problem. Hat Noah »danach« etwas gelernt? So fragt Elie Wiesel, der in seinen Arbeiten über die Noahgestalt[192] neben vielen rabbinischen und weiteren jüdischen Auslegungen immer wieder die Frage nach der Schuld des Überlebens stellt – die eigene Frage des Überlebenden von Auschwitz. Wiesel verbindet sie mit der anderen Noahgeschichte, der des Weinbauern, der sich betrinkt.

---

190 München 1987, dazu LANGENHORST, Logbuch, 349 f.
191 ST. ANDRES, Das Tier aus der Tiefe (1949); Die Arche (1951), Der graue Regenbogen (1959); dazu die Teilausgabe »Noah und seine Kinder«, München 1968; zur Interpretation LANGENHORST, Logbuch, 358 f.
192 S. o. in der Einleitung (A).

Sucht er Vergessen in Alkohol und Schlaf, Vergessen der Tatsache, dass er überlebt hat, wo viele Tausende von Kindern nicht überlebten? Es gibt kaum eine Rezeption der Noahgeschichte, in der so sehr die eigene Erfahrung zum Zuge kommt, kommen muss. Und es gibt keine Rezeption der Noahgeschichte, die sich so sehr jeder Möglichkeit einer Beurteilung, erst recht einer Bewertung »von außen« entzieht, der christlich-theologischen *wie* der literarischen.

An dieser Stelle sei eine Noahlektüre ins Spiel gebracht, die ebenso theologisch wie literarisch wie philosophisch ist, Leszek Kolakowskis Noahkapitel in seinem Buch »Der Himmelsschlüssel. Erbauliche Geschichten«.[193] Kolakowski stellt das Dilemma Noahs dar. Er, der sich als gewaltiger Speichellecker und willfähriger Untertan Gottes, also als durch und durch unsympathische Gestalt erwiesen hatte, sieht sich einer furchtbaren Entscheidung ausgesetzt. Entweder erfüllt er die elementare Solidarität mit seinen Mitmenschen, nämlich mit ihnen unterzugehen, wenn alle untergehen, oder er nimmt die einzige Chance wahr, dass es mit der Welt und den Menschen weitergeht. Noah entscheidet sich (man lese bei Kolakowski, mit welchen Skrupeln und welchen Überzeugungen) für die Erhaltung von Welt und Menschheit. Das Dilemma macht immerhin aus dem notorischen Liebediener und Untertan Noah einen Rebellen. Er nimmt sich vor, seine Kinder so zu erziehen, dass sich an den Menschen gerade nichts ändert. Das ist *auch* eine Erklärung dafür, dass der Mensch nach der Flut kaum

---

193 Das Buch ist zuerst 1964 in Warschau erschienen, eine erste deutsche Ausgabe München 1965 bei Piper, hier zitiert nach der Ausgabe der Bibliothek Suhrkamp, Frankfurt a. M. 1973, 17–20.

anders ist als zuvor. Von all dem kann er natürlich Gott nichts verraten. Das ist *auch* eine Erklärung für das Schweigen Noahs, das den meisten Nacherzählern seit biblischer Zeit so schwer erträglich war, dass sie Noahreden erfanden und hinzufügten. Was folgt aus all dem? Ich zitiere ohne weiteren Kommentar die Sätze, mit denen Kolakowski seine »Erbauliche Geschichte« über Noah beschließt:

Die Moral: Denken wir daran, dass wir uns zuweilen den Mächtigen liebedienerisch unterwerfen und die eigenen Genossen für sie verraten dürfen – aber nur dann, wenn wir mit absoluter Sicherheit wissen, dass das die einzige Möglichkeit ist, die ganze Menschheit zu retten. Bisher war Noah der einzige, der vor einem solchen Dilemma stand.

Am Ende soll ein Gedicht von Paul Celan[194] stehen.

FLUTENDER, groß-
zelliger Schlafbau.

Jede
Zwischenwand von
Graugeschwadern[195] befahren.

Es scheren die Buchstaben aus,
die letzten
traumdichten Kähne –
jeder mit einem
Teil des noch
zu versenkenden Zeichens
im
geierkralligen Schlepptau.

---

194 P. CELAN, Gedichte in zwei Bänden, II, Frankfurt a. M. ⁹1990, 37 (zuerst in: P. C., Atemwende, Frankfurt a. M. 1967); zur Celaninterpretation in diesem Kontext nenne ich nur L. KOELLE, Paul Celans pneumatisches Judentum, Mainz 1997; J. BOLLACK, Paul Celan, Wien 2000.

195 In der ersten Fassung (30.1.1964) steht hier das Wort »Sterbegeschwadern« (vgl. P. CELAN, Atemwende – Vorstufen Textgenese Endfassung, bearbeitet von H. SCHMULL/CHR. WITTKOP, Tübinger Ausgabe, Frankfurt a. M. 2000).

Es gibt in diesen Zeilen wie fast immer bei Celan viele Querverbindungen zu anderen seiner Gedichte, es gibt auch »Zitate«[196] anderer Autoren. So ist die Formulierung »großzelliger Schlafbau« ein »Zitat« aus Kafkas Erzählung »Der Bau«.[197] Dieselbe Formulierung aber ist transparent auch auf Noahs Arche mit ihren Zellen. Liest man so, dann erhellt sich die Rede von den »Buchstaben ... die letzten traumdichten Kähne« als Aufnahme der genannten chassidischen Leseanweisung, das Wort *teva* (Arche) als *teva – Buchstabe, Wort* – zu verstehen. Noahs Arche ist unsinkbar, weil sie *gedichtet* ist, gedichtet – so wäre dann auch bei Celan zu lesen – aus Zeichen, Buchstaben, Worten, Texten. Noahs Geschichte, die Geschichte eines Überlebenden, lebt in Zeichen, Buchstaben, Worten, Texten. Sie lebt weiter, wo und wie immer von Noah erzählt wird. Und jede dieser Erzählungen weist zurück in die Zeichen, Buchstaben, Worte und Texte der Bibel. In und aus der biblischen »Dichtung« lebt die biblische Gestalt Noah.

---

196 E. GÜNZEL, Das wandernde Zitat. Paul Celan im jüdischen Kontext, Würzburg 1995.
197 Ebd. 226.

D. VERZEICHNISSE

1. Literaturverzeichnis

(Aufgeführt sind die in diesem Buch zitierten Titel sowie eine Auswahl weiterer grundlegender und spezieller Literatur zum Noahthema.)

Adorno, Theodor W., Negative Dialektik, Ges. Schriften 6, Frankfurt a. M. 1997

Agus, Aharon R. E., Heilige Texte, München 1999

Alter, Robert/Kermode, Frank (Hrsg.), The literary guide to the Bible, Cambridge (Mass.) 1987

Andres, Stefan, Die Sintflut. Trilogie: Das Tier aus der Tiefe (1949), Die Arche (1951), Der graue Regenbogen (1959), München 1949–1959

Assmann, Jan/Hölscher, T. (Hrsg.), Kultur und Gedächtnis, Frankfurt a. M. 1988

Assmann, Jan und Aleida/Hardmeier, Christoph (Hrsg.), Schrift und Gedächtnis, München 1983

Assmann, Jan, Das kulturelle Gedächtnis, München 1992

Assmann, Jan, Moses der Ägypter. Entzifferung einer Gedächtnisspur, München 1998

Aurelius Augustinus, De civitate dei. Der Gottesstaat, übers. v. Carl Johann Perl, Paderborn 1979

Bachmann, Ingeborg, Sämtliche Gedichte, München [2]1987

Baldini, Umberto (Hrsg.), Santa Maria Novella, Stuttgart, 1982

Barlach, Ernst, Die Sündflut, München 1987

Barnes, Julian, Eine Geschichte der Welt in $10^1/_2$ Kapiteln, Zürich 1990

Bastomsky, S. J., Noah, Italy and the Sea-Peoples, JQR 67 (1976/77), 146–153

Baumgart, Norbert C., Die Umkehr des Schöpfergottes. Zu Komposition und religionsgeschichtlichem Hintergrund von Gen 5–9, HBS 22, Freiburg i. Br. 1999

Bailey, Lloyd R., Noah. The Person and the Story in History and Tradition, Columbia 1989

BEYERLIN, WALTER (Hrsg.), Religionsgeschichtliches Textbuch zum AT, Göttingen ²1985

BIENEK, HORST, Gleiwitzer Kindheit. Gedichte aus zwanzig Jahren, München 1976

BLIXEN, KAREN, Seven Gothic Tales, New York, 1934 (dt. unter dem Titel »Sieben phantastische Erzählungen«, Reinbek 1962)

BLOCH, ERNST, Spuren, Gesamtausgabe (GA) 1, Frankfurt a. M. 1969

BOBLITZ, HARTMUT, Die Allegorese der Arche Noahs in der frühen Bibelauslegung, Frühmittelalterliche Studien 6 (1972), 159–170

BOCIAN, MARTIN, Lexikon der biblischen Personen, Stuttgart, 1989

BODMER, JOHANN JAKOB, Der Noah, Zürich 1752

BOLLACK, JEAN, Paul Celan. Eine Poetik der Fremdheit, Wien 2000

BUDDE, L., Die rettende Arche, in: Rivista di Archeologia Cristiana 32 (1956), 41–58

BUSCHER, HANS, Heinrich Pantaleon und sein Heldenbuch, Basel 1946

BYRON, GEORGE GORDON NOEL, Heaven and Earth, in: Byron, Poetical Works, hrsg. v. F. PAGE, London 1970, 545–559

BYRON, G. G. N., Himmel und Erde, in: Lord Byrons Werke in 6 Bdn., übers. v. O. Gildemeister, Bd. IV, Berlin 1903, 143–188

CARUCCI, ARTURO, Gli avori salernitani del sec XII, Salerno o. J. (²1972)

CELAN, PAUL, Gedichte in zwei Bänden, II, Frankfurt a. M. ⁹1990

CELAN, PAUL, Atemwende – Vorstufen, Textgenese, Endfassung, bearbeitet von H. SCHMULL/CHR. WITTKOP, Tübinger Ausgabe, Frankfurt a. M. 2000

Christliche Ikonographie in Stichworten, von H. SACHS, E. BADSTÜBNER, H. NEUMANN, München 1975

CLARK, W. MALCOLM, The Righteousness of Noah, VT 21 (1971), 261–270

CRÜSEMANN, FRANK, Die Tafeln des Bundes, in: Die Menora. Ein Gang durch die Geschichte Israels, hrsg. v. M. BRUMLIK u. a., Wittingen 1999, 80–87

241

DOHMEN, CHRISTOPH/STEMBERGER, GÜNTER, Hermeneutik der Jüdischen Bibel und des Alten Testaments, Stuttgart 1996

DOMIN, HILDE, Gedichte, Frankfurt a. M. 1987

EBACH, JÜRGEN, »Tags in einer Wolkensäule – nachts in einer Feuersäule«. Gott wahr-nehmen, in: Merkur 53 Heft 9/10 (1999), 784–794

EBACH, JÜRGEN, Apokalypse und Apokalyptik, in: Zeichen der Zeit. Erkennen und Handeln. Im Auftrag des Direktoriums der Salzburger Hochschulwochen hrsg. v. HEINRICH SCHMIDINGER, Innsbruck 1998, 213–273

EBACH, JÜRGEN, Apokalypse. Zum Ursprung einer Stimmung, in: Einwürfe 2, hrsg. v. F.-W. MARQUARDT u. a., München 1985, 5–61

EBACH, JÜRGEN, Art.: Panbabylonismus, HrwG, Bd. IV, Stuttgart 1998, 302–304

EBACH, JÜRGEN, Gott im Wort. Drei Studien zur biblischen Exegese und Hermeneutik, Neukirchen-Vluyn 1997

EBACH, JÜRGEN, Kassandra und Jona. Gegen die Macht des Schicksals, Frankfurt a. M. 1987

EBACH, JÜRGEN, Rettung der Vielfalt. Beobachtungen zur Erzählung vom »Babylonischen Turm«, in: Mit Fremden leben. Teil 2. FS TH. SUNDERMEIER, hrsg. v. D. BECKER, Erlangen 2000, 259–268

EBACH, JÜRGEN, Ursprung und Ziel. Erinnerte Zukunft und erhoffte Vergangenheit, Neukirchen-Vluyn 1986

EBACH, JÜRGEN, Was bei Micha »gut sein« heißt, in: DERS., »... und behutsam mitgehen mit deinem Gott«. Theologische Reden 3, Bochum 1995, 9–24

EBACH, JÜRGEN, Weltentstehung und Kulturentwicklung bei Philo von Byblos, Stuttgart 1979

EBACH, JÜRGEN, Wörter und Namen in 1. Mose 11,1–9, in: DERS., Weil das, was ist, nicht alles ist. Theologische Reden 4, Frankfurt a. M. 1998, 108–130

ECO, UMBERTO, Das Foucaultsche Pendel, München 1989

ECO, UMBERTO, Die Insel des vorigen Tages, München 1995

EDGETON, STEFAN, Der Text der Inkarnation, München 1996

EHLERS, JOACHIM, Arca significat ecclesiam. Ein theologisches Weltmodell aus der ersten Hälfte des 12. Jahrhunderts, Frühmittelalterliche Studien 6 (1972), 171–187

EHLERS, JOACHIM, Hugo von St. Victor. Studien zum Geschichtsdenken und zur Geschichtsschreibung des 12. Jahrhunderts, Wiesbaden 1973

ERFFA, HANS MARTIN VON, Ikonologie der Genesis. Die christlichen Bildthemen aus dem Alten Testament und ihre Quellen, I, München 1989

FABER, RICHARD (Hrsg.), Bibel und Literatur, München 1995

FINK, JOSEF, Noe der Gerechte in der frühchristlichen Kunst, Münster 1955

FLAVIUS JOSEPHUS, Des Flavius Josephus Jüdische Altertümer, übers. und mit Einl. und Anm. versehen von H. CLEMENTZ, Halle 1899

FRAZER, JAMES G., Die Arche. Bibelische Geschichten im Lichte der Völkerkunde, Stuttgart 1960 (Folklore in the Old Testament)

FRETTLÖH, MAGDALENE L., Theologie des Segens. Biblische und dogmatische Wahrnehmungen, Gütersloh [3]1999

GEBHARDT, VOLKER, Ein Portait Cosimo de Medicis von Paolo Uccello, Pantheon 48 (1990), 28–35

GLESSMER, UWE, Antike und moderne Auslegungen des Sintflutberichts. Gen 6–8 und der Qumran-Pesher 4Q 252, Theol. Fakultät Leipzig. Forschungsstelle Judentum, Mitteilungen und Berichte 6 (1993), 3–79

GOLDHAMMER, KARL, Das Schiff der Kirche. Ein antiker Symbolbegriff und seine eschatologische und ekklesiologische Umdeutung, ThZ 6 (1950), 232–237

GRASS, GÜNTHER, Die Rättin, Frankfurt a. M. 1986

GROTH, SIEGFRIED, Zum Verständnis der südafrikanischen Rassenpolitik – Christliche und historische Einflüsse, in: HANS DE KLEINE (Hrsg.), 150 Jahre Mission. Anfänge – Ergebnisse – Ziele, Wuppertal 1979, 131–156

GÜNZEL, ELKE, Das wandernde Zitat. Paul Celan im jüdischen Kontext, Würzburg 1995

GUNKEL, HERMANN, Genesis (HK I/1), Berlin [6]1963

GUTMANN, HANS MARTIN, Der Herr der Heerscharen, der König der Löwen und die Prinzessin der Herzen, Gütersloh 1998

HALBWACHS, MAURICE, La mémoire collective, Paris 1950 (dt.: Das kollektive Gedächtnis, Stuttgart 1967)

HEGEL, GEORG WILHELM FRIEDRICH, »Der Geist des Christentums« Schriften 1796–1800, hrsg. v. W. HAMACHER, Frankfurt a. M. 1978

HIRSCH, SAMSON RAPHAEL, Der Pentateuch (übersetzt und erklärt), 1. Teil: Die Genesis (1867), 2. Neuaufl. Frankfurt a. M. 1994

HOHL, HANNA, Die Darstellung der Sintflut und die Gestaltung des Elementaren, Bamberg 1967

HORKHEIMER MAX/ADORNO, THEODOR W., Dialektik der Aufklärung (1944), Frankfurt a. M. 1969

JACOB, BENNO, Das erste Buch der Tora, Berlin 1934 (photomechanischer Nachdruck, Stuttgart 2000)

JELLINEK, ADOLPH, Bet ha-Midrasch 1, Jerusalem [3]1967

JOHANNING, KLAUS, Der Bibel-Babel-Streit, Frankfurt a. M. 1988.

KARVAŠ, PETER, Operation Sintflut, in: DERS., Tanz der Salome. Apokryphen, Berlin-Weimar 1992, 37–52

KELLER, WERNER, Und die Bibel hat doch Recht, Reinbek 1964

KENNEDY, JOHN F., Dämme gegen die Flut, München 1964

KESSLER, RAINER, Micha, HThKAT, Freiburg i. Br. 1999

KISHON, EPHRAIM, Arche Noah Touristenklasse. Satiren aus Israel, München 1979

KOELLE, LYDIA, Paul Celans pneumatisches Judentum. Gott-Rede und menschliche Existenz nach der Shoah, Mainz 1997

KOLAKOWSKI, LESZEK, Der Himmelsschlüssel. Erbauliche Geschichten, Frankfurt a. M. 1973

KUNERT, GÜNTHER, Vor der Sintflut. Das Gedicht als Arche Noah, München 1985

KUPPERMANN, ALEXANDER, Mit uns die Sintflut, Frankfurt a. M. 1987

KUSCHEL, KARL J., Vor uns die Sintflut? Spuren der Apokalypse in der Gegenwartsliteratur, in: KLAUCK, HANS-JOACHIM (Hrsg.), Weltgericht und Weltvollendung. Zukunftsbilder im Neuen Testament, Freiburg i. Br. 1994, 232–260

LAMBERT, W. G./MILLARD, A. R., Atra-ḫasis, The Babylonian Story of the Flood. With the Sumerian Flood Story by M. CIVIL, Oxford 1969

LANGENHORST, GEORG, Einblick ins Logbuch der Arche, Erbe und Auftrag 70 (1994), 341–364

LEHMANN, REINHARD G., Friedrich Delitzsch und der Bibel-Babel-Streit, Freiburg/Schweiz 1994

LESSING, ERICH, Die Arche Noah, Zürich 1968

LÉVINAS, EMMANUEL, Stunde der Nationen. Talmudlektüren, München 1994

LEWIS, JACK P., A Study of the Interpretation of Noah and the Flood in Jewish and Christian Literature, Leiden 1968

LEXIKON DER CHRISTLICHEN IKONOGRAPHIE, hrsg. v. ENGELBERT KIRSCHBAUM SJ, Freiburg i. Br. 1994 (LCI)

LINK, FRANZ (Hrsg.), Paradeigmata. Literarische Typologie des Alten Testaments, Berlin 1989

LOETSCHER, HUGO, Noah. Roman einer Konjunktur, Zürich 1984

DR. MARTIN LUTHERS WERKE, 42. Band, Genesisvorlesung, Weimar 1911

LUTHER, MARTIN, Ausgewählte Schriften, hrsg. v. KARIN BORNKAMM u. GERHARD EBELING, Gütersloh 1982

LUX, RÜDIGER, Noach und das Geheimnis seines Namens. Ein Beitrag zur Theologie der Flutgeschichte, in: DERS. (Hrsg.), ». . . und Friede auf Erden«. FS CHR. HINZ, Berlin 1988, 109–135

MARQUARDT, FRIEDRICH-WILHELM, Was dürfen wir hoffen, wenn wir hoffen dürften? Eine Eschatologie Band 1, Gütersloh 1993

MAYER, REINHOLD, War Jesus der Messias? Geschichte der Messiasse Israels in drei Jahrtausenden,Tübingen 1998

MCCARTHY, MARY, Florenz, München, 1967

MEHRING, WALTER, Arche Noah SOS, Reinbek 1951

MULISCH, HARRY, Die Prozedur, München 1999

MÜLLER, KLAUS, Tora für die Völker. Die noachidischen Gebote und Ansätze zu ihrer Rezeption im Christentum, Berlin 1994

NEGT, OSKAR/KLUGE, ALEXANDER, Geschichte und Eigensinn, Frankfurt a. M. 1981

OBERHÄNSLI-WIDMER, GABRIELLE, Biblische Figuren in der rabbinischen Literatur, Gleichnisse und Bilder zu Adam, Noah und Abraham im Midrasch Bereschit Rabba, Judaica et Christiana 17, Bern 1998, zu Noah 201–258

245

OBERFORCHER, ROBERT, Die Flutprologe als Kompositions-schlüssel der biblischen Urgeschichte, Innsbruck 1981

OHLY, FRIEDRICH, Die Kathedrale als Zeitraum. Zum Dom von Siena, in: DERS., Schriften zur mittelalterlichen Bedeutungsforschung, Darmstadt 1977, 171–273

PARROT, ANDRÉ, Sintflut und Arche Noahs, Zollikon-Zürich 1955

PETERSON, ERIK, Das Schiff als Symbol der Kirche, ThZ 6 (1950), 77–79

PICASSO, PABLO/ELUARD, PAUL, Le visage de la paix – Das Antlitz des Friedens, hrsg. v. S. GOEPPERT u. H. GOEPPERT-FRANK, Frankfurt a. M. 1988

RAHNER, HUGO, Antenna crucis, VII., Die Arche Noe als Schiff des Heils, ZTK 86 (1964), 137–179

RIEM, JOHANNES, Die Sintflut in Sage und Wissenschaft, Hamburg 1925

RÜTERSWÖRDEN, UDO, Dominum Terrae, BZAW 215, Berlin 1993

SCHMIDT, WERNER H., Exodus 1–6 (BK II/1) Neukirchen-Vluyn 1974

SCHMIDTKE, FRIEDRICH, Art. Arche, RAC I, 1950, 597–602

SCHOLEM, GERSHOM, Judaica II, Frankfurt a. M. 1970

SCHULZ, HANSJÜRGEN, Sintflut und Hoffnung. Biblische Motive bei Max Frisch, in »... und Friede auf Erden«. FS CHR. HINZ, Berlin 1988, 137–144

SEEBASS, HORST, Genesis I. Urgeschichte (1,1–11,26), Neukirchen-Vluyn 1996

SINDONA, ENIO, Paolo Uccello, Mailand, 1975

SLOTERDIJK, PETER, Sphären II. Globen, Frankfurt a. M. 1999

STEGMAIER, WERNER (Hrsg.), Die philosophische Aktualität der jüdischen Tradition, stw 1499, Frankfurt a. M. 2000

STERNBERGER, DOLF, Gerechtigkeit für das neunzehnte Jahrhundert. Zehn historische Studien, Frankfurt a. M. 1975

TENACHON. Die Tora gelesen mit den Lehrern von Talmud und Midrasch, hrsg. v. E. WHITLAU u. a., Heft 3, Die Struktur der Sidra Noach, deutsche Ausgabe Düsseldorf 1999

TEUBER, DIRK, Intuition und Genie. Aspekte des Transzendenten bei Paul Klee, in: PAUL KLEE, Konstruktion – Intuition (Katalog der Ausstellung Mannheim 1990/91) 33–43

THEWELEIT, KLAUS, Männerphantasien 1. Frauen, Fluten, Körper, Geschichte, Frankfurt a. M. 1977

TEXTE AUS DER UMWELT DES ALTEN TESTAMENTES, hrsg. v. OTTO KAISER, Band III, Weisheitstexte, Mythen und Epen, Gütersloh 1990–97

TROTZDEM. Kultur und Katastrophe, Themenheft 2/1994 der Zeitschrift »DU«

UEHLINGER, CHRISTOPH, Weltreich und ›eine Rede‹. Eine neue Deutung der sogenannten Turmbauerzählung (Gen 11,1–9), Freiburg/Schweiz 1990

USENER, HERMANN, Die Sintflutsagen, Bonn 1899

VONDEL, JOST VAN DEN, Noach, of ondergang der eerste wereld. Treurspel, in: Vondel. Volledige dichtwerken en oorspronkelijk proza, hrsg. v. A. VERWEY, Amsterdam 1937, 576–590

WEISS, PETER, Ästhetik des Widerstands, Frankfurt a. M. 1971

WENHAM, GORDON J., Genesis 1–15 (WBC 1), Waco [2]1987

WENHAM, GORDON J., The Coherence of the Flood Narrative, VT 28 (1978), 336–348

WESTERMANN, CLAUS, Genesis Kapitel 1–11 (BK I/1), Neukirchen-Vluyn [3]1985

WESTERMANN, CLAUS, Genesis 1–11 (EdF 7), Darmstadt [5]1993

WESTERMANN, CLAUS, Am Anfang. 1. Mose (Genesis), 2 Bde., Kleine Biblische Bibliothek, Neukirchen-Vluyn 1986

WIESEL, ELIE, Adam oder das Geheimnis des Anfangs, Freiburg i. Br. 1980

WIESEL, ELIE, Macht Gebete aus meinen Geschichten, Freiburg i. Br. 1986

WIESEL, ELIE, Noah: oder Ein neuer Anfang, Freiburg i. Br. 1994

WÜNSCHE, AUGUST, Biliotheca Rabbinica Bd. 1, Hildesheim 1967

WÜNSCHE, AUGUST, Israels Lehrhallen I, Hildesheim 1967

ZENGER, ERICH, u. a., Einleitung in das Alte Testament, Stuttgart [3]1999

ZENGER, ERICH, Gottes Bogen in den Wolken, Stuttgart [2]1987

ZOBEL, HANS. J., Artikel: תֵּבָה (tebâh) ThWAT VIII, Stuttgart 1995, 541–543

ZOBEL, MORITZ, Gottes Gesalbter. Der Messias und die messianische Zeit in Talmud und Midrasch, Berlin 1938

2. Abbildungsverzeichnis

Abb. 1: Arche Noah. »Unvan«, Titelseite einer illuminierten Handschrift aus Persien (16. Jh.), London British Library Add 18567 fol. 19b, Bild aus M. Friedman, Bilder zur Bibel, Altes Testament, Bayreuth 1985, 106, Tf. 66.

Abb. 2: Diluvio universale (Sintflut), Paolo di Dono, genannt Paolo Uccello, Fresko aus dem Chiostro verde, dem Kreuzgang der Kirche Santa Maria Novella in Florenz, Foto von Ediz. Giusti di S. Becocci, Florenz.

Abb. 3: Diluvio universale (Sintflut), Detail, Paolo di Dono, genannt Paolo Uccello, Fresko aus dem Chiostro verde, dem Kreuzgang der Kirche Santa Maria Novella in Florenz (Detail), Foto von M. Listri.

Abb. 4: Noahszenen, Lorenzo Ghiberti, Porta del paradiso (Paradiespforte), Baptisterium des Doms von Florenz, Foto von Ediz. Giusti di S. Becocci, Florenz.

Abb. 5: Noah, Priscilla-Katakombe, Bild aus E. Lessing, Die Arche Noah, Zürich 1968, 58 f.

Abb. 6: Der Regenbogen, Wiener Genesis, Bild aus E. Lessing, Die Arche Noah, Zürich 1968, 84 f.

Abb. 7: Noahs Arche, Bronzetür der Kirche San Zeno in Verona, Foto von Randazzo, Edizioni Turistiche, Verona.

Abb. 8: Noahs Arche, Michelangelo Buonarotti, Ausschnitt aus dem Sintflutbild, Deckengemälde der Sixtinischen Kapelle im Vatikan, Rom, Bild aus Die Sixtinische Kapelle: ein Panorama der biblischen Vorstellungswelt, Stuttgart 1996.

Abb. 9: Sintflut, Leonardo da Vinci, Zeichnung in schwarzer Kreide, Windsor Castle, Royal Art Collection, Bild aus Kindlers Malerei Lexikon, Taschenbuchausgabe in 15 Bänden, Bd. 8, 153.

Abb. 10: Le radeau de la Méduse (Das Floß der Medusa), Theodore Géricault, Paris, Louvre, Foto von Réunion des musées nationaux, R. M. N., Paris 1989.

Abb. 11: E la nave va, Schlussbild des Filmes »Schiff der Träume« von Federico Fellini, Bild aus M. Töteberg, Fellini, Reinbek 1989, 118.

Abb. 12: La colombe de l'avenir, Pablo Picasso (1962), Foto von Editions Combat pour la Paix.

Abb. 13: Taube, Pablo Picasso, Bild aus P. Picasso, P. Eluard, Le visage de la paix – Das Antlitz des Friedens, hrsg. von S. Goeppert u. H. Goeppert-Frank, Frankfurt a. M. 1988, 7.

Abb. 14: Mit dem Regenbogen, Paul Klee, Bild aus J. Zink, DiaBücherei Christliche Kunst, Bd. 24, Eschbach 1988, Abb. 59.

Abb. 15: Arche Noah II, Gottfried Zawadski, Bild aus Dialog mit der Bibel. Malerei und Grafik aus der DDR zu biblischen Themen, Berlin/Altenburg ²1985. 33.

Abb. 16: Rainbow Warrior II, Flaggschiff von Greenpeace, Dia aus der Serie Greenpeace ships, Foto von Grace (Greenpeace).